中国书籍学术之光文库

国际汉语教学案例理论与实践

王巍　李洪波｜主编
刘恩赐　党静鹏　马宝民　刘光婷｜副主编

中国书籍出版社
China Book Press

图书在版编目（CIP）数据

国际汉语教学案例理论与实践/王巍，李洪波主编．—北京：中国书籍出版社，2020.3

（中国书籍学术之光文库）

ISBN 978-7-5068-7668-1

Ⅰ.①国… Ⅱ.①王…②李… Ⅲ.①汉语—对外汉语教学—教学研究 Ⅳ.①H195.3

中国版本图书馆 CIP 数据核字（2020）第 002636 号

国际汉语教学案例理论与实践

王巍 李洪波 主编

责任编辑	杨铠瑞
责任印制	孙马飞 马 芝
封面设计	中联华文
出版发行	中国书籍出版社
地　　址	北京市丰台区三路居路 97 号（邮编：100073）
电　　话	（010）52257143（总编室）　（010）52257140（发行部）
电子邮箱	eo@chinabp.com.cn
经　　销	全国新华书店
印　　刷	三河市华东印刷有限公司
开　　本	710 毫米×1000 毫米　1/16
字　　数	245 千字
印　　张	16
版　　次	2020 年 3 月第 1 版　2020 年 3 月第 1 次印刷
书　　号	ISBN 978-7-5068-7668-1
定　　价	95.00 元

版权所有　翻印必究

目 录
CONTENTS

汉语国际教育留学生本科课程设置初探
　　——以国内十所院校为例 / 江傲霜　韦秋霜 ………………… 1
"一带一路"视域下汉语国际教育中的文化传播研究 / 吴雅云 ……… 16
汉语国际教育修辞教学存在的问题及其对策　韩荔华 …………… 23
北京第二外国语学院汉教专业本科生学习情况调查研究 / 党静鹏 … 36
北京第二外国语学院夏斗湖学院汉教专业文化教学的思考 / 马宝民 … 54
浅谈香港汉语教学历史及现状 / 杨淑琬 …………………………… 62
以LTL汉语学校为例的"学生中心说"研究 / 孙丽烨 ……………… 72
汉语综合演习课程教学设计与实践 / 杨蕾 ………………………… 87
小组合作学习模式与问卷调查的实践总结 / 岛村典子 …………… 97
对日汉语教学研究文献分析
　　——以两本中文核心期刊（1990—2017）为例 / 刘光婷 ……… 113
面向泰国学习者的"天气预报"教学 / 刘海燕　孔文文 ………… 122
美国CBI汉语教学模式浅析 / 魏来　杨玉玲 ……………………… 131
美国杜克大学在华项目（DSIC）教学案例研究 / 张子晗 ………… 146
俄罗斯高考汉语样卷笔试卷分析 / 王宇鹏 ………………………… 158

意大利卡利亚里国立住读高中汉语教学案例分析 / 陈思婷 …………… 177
奥地利汉语教学现状与维也纳大学孔子学院的发展 / 牛之童 …………… 192
多元智能理论在英国少儿汉语课堂活动中的应用 / 闫丽红 …………… 206
匈牙利松博特海伊教学点儿童汉语教学案例分析 / 卫珊珊 …………… 219
匈牙利大学帕兹玛尼天主教大学汉语教学案例分析 / 付　铭 …………… 231
西班牙巴塞罗那孔子学院教学案例分析 / 曾安迪 ………………… 241

汉语国际教育留学生本科课程设置初探*
——以国内十所院校为例

江傲霜　韦秋霜

本文首先概述了汉语国际教育留学生本科①专业的现状，进而以国内首批获得招生资格的其中 10 所院校②为例，从培养目标、课程结构、课程内容等方面对课程设置方案做对比分析，挖掘其对其他高校课程设置的可借鉴之处，并指出存在的不足。初步探究如何完善汉语国际教育本科课程设置，以期对该专业汉语师资培养有所助益。

引　言

根据 2018 年 12 月第十三届孔子学院大会报告，"全球已有 154 个国家建立了 548 所孔子学院、1193 个孔子课堂和 5665 个汉语教学点"③，海外汉语教育热度不减。2019 年 3 月，随着习近平主席访欧之旅的开启，汉语之风更是以势不可挡之势席卷全球。

江傲霜（2015）指出，"随着汉语进入很多国家的基础教育体系，越来越多的中小学开设了汉语课，少儿成为汉语学习队伍中不断壮大的新兴群

---

* 本文作者江傲霜，韦秋霜，中央民族大学，国际教育学院，北京，100081。
① 以下简称"汉语国际教育（留本）专业"。
② 10 所院校分别是：北京语言大学、中国传媒大学、华东师范大学、中央民族大学、浙江师范大学、上海外国语大学、厦门大学、天津师范大学、大连外国语大学、哈尔滨师范大学。
③ https://baijiahao.baidu.com/s?id=16189030566620313820&wfr=spider&for=pc 人民日报海外网"全球已建 548 所孔子学院遍布 154 个国家和地区"。

体"。然而由于国内培养的汉语师资大都是以成年人为教学对象,对培养中小学或幼儿园汉语教师的关注不多,培养规格与海外需求不符。同时,由于输出渠道有限,国内培养的汉语国际教育本科生和研究生多数未能赴海外从事汉语教师的工作。国内汉语师资培养规格不符,输出渠道有限,难以对接海外的师资需求,特别是中小学和幼儿园的师资需求,培养本土中小学汉语师资成为汉语国际化纵深发展的必然趋势。汉语国际教育(留本)专业的设立,正是契合了这样的时代需求。

一、汉语国际教育(留本)专业现状

根据我们的调查,2013 年以前,在开设汉语国际教育专业的 107 所国内院校中,个别院校开设了面向留学生的汉语国际教育本科专业。2013 年,为了有组织、成规模地培养本土汉语教学人才,适应海外与日俱增的汉语师资需求,国家汉办设立孔子学院奖学金,面向亚、非、拉美发展中国家招收符合条件并有志于回国从事汉语教学的学生来华攻读汉语国际教育本科专业,2014 年首批获得招生资格的院校有 16 所,2015 年新增两所,2016 年向各院校开放招生资格。

我们调查的这 10 所院校开设的汉语国际教育专业,即学科更名之前的对外汉语和汉语言相关专业开设历史较长,这些专业起初主要面向中国学生,后来开始招收留学生来华学习,特别是北京语言大学和北京师范大学等高校,在 2013 年设立留学生汉语国际教育本科专业以前,就已经招收留学生进入汉语言本科专业学习。

虽然这些高校都经历过汉语国际教育专业重组①,但不少院校在人才培养方向上没有实质性转变,真正将该专业设置为汉语师资方向的寥寥无几。加之汉语国际教育(留本)专业的培养对象不同于以往招收的中国学生,在培养方案的制订上缺乏经验,各校对该专业的学科定位和培养目标存在不一致性,课程设置各有侧重,出入较大。通过检索和查阅相关资料,我们发

---

① 2013 年对外汉语、中国语言文化和中国学专业并入汉语国际教育专业。本文研究的汉语国际教育本科专业是指面向亚、非、拉美发展中国家留学生开设的以培养汉语师资为目标的专业,属于本科学历教育。

现，目前专门针对汉语国际教育（留本）专业课程设置的研究尚少，缺乏统一的指导。课程设置是师资培养质量的保证，如果无法有针对性地、大规模地培养本土汉语教师专门人才，解决海外师资紧缺现状就无从谈起。

因此，在汉语国际推广纵深发展的大背景下，汉语国际教育（留本）专业应如何科学地设置课程，达到培养合格师资的目标，是一个值得深入研究的课题。

二、当前课程设置中存在的问题

（一）培养目标不明确，专业特色不够突出

"专业培养目标决定着课程体系的建设以及专业教学的方向和重点，是课程设置的出发点。"①

在我们考察的10所院校中，有2所院校未在培养方案中注明培养目标，其余8所院校，不少仍沿用原对外汉语专业本科的培养方案，或只是在此基础上做微调，因此在课程设置上没有将汉语国际教育（留本）专业与汉语言专业区分开来。关于汉语国际教育（留本）专业更倾向于培养语言人才还是汉语师资人才，各校侧重点和表述也不同，有的院校提出要培养"海外从事汉语教学的专门人才"，有的院校侧重于培养"能在国外各类院校、文化管理、新闻出版和企事业单位从事汉语国际教育及中外文化交流相关工作的实践型语言教学人才"，"应用型、复合型、实践型的国际化人才"这一定位过于宽泛。

与汉语国际教育硕士相比，汉语国际教育（留本）专业培养层次和规格与海外基础教育（幼儿园、中小学）更为匹配，毕业生通常到中小学任教。该专业设立的初衷，也是为了培养本土师资以满足海外汉语教学的需求。但在我们考察的院校当中，仅有2所院校明确提出要培养中小学汉语师资。对于中小学国际汉语教师应该具备的知识结构、能力结构和专业素养仍然缺乏比较系统的认识，在培养目标方面也未提出明确的要求，无法突出汉语国际教育留学生本科专业面向海外培养本土汉语师资的特点。

---

① 胡泊. 汉语国际教育专业硕士课程设置研究 [D]. 沈阳：沈阳师范大学，2012.5.

(二) 各校培养形式不同，管理稍显混乱

第一，培养方案。培养方案直接体现该专业的课程体系、教育过程、一整套的管理制度和评估制度。10所院校中该专业所使用的培养方案存在以下三种情况：一是1所院校中国学生和该专业留学生共用培养方案；二是3所院校汉语国际教育（留本）专业与汉语言专业其他方向（汉语与中国文化方向、经贸汉语方向等）的学生共用培养方案；三是6所院校汉语国际教育（留本）专业有单独设计的培养方案。

第二，专业学制。根据我们的考察，当前10所院校大部分采用4年制的本科培养学制，有2所院校明确提出实行"弹性学制"①，1所院校根据学生入学时汉语水平的不同，实行"四年制"和"五年制"分别招生、分级培养的学制。

第三，班级形式。当前该专业存在三种不同的设班模式：一是单独设班；二是与汉语言专业中国学生或留学生混班培养；三是先合后分或先分后合，1所院校实行"先分后合"的方式，即第一、第二学年留学生单独设班，完成基础阶段的汉语学习，第三、第四学年再与该专业的中国学生合在一个班级完成专业课的学习；3所院校采用"先合后分"的方式，即基础阶段不分班，第一、第二学年不同专业方向的留学生一起上基础课程，三年级再根据专业方向单独设班。

培养模式直接影响着专业课程的设置，汉语国际教育与汉语言专业的培养不是同一回事，采用混班培养，在两年甚至四年的学习过程中，专业课程完全一致，无法突出"师资培养"的专业特色，势必会影响培养目标的实现。

(三) 因校设课，课程体系不合理

在课程分布上，各校对于开设什么课、开设多少课、什么阶段开设，没有一个合理的标准，差异比较大。以汉语课为例，90%的院校开设了汉语课，其中40%的院校汉语课贯穿四年，即从第一学期延续到第八学期，20%的院校汉语课开课的时间跨度为7个学期，20%的院校汉语课的时间跨度为

---

① "弹性学制"，是指对学习年限有一定的选择性和伸缩性的教育教学模式。

6个学期，值得注意的是，10%的院校汉语课只安排4个学期，即第一、二学年开设，并且从中级水平的汉语课开始。从课时比例来看，汉语综合课的周课时为8~10节，听力课为每周4~6节，口语课大部分设为每周4节，个别院校设为每周2节或每周6节，阅读课为每周2~4节，写作课周课时几乎都设置为每周2节。从课程开始的时间来看，阅读课和写作课开设的时间比其他课程晚一些，特别是写作课，在9所院校中，7所院校在第一学年不开设写作课，这7所院校中的6所在第三学期开始开设写作课，1所院校直到第五学期才开设写作课。其他的一些语言和文化课程，有的开设时间过早，学生汉语水平有限，难以吸收；有的课程如实践类课程集中在大三甚至大四才开设，开始时间过晚。

在课程内容上，部分院校虽然关注到教学能力培养问题，但在课程设置中没有以国外中小学汉语教学的师资需求为导向，也没有突出面向国外青少年、儿童汉语学习者的师资培养。如下文中的表1所示，10所院校中，专门针对国外低龄化汉语学习者的课程非常少，只有1所院校开设了"海外少年儿童汉语教学法"和"中小学课堂管理"这两门必选课，1所院校开设了"儿童心理学"和"儿童汉语教学"这两门选修课，只有2所院校开设"课堂管理"方面的课程，3所院校开设"课堂观摩与实践"课程。无论是开设院校还是课程数量都寥寥无几。而在课堂内有效地实施教学管理，在课堂外科学地组织活动，是教师必备的技能之一。另外，"新手教师"的成长往往是从模仿开始的，课堂观摩与实践对于留学生积累教学经验，提升教学水平起着重要作用，这两类课程的严重缺失，说明各校对此类课程的重要性缺乏足够的认识，对应开设的科目、数量、内容不够明确。

表1 教育教学类课程开设情况

院校	教学管理和教学法	观摩与实践	教育学	心理学
1	儿童心理学	0	教学原理与实践	0
2	海外少年儿童汉语教学法、中小学课堂管理	课堂教学观摩与指导	0	教育心理学、对外汉语教育心理学
3	对外汉语课堂教学技巧	0	0	0
4	0	0	0	0

续表

院校	教学管理和教学法	观摩与实践	教育学	心理学
5	0	0	0	0
6	0	0	0	国际汉语教育心理学
7	0	课堂教学案例分析与实践	0	外语教育心理学
8	0	0	0	0
9	0	0	0	教育心理学基础
10	0	教学观摩讲评	教育学	教育心理学

此外，出于师资、生源、教学成本等方面的考虑，有些学校只开设专业必选课或不开设选修课，学生的选择很有限，无法实现通过选修课完善知识体系的目的。例如，教育心理学是教师培养体系中的重要组成部分，但是很多院校不开设，或者将其设置为选修课。另外，各院校基本都开设了实践课程，但是实践课程组织形式不够丰富，而且有一些院校缺乏教育实习和见习环节，实践类的课程设置的比例太小，尤其缺乏教学技能训练类的课程。

（四）实践形式不够丰富，专业实习机会少

实践课程在课程性质上属于必修课，所有学生必须完成教学实践并获得相应学分，才能顺利毕业。通过对比我们发现，各校实践课程的学分不一，数量各异。

表 2 10 所院校汉语国际教育（留本）实践课程的学分

院校	社会考察及语言实践	教学见习	教学实习	模拟教学	毕业论文	其他	总计（学分）
1	0	0	0	0	8	0	8
2	0	0	3	0	4	0	7
3	4	0	0	0	8	0	12
4	0	0	4	0	8	4	16
5	1	0	0	0	5	0	6
6	3	2	3	0	6	0	14
7	0	0	6	0	0	0	6
8	2	1	6	1	6	8+2	16

续表

院校	社会考察及语言实践	教学见习	教学实习	模拟教学	毕业论文	其他	总计（学分）
9	2	0	0	0	4	2	8
10	0	0	2	0	4	2	8

首先，各校的实践形式主要分为语言实践、教学实践和毕业设计，实践形式不够丰富，实践活动单一。

其次，各校很少或基本没有专门的实习基地，无法满足众多留学生的实习需求，而国内正规的对外汉语教育机构也比较少，且教师招聘多面向中国学生，留学生难以获得实习机会。

再次，在时间安排上，各校都没有对教学实践做出详细的说明或提出具体的要求，教学实践的时间跨度差别较大，组织形式比较受限。其中，30%的院校未开设，70%的院校要求完成教学实践，其中10%的院校从第一学期开始安排教学实践课，持续到第八学期，10%的院校从第五学期开始安排教学实践，持续到第七学期，50%的院校教学实践只安排1个学期，且要等到第七或第八学期才开始，这就有些晚了。

最后，在能力培养上，学生进行课程设计、汉语教学、课堂管理方面的训练远远不足，训练也很少贴近在海外开展汉语国际教育的实际进行。由于指导不足，学生的教学反思能力也有待提高。

（五）对国别化和学生个性考虑不足

当前各校的培养理念几乎都是由教学者主导，即我们认为学生应该学什么，而很少考虑学生想学什么，回国后从事教学工作更需要什么。对培训对象所在国的具体国情、教育体制、文化背景以及教师自身的需求缺乏了解与分析，因而培训往往针对性不够强。该专业的学生来自不同的国家，汉语水平参差不齐，学习目的各异。我们的"总体设计"主要基于汉语教师的"共性"需求，而对海外本土汉语教师的国别化"个性"特征缺乏认识，导致我们的培训往往在针对性上存在不足。

（六）缺乏合适的教材

汉语国际教育留学生本科专业自设立以来，不仅缺少大纲的指导，也缺少合适的教材，只能靠培训教师自己选材与编撰，不仅随意性较大，而且科学性不强。我们进班调查和采访时，学生也提出了教材不适用的问题。有的教材对于留学生来说太难，比如《现代汉语》，留学生和本专业中国学生共用同一本教材，对教师备课是个考验，对于留学生来说，学习难度也相当大。有的教材出版时间较早，内容已经过时，比如有学生反映，翻译课的教材"很老"。

三、对课程设置的思考及建议

长期以来，我们的汉语师资培养重点主要放在学科的语言知识和教学理论层面，而对海外中小学生这一教育群体的特点不够重视。"面向成人的汉语教学与面向中小学甚至幼儿园的汉语教学，因教学对象的不同，在教学环境、教学内容、教学方法、教学设计、课堂组织和管理、教师责任等方面都有区别。"① 因此，我们在师资培养过程中必须突出和强化面向中小学的汉语学习者开展汉语教学的训练，以实现培养的针对性。

（一）明确培养目标，突出师资培养特色

汉语国际教育（留本）专业培养目标是培养合格的海外本土中小学汉语教师，鉴于该专业教学对象和培养目标具有鲜明的针对性与独立性，现阶段各高校应根据专业要求细化培养目标，进一步调整课程设置。

第一，立足海外需求和本校特色，关注海外基础教育阶段到底需要具备哪些素质的教师，以培养高素质的"本土汉语教师"为目标确定培养模式，而不是一味照搬或模仿留学生汉语言相关专业的培养模式和课程设置。

第二，课程设置要与"本土中小学汉语教师"应具备的知识结构和能力结构相对应，体现本土汉语师资培养的特色。

此外，在专业层次上也应对课程结构和内容与汉语国际教育硕士、留学生汉语言本科专业做出区分。

（二）面向国外中小学汉语教学转变课程设置理念

受传统课程理念的束缚，课程设置不同程度地偏离培养目标。首先，汉

---

① 张淑慧，曲江川. 国外中小学汉语教学发展趋势与国际汉语师资培养对策［J］. 云南师范大学学报（对外汉语教学与研究版），2015，13（3）.

语国际教育留学生本科专业的课程建设与中国学生的要求不同,课程设计必然有所区别。其次,培养时间有限,不太可能在教学中把所有的语言知识全覆盖、都教给学习者,教学的主要目标和首要任务应该是培养学习者的交际能力与教学者的教学能力,学生毕业后才能更好地投入汉语教学工作当中。因此,我们提倡,按照"急用先学"的原则,突出和强化面向国外中小学、幼儿园的汉语教学师资培养课程,以国外中小学、幼儿园汉语师资需求为导向,设置面向低龄化汉语学习者的"国外中小学汉语教育"专项课程内容和体系,重点设置和培养与"教学能力"有关的课程。

(三)调整课程比例,优化课程结构

课程设置是一个大工程,需要对课程的类型、开设的科目、课程的先后顺序、课时、学分等做出一系列的规定,要求合理地安排课程结构、课程内容。

1. 调整必修课程、选修课程、实践课程的比例

课程结构的设置应突出实用性,合理设置专业课。在具体设置上,重点开好"少儿汉语教学法""对外汉语课堂教学技巧""中小学课堂管理""中国文化""国际汉语教育心理学"等专业课,以及"多媒体教育技术""远程教育技术"等技术类课程。同时增加实践课程的比重,方式多元化,扩大选修课程的范围,一方面,注重跨学科知识的培养,提高学生的综合素质。另一方面,增加学生选择的灵活性,进行个性化培养。

2. 处理好选修课中限选课和任选课的比例

袁祖望提出,通过"变长课程为短课程,减少每门课的讲授时数",削减必修课,以节余出更多的课时安排选修课。① 我们可以从中得到借鉴和启发。只有提升选修课的比例特别是任选课的比例,学生才能有更多的自主权,实现真正意义上的通识教育。

3. 调整语言技能、语言知识、文学文化、教学技能、教学心理类课程的比例

特别是当前各校安排的语言技能课比例过大,个别此类课程的学分比例

---

① 袁祖望. 论高校课程体系重构和教学模式转型 [J]. 清华大学教育研究. 2014 (2).

甚至达到总学分的70%以上，这就极大地压缩了专业课的比例，虽然学生的汉语水平有显著提高，但却影响学生其他专业能力的培养。我们要培养的是本土汉语教师，汉语教学能力的培养是重中之重。本着这一原则，我们应该减少语言技能课，而相应地增加与中小学教学相关的课程内容。

我们认为，应该增加以下几类课程。

第一，增加教学方法类特别是中小学汉语教学方法类课程。如少儿汉语教学法、汉字教学法、文化课教学法，不仅要让学生"知其然，知其所以然"，还要让学生在教学中展示出来，知道"怎么教"，才能真正做到学以致用。

第二，增加教学类和心理类课程。该专业毕业生主要在本国中小学任教，根据未来的教学对象的特点，应着重开设中小学教育心理学相关课程。

在调查中我们发现，开设了教育心理学或儿童心理学课的院校中，55%的学生都对这门课不满意，而15%的人觉得无所谓。究其原因，主要是学生认为这类课程内容深奥，很难理解，教师运用的教学方法与手段也比较单一，缺乏趣味性。但是，了解学生的心理对以后的汉语教学非常重要，有助于针对少年儿童进行汉语教学。

第三，增加教师发展和培训课程，能力训练要突出"师范性"。汉语国际教育专业要实现"培养国际汉语教师"这一最主要的目标，在课程设置上应将理论与实践环节所占比例做大幅度调整，增强学生实践环节的比例。首先，教学能力的具备与提高离不开教学理论的学习和实践的训练。在理论课程方面，围绕教学能力的培养，可设置对外汉语教学概论、教育学、心理学、对外汉语课型教学、二语习得理论、微格教学、现代教育技术等课程。其次，丰富实践课程的形式。除了校外语言实践和教学实习，还可以通过课堂观摩与指导、教学案例分析和专题讨论、体验式学习与培训等形式，为学生将来走上讲台打下坚实的基础。最后，在平时的教学中，还应突出实践，让学生尽早上讲台，教师给予指导，有意识地锻炼学生的教学能力。

（四）注重教学实践，创新实习方式

为了了解学生对实践类课程的意见，我们向北京师范大学、北京语言大学和中央民族大学汉语国际教育（留本）专业的60位学生发放问卷，回收有效问卷 57 份,其中,"你认为在当前基础上,学校还应该开设或增加哪些实践课程?"问题上学生的回答情况如图 1 所示。

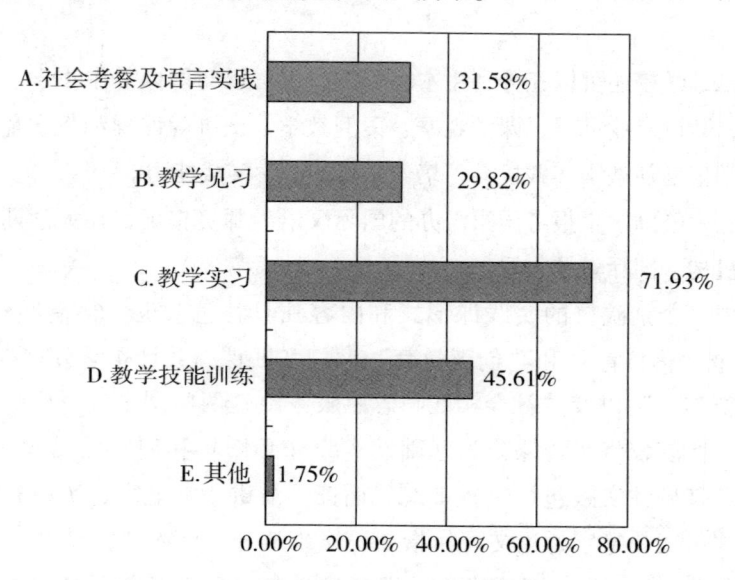

```
A.社会考察及语言实践  31.58%
B.教学见习          29.82%
C.教学实习          71.93%
D.教学技能训练       45.61%
E.其他             1.75%
```

图 1 "你认为在当前基础上,学校还应该开设或增加哪些实践课程?"学生希望开设课程比例

图 1 为学生希望开设或增加比重的实践课程名称,有 71.93% 的学生希望开设或增加"教学实习",45.61% 的学生希望开设或增加"教学技能训练",31.58% 的学生选择了"社会考察及语言实践",29.82% 的学生选择"教学见习"。1.75% 的学生选择"其他"一项,备注是"课堂试讲",可以归入"教学技能训练"一类。从所占比重上,我们可以看出学生对不同实践课程的重视程度。有学生留言表示,"实习比理论重要"。虽然这样的表述不一定正确,但也从侧面印证了学生对教学实践的重视。

结合对各校课程设置和学生调查问卷的研究,我们建议从以下方面做出调整。

第一,增加教师发展和培训课程,丰富实践课程的形式,能力训练要突出"师范性"。除了校外语言实践和教学实习,还可以通过课堂观摩与指导、教学案例分析和专题讨论、体验式学习与培训等形式,为学生将来走上讲台打下坚实的基础。在平时的教学中，还应突出实践，让学生尽早上讲台，教师给予指导，有意识地锻炼学生的课程设计能力、课堂教学能力和教学反思能力。

第二，学校还可以充分利用本校资源，也可以与国内外中小学、国际学校合作，开设专业见习、课堂观摩、案例教学、试讲等课程和教学环节，为本科留学生增加教学实践机会，培养学生的教学实战能力。

第三，鼓励学生报考国家汉办的国际汉语教师资格证，在大学期间争取到教育机构、国际学校实习。

此外，个别院校的实践课形式和内容独具特色，也值得借鉴。例如，开设"个性化培育"和"创新教育"两门实践课，共计4学分；"科研训练与创新创业"以及"社会实践与志愿服务"这两门课中选一门，修2学分。有一所院校将实践课分为基础性实践（必修）和创新性实践（选修）两部分，基础性实践包括军事训练、诵读、演讲、钢笔字、实用礼仪、公共英语演讲、粉笔字、论文写作指导，修8学分，计入"其他"一栏，还包括"教学设计与模拟上课"，计入"模拟教学"一栏。具体来看，"诵读""演讲"等课程可以提高学生的语言运用能力，"钢笔字""粉笔字""教学设计与模拟上课"能综合提高学生的教学能力，"论文写作指导"对学生完成学期论文、毕业论文有极大的帮助，这些课程独具特色，且符合培养对象的特点和需求。还有1所院校在一至三学期开设了有特色的"语言及社会实践"系列课程，即第一学期进行专业教育实践，通过学校基本情况介绍、参观校区、编排短剧、制作幻灯片、短剧表演等任务型导向的课程设置，教师对学生的语言表述、文字表达和幻灯片制作等方面给予指导，提高学生的语言表达能力；第二学期进行语言任务专项训练，通过学习朗诵和配音，提高学生就较深层面的话题进行口头表达的能力；第三学期，在学生已完成一学年汉语学习的基础上，进行语言资源应用实践。语言层次分明，训练重点突出，实践特色鲜明，值得同类院校推广和借鉴。

（五）以生源国教师需求为参考，开发院校精品课程

通过调查，我们发现，该专业招收的华裔学生非常少，在男女比例方面，女生居多，招生的生源国比较丰富，学生主要来自周边发展中国家，多

集中在亚洲，欧美发达国家的生源较少。以中央民族大学为例，在已招收的学生中，生源国包括泰国、乌兹别克斯坦、哈萨克斯坦、亚美尼亚、美国、蒙古国，其中，来自美国的学生为自费生，其他学生均为孔子学院或中国政府奖学金资助的学生。据笔者了解，该校生源情况和全国大部分高校的情况相差不大。

在我们的问卷调查中，有学生提出，希望学校多考虑不同国家的学生特点和海外教学要求。对此，我们可以开设相应的选修课，比如说在同一门课程中设计针对不同国家学生的教学训练，或者按国别分小组进行教学技能训练和课堂模拟试讲。

（六）注重学生多方面能力的培养

通过对比《汉语国际教师标准》（2012）和《全美中小学中文教师资格标准大纲》，我们可以了解到，要成为一名合格的汉语教师，必须具备多方面的能力。

首先，汉语国际教育本科留学生必须具备的知识应包括：汉语言本体知识、中华文化与跨文化交际知识，以及汉语作为第二语言的教学理论、第二语言学习理论、汉语教学法、教学组织与课堂管理方法、少儿教育学心理学、现代教育技术等。重点突出面向国外中小学或幼儿汉语教学的师资培养课程的设置。

其次，汉语国际教育本科留学生应具备的能力包括：汉语交际能力、汉语教学能力、文化教学能力、跨文化交际能力、教学反思和专业发展能力、基本的研究能力等。

最后，汉语国际教育本科留学生应具备的专业素质包括：教师职业意识、沟通意识、专业提升意识等。

"授之以鱼，不如授之以渔"，海外教学环境复杂多变，我们不仅要传授给他们汉语教学的理论和技巧，还应该加强海外汉语教师的反思能力的培养，同时引导他们借助先进的教育理念，借鉴优秀前辈和同行的教学经验，反思和改进教学，才能更好地适应教学的变化。

（七）开发适合汉语国际教育本科留学生的专业教材

当前留学生汉语国际教育本科专业所使用的教材，特别是专业课教材很大程度上是参考了汉语言专业或汉语国际教育专业中国学生的教材使用情况，与留学生的汉语水平、学习深度不太一致。

目前学界关注到的主要是汉语教材的开发，2016年10月北京大学举办"黉门对话"论坛，12位国内外在汉语教材研究领域有创新性见解并编写过主流汉语教材的专家就"汉语教材与学科发展"这一主题展开探讨。近年来，新出版的汉语教材也比较丰富，选择性更大。但是，专门针对留学生汉语国际教育本科专业设计的专业课教材寥寥无几，学界关注度也不太高。我们认为，留学生无论在语言水平、学习特点、学习需求等方面都与中国学生有比较大的差异，应该开发适合该专业留学生的专业课教材，如现代汉语、古代汉语、中国文学、中国文化、二语习得、汉语教学法等专业课教材。

综上，笔者认为，只有明确专业定位和培养目标，突出该专业中小学师资培养特色，转变课程设置理念，优化课程设置的结构和内容，提高学生的教学实践能力，才能培养出能够满足海外汉语教学需求的本土汉语教师，同时，促进汉语国际教育专业的发展。

汉语国际教育（留本）还是一个新兴专业，课程设置尚处于探索阶段，还有很多专业性的问题等待学界进行广泛的探讨和深入的研究。

参考文献

［1］陆俭明．汉语国际教育专业的定位问题［J］．语言教学与研究，2014（2）．

［2］赵金铭．何为国际汉语教育"国际化""本土化"［D］．北京：北京语言大学，2014．

［3］袁祖望．论高校课程体系重构和教学模式转型．清华大学教育研究，2014（2）．

［4］张淑慧等．国外中小学汉语教学发展趋势与国际汉语师资培养对策．云南师范大学学报（对外汉语教学与研究版），2015，13（3）．

［5］胡泊．汉语国际教育专业硕士课程设置研究［D］．沈阳：沈阳师范大学，2012．

［6］陈申.多元文化环境中的国际汉语师资培养研究［M］.北京：北京语言大学出版社，2015.

［7］蒋小棣.汉语国际教育硕士专业课程设置研究［M］.北京：世界图书出版公司北京公司，2009.

"一带一路"视域下汉语国际教育中的文化传播研究*

吴雅云

2013年,中国国家主席习近平先后在哈萨克斯坦和印度尼西亚提出建设"丝绸之路经济带"和"21世纪海上丝绸之路"的合作倡议,简称"一带一路"倡议。合作的核心内容包括政策沟通、设施联通、贸易畅通、资金融通、民心相通,简称"五通"。"一带一路"倡议的落地和"五通"的落实需要语言的支持。具体来说,"一带一路"需要语言铺路,要做好社会语言服务工作。[①] 汉语国际教育作为语言教育和传播的重要平台,也被赋予了新时代的重要使命,"教汉语"不再是汉语国际教育最重要的目的。在"一带一路"的时代背景下,如何充分发挥汉语国际教育这一对外传播平台的作用,展现并建构新时代中国形象,积极有效地传播中国文化和价值体系,并以此来助力跨文化交际、增强民心相通、构建人类命运共同体,这将是当前汉语国际教育需要深入思考的问题。本文将尝试从文化传播的角度探讨"一带一路"视域下的汉语国际教育。

一、汉语国际教育现状与问题

中华人民共和国的汉语国际教育事业还不足 40 年,但其成长一直与国

---

* 本文作者吴雅云,浙江工商大学,国际教育学院,浙江杭州 310018。本文为 2018 年度浙江工商大学校高等教育研究课题:对外汉语教学中来华留学生当代中国价值观的建构(Xgy18028)研究成果。

① 李宇明. "一带一路"需要语言铺路 [N]. 人民日报, 2015 – 09 – 22.

家的发展同步。1983年,"中国教育学会对外汉语教学研究会"成立,对外汉语教学学科正式诞生。同年,北京语言学院开设对外汉语教学专业。1985年,第一届国际汉语教学研讨会召开。1987年,世界汉语教学学会成立。2004年,第一所孔子学院在韩国首尔设立。2005年,在首届世界汉语大会上,汉语国际推广战略被正式列入国家发展规划。2012年,教育部将"对外汉语"专业更名为"汉语国际教育"专业。

从国内市场看,近年来华留学人员数量不断攀升,且几乎遍布全国。仅2018年就共有来自196个国家和地区的492185名外国留学人员在全国31个省(区、市)的1004所高等院校学习。① 而在"一带一路"的带动下,"一带一路"沿线国生源增速明显,可占留学生总数的半数以上。② 从海外市场看,孔子学院和孔子课堂是汉语国际教育的主要平台。截至2018年,全球共有154个国家(地区)建立548所孔子学院和1193个孔子课堂。③ 其中,"一带一路"沿线65个国家中已有53个建立了137所孔子学院和130个孔子课堂,约占全球孔子学院总数的四分之一。④ 上述数据直观地反映了汉语国际教育市场广阔。但快速发展的同时,结合教学中的实际情况,"一带一路"视域下的汉语国际教育仍存在诸多问题。

(一)汉语学习市场需求旺盛,但教材内容设置单一

不论是国内还是海外,目前汉语学习需求都呈现上升趋势,汉语作为热门的国际语言是毋庸置疑的。特别是在"一带一路"语境下,汉语国际教育不应仅局限于语言教学,更应该是加强文化互通、民心相通的桥梁。但目前市场上常见的教材基本都是"一刀切",即不考虑地区或文化差异的通用型语言知识类的教材,在与中国文化有效融合以及跨文化交际体现等方面仍是

---

① 数据来自教育部网站 http://www.moe.gov.cn/jyb_xwfb/gzdt_gzdt/s5987/201904/t20190412_377692.html?from=groupmessage&isappinstalled=0。
② 数据来自人民网教育频道 http://edu.people.com.cn/n1/2018/0330/c367001-29899384.html。
③ 数据来自国家汉办网站 http://www.hanban.org/confuciousinstitutes/node_10961.htm。
④ 数据来自"中国一带一路网" https://www.yidaiyilu.gov.cn/xwzx/roll/65817.htm。

不够。甚至，与国外本土教材相比，中国学者编写的汉语教材相对过时，其对中国文化内容的融入远不如海外本土教师编写的教材。① 换言之，目前汉语国际教育的教材内容着重于语言知识的编排，文化及跨文化交际的内容是其弱项。

（二）海外汉语市场广阔，但孔子学院发展显现问题

2014年9月，芝加哥大学宣布终止与孔子学院的合作。此后，陆续有海外高校宣布关闭或计划关闭孔子学院的新闻见诸报端。虽然关闭孔子学院的原因不尽相同，但媒体讨论中仍不乏"威胁论"。学者们认为全球布局意图和设置分布随意性的矛盾、发展目标和学科类型设置的矛盾、中外合作机构与孔子学院办学层次的矛盾等因素造成了孔子学院的结构性矛盾，从而导致目前孔子学院和孔子课堂的海外发展出现困境。② 我们认为，孔子学院目前面临的困境是语言输出时文化交际的失败。我们有必要思考什么样的文化内容、以什么样的形式表达才是有效的文化输出。对此，本文认为有效的文化输出基于精准的文化对话。特别是在"一带一路"的背景下，只有充分考虑地区文化特点的汉语国际教育才能起到文化交流的作用，实现文化传播的目的。

（三）文化传播意识明确，但教学效果有限

学者们普遍认同文化传播是语言教学的重要内容。文化是软实力，汉语国际教育是中国文化走向世界的必由之路。③ 而汉语国际教育的目标可定义为"汉语能力获得－交际能力建构－经济利益实现－中国文化传播－中外社会互动"五个层次。但在实际的教学过程中，文化教学的效果并不突出。这一方面是因为在内容上教师们以传播传统中国文化为主，对于当代现状，特别是"敏感话题"，多是避而不谈。④ 同时也缘于，从体系上看，目前的文

---

① 刘香君. 对外汉语教材"文化话题"选择与中华文化走出去 [J]. 广西民族大学学报（哲学社会科学版），2018（3）.
② 张虹倩，胡范铸. 全球治理视域下的汉语国际教育及孔子学院建设：问题、因由与对策 [J]. 社会科学，2017（10）.
③ 崔希亮. 汉语国际教育与中国文化走出去 [J]. 语言文字应用，2012（2）.
④ 亓华. 论汉语国际教学中的"敏感话题"及其应对策略 [J]. 北京师范大学学报（社会科学版），2013（2）.

化教学缺乏系统性，学生只能通过教师的介绍接触到某一种现象，对价值体系的理解并不深入。因此，学生们对中国人、中国事仍多有误解，也不能自发性理解。

（四）综合语言课程颇受重视，但专业汉语发展不足

以商务汉语为例，随着中国综合国力不断增强，国际的商务合作不断增多，商务汉语人才需求随之凸显，但商务汉语教学却处于滞后状态。商务汉语专业设置、师资培养、教材编写、教学探讨等方面的研究都远不及传统语言课程深入，关于商务文化交际意识的培养更是欠缺。随着"一带一路"合作项目的推进，商务汉语人才的需求将引来新一轮增长，课程研发的滞后势必带来不利影响。需强调的是，成功的商务洽谈和合作不仅需要准确的语言交流，更依赖有效的文化沟通。因此，在商务汉语等专业汉语的教学过程中，文化教学也应是重中之重。

总的来说，当前的汉语国际教育并不能充分有效地服务于"一带一路"倡议，特别在文化传播方面未能发挥其重要的通道作用。

二、"一带一路"与汉语国际教育

"一带一路"与汉语国际教育应当是互助互益、互相成就的关系。

（一）"一带一路"是汉语国际教育发展的快车道

学者们普遍认为"一带一路"为汉语国际教育提供了历史机遇，把握这一机遇将从根本上推进汉语国际传播。正如有学者指出，汉语国际传播应搭上"一带一路"沿线国家经贸与产业经济合作全球化拓展的"顺风车"，从而加快汉语向世界传播的步伐。[①] "一带一路"在促进跨国产业和经贸合作的同时，也可以为语言人才的培养提供新的思路和方向，借助"一带一路"推动汉语在沿线国家的传播。与此同时，将孔子学院的分布与战略布局融入"一带一路"，结合目的国家或地区的文化特点，探讨依托孔子学院平台的精准化文化传播，实现汉语国际教育的最终目标。

---

① 王建勤．"一带一路"与汉语传播：历史思考、现实机遇与战略规划 [J]．语言战略研究，2016（2）．

(二)汉语国际教育是推进"一带一路"的软轨道

在"一带一路"这一时代背景下,汉语国际教育的最终目的不应当是简单的推广汉语,而是应该通过"语言铺路"来助力"一带一路",打破经贸合作中的语言障碍和文化壁垒,最终实现"五通"。汉语教育的内容丰富、形式多样,是文化传播的优质平台,更是展示新时代中国活力和价值体系的有效途径。充分发挥汉语国际教育平台的价值,消除"一带一路"中可能存在的文化壁垒和价值差异,可使其成为加速"一带一路"的软轨道,从而共同构建人类命运共同体。

三、"一带一路"视域下汉语国际教育文化传播的思路

(一)树立文化教学中的历史观和全局观

当前汉语国际教育中的文化教学多以传统文化内容为主,知识点较为零散,缺乏历史观和全局观。这直接导致学生对当代中国国情与价值观了解有限,文化理解破碎、片面。事实上,汉语国际教育可在"一带一路"中为中国国家形象的建构起到更积极的作用。

历史与现状是相互承接的,事件也不是独立于时代的个案。因此,依托汉语国际教育平台进行文化传播时,需要把文化知识放在具有历史观和全局观的价值体系当中,把优秀的传统文化和新时代中国相结合,把具体的文化教学个案与中国价值体系结合,把全球政治经济的发展和人类命运共同体的构建相结合,帮助学生真正理解中国的历史文化、时代选择和核心价值观。同时,面向"一带一路"沿线国家进行文化传播时,还应该考虑到相应国家或地区与中国在历史和全局层面的文化交流与文化互动,从而产生文化层面的"共情"。

(二)融入人类命运共同体的文化建构

2012年,党的十八大首次明确提出"要倡导人类命运共同体意识"。2015年9月,习近平在联合国总部发表题为《携手构建合作共赢新伙伴 同心打造人类命运共同体》的重要讲话,构建人类命运共同体成为普遍共识。人类命运共同体的建构离不开跨文化交流。因此,将文化传播融入人类命运共同体的文化建构中也应当是"一带一路"视域下汉语国际教育的思路和内

容。具体来说，在语言教学中应重视文化内容，借助文化教学消除文化偏见和误解，产生文化共情，构建和谐的跨文化交际环境。

（三）重视文化教学内容的本地化开发

文化教学的本质是一种跨文化交际，它不是单向地输出或被动地输入，而是双向地互动。因此，文化教学的内容和方法需要根据教学对象进行调整。在第二届"一带一路"国际合作高峰论坛圆桌峰会上，习近平主张各方一道绘制"一带一路"细腻"工笔画"。就汉语国际教育而言，文化传播的"工笔画"就应该是融合于汉语教学的精准的文化教学与有效的跨文化交际。"一带一路"沿线国家有历史和文化上的共性，针对不同国家、地区和文化区域开发汉语教材，重视文化教学内容的针对性和在地化，可有效加强汉语、中国文化和中国思想在该地区的接受程度。

（四）发挥商务汉语等课程的文化传播价值

"一带一路"倡议以经贸合作为中心，满足跨文化商务交际是"一带一路"视域下汉语国际传播的重要任务。当前商务汉语课程的研发与需求并不匹配，更没有真正发挥其在"一带一路"建设中的作用。商务汉语专业教学内容也多是"以汉语为载体，立足经贸，实现跨文化教育"。[①] 本文主张文化教学是商务汉语课程学习的基础。商务汉语的使用场合以商务活动和经贸合作为主，需要准确的语言表达，更需要建立在文化沟通基础上的高超的交际技能。作为中国文化的重要组成部分，商务文化的传播和推广既可及时地服务"一带一路"倡议，同时也有利于中国文化的传播。另外，目前的商务汉语课程主要是由高校开设，但是在"一带一路"的背景下，本文主张课程设置应当突破课堂的限制，考虑结合企业课堂或以专题的形式展开。

（五）拓展"互联网+"模式下的文化传播途径

互联网可满足非常规汉语学习者的需求，同时也可为文化传播提供新途径。目前的"互联网+汉语国际教育"仍遵循了远程教学的理念，开发了如慕课、翻转课堂等互联网教学方式。但与单纯的知识型教学不同，文化教学需要交流和体验，而互联网移动端的应用可通过体验式教学实现文化案例的

[①] 沈庶英. 汉语国际教育视域下商务汉语教学改革探讨［J］. 国家教育行政学院学报，2012（3）.

真实展示、交流、体验和互动。教师们可充分借助智能移动设备，结合移动应用平台，将一切可能的条件和环境转变为课堂，再结合慕课、微课等，构建混合式的"互联网+"文化传播。

四、结论

汉语国际教育作为重要的国家发展规划，其所承载的文化传播意义在"一带一路"视域下尤为凸显，"一带一路"与汉语国际教育可互为助力。但是，反观当前的实际教学情况，文化传播恰是汉语国际教育的不足之处，具体表现为教学中文化内容不足、海外传播不够精准、专业领域的文化传播较为欠缺等，因此文化教学的效果并不明显。本文主张"一带一路"视域下汉语国际教育的文化传播需要融入人类命运共同体的文化建构，树立历史观和全局观，重视文化传播内容的在地化开发。同时，"一带一路"视域下的汉语国际教育还应发挥商务汉语等课程的文化传播价值，拓展"互联网+"模式下的文化传播途径。

汉语国际教育修辞教学存在的问题及其对策*

韩荔华

通过对目前汉语国际教育的《高等学校外国留学生汉语言专业教学大纲》等相关八个大纲或标准的分析，发现有关修辞内容存在或缺失或虽有提及但又相互脱节等诸多问题。这是长期以来存在着的忽视汉语修辞教学状况的直接显现。要扭转这种不利局面需要采取相应的对策，其中修辞教学对策主要是进行相关而有效的修辞教学改革。修辞教学内容渗透在语音、文字、词汇、句式等各个方面，本文主要从语音修辞教学入手，探讨融入式语音修辞教学方法。

一、目前汉语国际教育在修辞教学方面存在的问题

在汉语国际教育领域，长期以来存在着忽视汉语修辞教学的弊端。一是表现在相关教学大纲、教材建设、相关语言水平测试以及能力测试等未将修辞内容列入常规内容。二是表现在相关修辞内容也几乎未被纳入课堂教学过程。三是表现在对教师培养目标和要求以及培养过程或相关培训方面很少或从不涉及修辞教学内容。下面着重分析第一方面的问题。

（一）《高等学校外国留学生汉语言专业教学大纲》等相关大纲修辞内容不当或缺失

汉语国际教育的相关教学大纲，如《高等学校外国留学生汉语言专业教

---

* 本文作者韩荔华，北京第二外国语学院，文化与传播学院，北京，100024。

学大纲》①《高等学校外国留学生汉语教学大纲——长期进修》②《高等学校外国留学生汉语教学大纲——短期强化》③《汉语水平词汇与汉字等级大纲》④《汉语水平等级标准与语法等级大纲》⑤ 等，前一种少有或几乎没有关于修辞教学内容以及测试的循序渐进、符合教学规律的明确要求，表明尚未形成将修辞内容纳入常规教学的意识。后四种完全未涉及任何修辞教学内容，修辞教学内容缺失。

以《高等学校外国留学生汉语言专业教学大纲》为例，其中提出在四年级第二学期开设"现代汉语修辞"课程。该大纲关于现代汉语"语言知识"的系列课程基本沿用母语"汉语言文学专业"课程设置顺序，二年级上学期开设语音、二年级下学期开设汉字、三年级上下学期开设词汇，四年级上学期开设语法，四年级下学期开设修辞等课程。"现代汉语修辞"课程介绍的内容概要是："教学目的是使学生掌握现代汉语修辞的基础知识，并学会使用一些基本的修辞手段，能够在正确的基础上更好地使用现代汉语。教学内容是系统教授现代汉语修辞的基础知识，包括语境与修辞、修辞与语音、词汇、语法的关系，积极修辞与消极修辞，修辞与篇章、语体等。教学方法是突出实用性原则，在课堂讲授的基础上进行各种汉语修辞方面的练习。"⑥

这表明这一大纲至少存在两方面的问题：第一，"外国留学生汉语言文学专业"设置的四年级开设的修辞课程，过于理论化，过于脱离教学实际。"外国留学生汉语言文学专业"的修辞学课程，其原则应在于总结、概括、

---

① 国家对外汉语教学领导小组办公室编. 高等学校外国留学生汉语言专业教学大纲 [M]. 北京：北京语言文化大学出版社，2002.
② 国家对外汉语教学领导小组办公室编. 高等学校外国留学生汉语教学大纲——长期进修 [M]. 北京：北京语言文化大学出版社，2002.
③ 国家对外汉语教学领导小组办公室编. 高等学校外国留学生汉语教学大纲——短期强化 [M]. 北京：北京语言文化大学出版社，2002.
④ 国家汉语水平考试委员会办公室考试中心编. 汉语水平词汇与汉字等级大纲 [M]. 北京：经济科学出版社，2001.
⑤ 国家对外汉语教学领导小组办公室汉语水平考试部编. 汉语水平等级标准与语法等级大纲 [M]. 北京：高等教育出版社，1900.
⑥ 国家对外汉语教学领导小组办公室编. 高等学校外国留学生汉语言专业教学大纲（附件二）[M]. 北京：北京语言文化大学出版社，2002.

升华，不能仅限于一般性的修辞知识的讲解与练习。宜对学生从一年级到四年级在各门课程中接触到的各种修辞现象及其技巧，从语音、文字、词汇、语法等各个角度，进行切合教学内容实际的系统总结概括，再上升到一般性的修辞基础理论课程。第二，汉语修辞内容的教学不能只限于四年级下学期的这一门课程，相关的修辞教学内容应该有机地融入各个年级各类课型之中，这一点在大纲中并未得到体现。

（二）《国际汉语教学通用课程大纲》《国际汉语能力标准》《国际汉语教师标准》修辞教学内容相对缺失并脱节

1.《国际汉语教学通用课程大纲》①（以下简称《通用大纲》）

《通用大纲》分为目标、语言知识、语言技能、策略、文化意识五个部分。在"修辞教学内容"方面进行了一些修正，将其放在"语言知识"的"语篇"部分，1~5级的提法分别是：①初步感知简单的修辞方法。②在教师指导下，感知较简单的修辞方法，如夸张、排比等。③尝试运用简单的中文修辞方法，感知比较复杂的中文修辞方法；根据比较简单的修辞方法的特征和功能，初步学习口语和书面语篇章所表达的思想。④尝试运用简单和比较复杂的中文修辞方法，感知复杂的中文修辞方法；根据比较复杂的修辞方法的特征和功能，理解口语和书面语篇章所表达的思想。⑤掌握简单、比较复杂和复杂的修辞方法，感知更复杂的中文修辞方法；根据汉语普通话修辞方法的特征和功能，基本理解口语和书面语篇章所表达的思想。

《通用大纲》存在问题如下：①同一本课程大纲，对修辞的提法不统一：有"中文修辞方法"和"普通话修辞方法"两种提法，概念不统一。②大纲中关于"修辞方法"的所谓"简单"和"复杂"的提法过于笼统，作为教学大纲，难以用于指导教材编写、课堂教学或语言测试实践。③作为《通用大纲》大纲，修辞内容，不应只体现在"语言知识"一个部分，而应综合体现在"语言知识""语言技能"以及"策略"之中，其"策略"部分应该增加"修辞策略"内容。④事实上，该大纲在修辞方面，还应有更加明确的标准，还应该制定更加翔实、更加切实可行的策略和措施，以有效指导教学。

---

① 国家汉语国际推广领导小组办公室编. 国际汉语教学通用课程大纲［M］. 北京：外语教学与研究出版社，2008.

⑤最根本的缺陷是《通用大纲》至少在目前情况下还处于纸上谈兵阶段。

总之，大纲的"目标"并不是制定大纲的终极目的，而是要有效指导教材编写、具体教学以及相关测试。目前的实际情况表明，各类各层次的教材并没有将《通用大纲》的相关要求贯穿到教材编写、课堂教学以及相关学习者语言水平与能力评测之中。

2.《国际汉语能力标准》①（以下简称《能力标准》）

《能力标准》分为汉语总体能力描述、汉语口头交际能力、汉语书面交际能力、汉语口头理解能力、汉语口头表达能力、汉语书面理解能力、汉语书面表达能力七个方面，每个方面从低到高依次分为五个等级。完全没有提及"修辞能力"，但跟修辞能力密切相关的汉语交际能力与表达能力的提法如下：①汉语口头交际能力方面提出：四级——表达基本清楚，且有一定连贯性。五级——表达清楚连贯，详略得当。②汉语书面交际能力方面提出：四级——语句基本通顺，表达基本清楚，且有一定连贯性。五级——语句通顺，语篇连贯。③汉语口头表达能力方面提出：四级——大意是"自信交流"。五级——大意是有"信心并有效"交流。④汉语书面表达能力方面提出：四级——语句基本通顺，表达基本清楚。五级——用词恰当，表达通顺。

《能力标准》，没有在《通用大纲》明确提出"修辞知识"的基础上继续进行延伸拓展，这使其存在一个致命的缺陷：与《通用大纲》的教学目标及内容严重脱节。试想在"语言知识"等方面制定了掌握或尝试运用"简单"或"复杂"的"中文修辞方法"的相关要求，但是在必须通过知识转化成能力的"能力标准"中却完全不再提及"修辞"能力，造成这种严重脱节的症结还有待进一步研讨。

---

① 国家汉语国际推广领导小组办公室编. 国际汉语能力标准［M］. 北京：外语教学与研究出版社，2007.

3.《国际汉语教师标准》①（以下简称《教师标准》）

要有效实施《通用大纲》内容，实施相关策略，使汉语学习者能力达到特定标准，教师是最关键的。《教师标准》列出五个模块：语言基本知识与技能、文化与交际、第二语言习得与学习策略、教学方法、教师综合素质。这五个模块中都完全没有提及修辞内容。而根据汉语国际教育专业教学实际，至少应该在第1、3、4模块融进修辞内容。第1模块"语言基本知识与技能"内容中应该提及修辞知识。在第3模块"第二语言习得与学习策略"应该提及修辞策略。在第4模块"教学方法"的语音、文字、词汇、语法、汉字、听力、口语、阅读、写九个项目中，都应该提及相关修辞内容教学方法，或者将修辞教学方法单列为一个项目。

综上所述，《通用大纲》已经在语言技能中明确地提出修辞教学的部分内容；在综合技能中，间接地涉及相关的修辞内容。但是在《能力标准》完全未提及修辞能力问题。在《教师标准》中，教师的"知识与技能"等相关方面也都完全没有提及教师应该具有什么样的修辞意识、修辞知识及其技能。这表明：①这三本大纲严重脱节，至少在修辞教学方面三本大纲内部未能形成有关修辞教学的意识明确、脉络清晰、符合教学规律的有机统一。②存在的缺陷是，《教师标准》完全不提及"修辞"的概念，如果教师没有运用修辞的策略意识，没有相关修辞知识以及修辞技能，怎么能将相关的修辞内容体现在教学过程之中，学生又怎么能具有"掌握简单、比较复杂和复杂的修辞方法，感知更复杂的中文修辞方法；根据汉语普通话修辞方法的特征和功能，基本理解口语和书面语篇章所表达的思想"的能力？修辞教学关键的问题是教师要具有必要的汉语修辞意识、修辞知识以及技能，具有一定的引导并指导学生有效运用汉语修辞策略提高表达水平的教学能力，然后体现到课程大纲、相关教材之中，再进一步拓展到学习者能力标准之中，使修辞教学内容在实际教学过程以及相关等级测试之中落到实处。

相关大纲在修辞教学内容方面少有甚至没有明确要求，势必致使教师修辞教学意识淡漠；势必影响各级各类的汉语国际教育专业教材极少或几乎不

---

① 国家汉语国际推广领导小组办公室编. 国际汉语教师标准［M］. 北京：外语教学与研究出版社，2007.

明确地涉及汉语修辞内容；势必影响实际的教学过程极少或几乎不涉及修辞内容；势必影响各类各级相关语言水平及语言能力测试极少或几乎不涉及修辞内容。

　　针对汉语国际教育专业这种长期以来忽视修辞教学的现状，有学者一针见血地指出："语言文字的高水平运用，以对语言文字的深刻理解与熟练掌握为基本前提。其中，既包括语音、词汇、语法、文字各系统，也包括修辞系统。因为修辞不仅'全方位'地影响着语言文字的使用，而且自始至终'全方位'地影响着学习者对语言文字内容的理解、学习。这种影响，对那些身处汉语学习过程中的外国人尤为突出。……所以，修辞是重要的语文知识与语用内容，也是重要的文化内容，对语文的使用和理解学习都具有深刻影响，学习汉语的外国人有必要系统了解。长期以来不重视汉语修辞教学的状况应予以改变。"①

二、修辞教学对策——修辞教学改革

　　要扭转汉语国际教育专业教学忽视修辞教学的不利局面，需要采取相应对策。其中修辞教学改革是行之有效的重要途径。其改革措施主要是基础修辞教学改革，主要有相关教材改进、修辞教学方法改革、加强汉语国际教育专业修辞教学理论研究三方面内容。

（一）相关教材改进

　　改进目前汉语国际教育各类教材中完全不涉及或很少涉及修辞教学的现状，全面启用新编教材。其教材大致有两类：①将修辞教学内容融入相应阶段的相关基础教材之中：一方面融入汉语国际教育教学的初级、中级、高级各个阶段，另一方面融入基础乃至中高级汉语、阅读、听力、写作等课型。目前国内的汉语国际教育教学界还没有这一类教材，有编写不编写、怎样编写等一系列原则问题需要解决。②编写适用于汉语国际教育修辞教学要求的、有突破性专门修辞学教材：一类是适用于教师使用的汉语国际教育修辞学教学及其修辞学教学研究方面的；另一类是适于学习者学习使用的实用性

---

① 董明，桂弘. 谈对外汉语修辞的教学 [J]. 语言文字应用，2006（2）：143-147.

修辞学教材。编写这两类教材，要注意突出其创意与特色。第一，创意方面：一是注重突出跨文化交际特征。该类教材在编写过程中要紧密结合教学内容需要，努力使教材具有跨文化交际的特征。二是注重体系的系统、稳妥。要将汉语修辞理论以及运用技巧有机地融入汉语语音、文字、词汇、语法等各个部分的教学过程之中。三是注重思考与练习的设计，目的是使学习者理解、消化其修辞教学内容。第二，突出特色方面：一是针对性要强。针对学习者汉语语言基础比较薄弱的特点，尤其是运用汉语修辞学理论解决汉语语言实际问题的策略更弱等现状，该类教材要在内容、体系，甚至是练习设置方面都应该进行相应的精心设计。二是实用性要强。教材内容要围绕学习者的汉语言能力培养的实际需要，着重训练学习者运用汉语修辞技巧来解决汉语语言运用各种实际问题的技能。三是要适当进行对比，既包括汉语修辞前后过程对比、汉语口语与书面语修辞对比，也要包括汉外修辞对比，以有效培养学习者触类旁通、举一反三的能力。

（二）修辞教学方法改革

修辞教学方法的改革应该自始至终贯穿在汉语国际教育教学的全过程：一是要注重基础修辞教学法研究，将其教学法研究纳入相关课程建设的研究计划之中，以使其教学法研究成果有效地指导课堂教学。二是课堂教学中，切实有效地运用相关基础修辞教学策略，注重培养学习者运用修辞手段进行言语交际的实际能力。三是为了使学习者真正理解、消化其教学内容，要注重其练习、考核的设计。主要有促进学习者掌握基础知识的修辞技巧分析练习，有要求培养学习者对汉语言修辞的鉴赏能力的修辞案例的收集，有培养学生综合能力的写作训练，等等。四是加强测试题库建设，除将相关修辞内容有机融入汉语国际教育相关课程的考试与考察之中外，还应纳入相关水平测试之中。

目前在没有将修辞学教学内容纳入教材的情况下，修辞教学内容仍然可以在具体教学过程中有意识地加以融入。通过加强对汉语国际教育修辞学教学的研究，从务虚与务实的多个层面研讨修辞学教学的具体内容、知识点、相关技能等，从而引导教师从点滴开始、从细节开始，不断加强修辞学教学。从将来汉语国际教育基础修辞教学发展来看，其教学不应只停留在初级水平学习者的修辞格、选词炼句上，还要适当增加针对中高级水平学习者的有关语境、语体、风格、文风、语用、话语修辞、信息修辞、言语修养等对汉语国际教育修辞教学各方面教学规律的探讨；既要研究初级、中级、高级阶段的基础修辞教学的手段、方法技巧，还要研究不同阶段的基础修辞教学活动过程的不同特征，使修辞教学在提高学习者汉语运用能力中发挥更大的作用。

（三）加强汉语国际教育专业修辞教学理论研究

1. 汉语国际教育专业基础修辞教学理论研究

汉语国际教育专业基础修辞教学理论研究方面，宜注重三方面的内容：①基础修辞教学性质、特征、原则、要求等一系列基本问题的研究。②修辞教学对象、角度、教学方法、修辞教学策略及其效果研究等。③修辞教学对相关修辞手段及其修辞方式的教学研究，主要涉及文字（含标点符号）、语音、词语、语义、语法、句子、综合类辞格等内容教学方式研究。例如，词法修辞方面的对实词和虚词，特别是对量词、方位词、代词、副词、助词等相关词类以及相关词组的修辞技巧的教学研究；句法修辞方面的对相关句子成分的修辞技巧及其修辞作用的教学研究等。

2. 汉语国际教育专业修辞教学学科体系建设

汉语国际教育专业修辞教学学科研究的重点是其自身体系建设。其基础修辞教学学科的研究目前有三个主要任务：①修辞教学有必要形成独特的传统，对汉语国际教育专业教学历来所缺失的修辞教学原理进行科学的论证和阐释。②找出汉语国际教育专业修辞教学内容中语音、文字、词汇、词义、句子、修辞各部分之间的必然联系，使其成为一个有机的系统。③汉语国际教育专业修辞教学要强调实用，讲究教学技巧，从修辞教学运用现代语言学以及修辞学的理论和方法、信息传递、人际角色关系、交际主体的社会心理等方面探讨其规律。

三、融入式语音修辞教学

修辞教学内容渗透在语音、文字、词汇、句式等各个方面，就语音修辞教学而言，宜采取融入式教学方法。

(一)《通用大纲》与语音修辞教学

《通用大纲》虽然未明确提出"语音修辞"的概念，但是将相关内容放在"语言技能"之"说"的技能之中，1～5级的提法分别是：①能跟读、复述，或背诵课堂上所学的词句，声调基本正确。②句调准确。③学会使用重音、停顿、语调或肢体语言等手段来加强语气。在三级的综合技能中提法是："初步具备借助重音、停顿、语调或肢体语言等手段来体验交际效果的基本能力。"④连贯性。⑤能就一般性话题进行有效沟通和交流。综合技能中提道："能够把握重点，进行初步概括和分析。"关于该大纲中间接涉及的语音修辞教学情况，有三个方面需要讨论：（1）相较于以往的教学大纲，其中明显改进的地方是在"②""③"中明确地提出了"句调""学会使用重音、停顿、语调或肢体语言等手段来加强语气"等语音修辞内容，在"①"中明确提出了复述、背诵的基本要求。（2）上述第"④""⑤"，可以理解为间接地涉及了语音修辞问题。（3）目前至少存在三方面的问题：作为指导教学的课程大纲，所间接涉及的"语音修辞"教学内容，目前的实际情况是第一与教材脱节；第二与教学实际脱节；第三与相关语言水平与能力测试脱节。

在实际教学过程中，初级阶段，语音教学以语音本体教学为主，以语音修辞教学为辅。在初级阶段，语音教学多以正音正调为主，针对语音阶段声韵调教学难点以及容易出现的偏误，运用声韵调各种相关教学方法（如模仿法、对比法、引导法、直观教学法、夸张法等），尽可能使学生的语音语调基本正确。

中高级阶段，语音教学应以语音修辞教学为主，语音本体的教学自然地降到辅助的地位，但是要注重将语音本体的正音教学与语音修辞教学有机交融为一体进行。中高级阶段，语音修辞教学一般多以正"腔调"为主，尽量纠正学生的外国腔调，使其把握自然的汉语腔调，培养出汉语地道的语感。为了达到这个目的，在教学过程中，极有必要融入重轻读、停顿、语速、语气、平仄、语调、节奏等语音修辞教学内容并将其调整为课堂修辞教学的重要内容，这样能够有效地促进学习者感知感受并把握自然汉语语感的能力，促进其感知感受并把握以致欣赏汉语韵律的能力，最终达到使学习者运用汉语自如顺畅表达的基本目的。

（二）中高级阶段的语音修辞教学内容

相关修辞教学内容实施要求有四点：①在汉语国际教育修辞教学中分对象、分阶段、分课程融入汉语修辞教学内容。②其修辞教学内容要注重针对性与实用性，在教学过程中注重引导学习者用汉语修辞技巧解决汉语语言表达中的修辞问题。③在汉语国际教育修辞教学中，注重语用分析，强调用汉语修辞规则分析汉语修辞实际以及汉语语用实际。④注重跨文化交际特征，突出汉外对比内容。

中高级阶段语音修辞教学内容，主要有四个方面：①了解汉语语调、语气、重读、停顿、语速、平仄、节奏等方面的基本常识。②感受甚至把握汉语口语表达中调谐语调、丰富语气、布局重读、讲究停顿、运用语速、协调平仄、和谐节奏的相关技能。特别是理解这些有声音但无固定意义的因素（甚至包括沉默、叹息、咳嗽等），在特定情境下所包含的重要的感情密码，体验其所能传递出的暗示、制止、号召、鼓动、赞扬、怀疑、讽刺、惊讶、申诉、坚决、自信、祝愿、庄重、悲痛、冷淡、喜悦、热情、自豪、警告等各种情感。③恰当引导高级阶段学生了解并感受汉语利用声、韵、调、音节等语音因素进行修辞的相关技巧，如联绵、押韵、顺口、拗口、叠音、拟声、衬字、谐音双关等。④适当指导学生，运用一定的语音修辞策略增加口语和书面语的表达效能。

（三）融入式语音修辞教学方法

融入式语音修辞教学方法的特点在于：不是专门地单独讲授语音修辞知识，而是将重读、语调、停顿、语速、语气、平仄、节奏等语音修辞内容融入中高级阶段的各种课型之中，具体说，就是融入相关层级的基础（综合）汉语、听力、口语、阅读、写作等课程之中，结合具体课文，潜移默化、润物无声地实施教学。宜通过课堂教学、效果评估、课下活动三方面的途径加以实施。

1. 课堂教学

课堂教学中融入修辞教学内容至少需要注意以下八个问题。第一，不能将语音修辞教学内容理解为简单的理论阐释并仅仅停留在这一层面，而要结合具体教学课文自然切入，体现在词语、句子、段落乃至全文各个方面，在正常的课堂教学过程中"润物无声"地展开。第二，切忌将语音修辞内容置于课堂正常教学内容之上，流于形式。第三，根据课文的题材和体裁，恰当融入上述重读、语调、停顿、语速、语气、平仄、节奏等相关语音修辞教学内容以及朗读、演讲、背诵的教学及其训练内容。第四，所融入的语音修辞教学与训练内容的篇幅，要逐渐温和地扩展，开始可能是一段，逐渐扩大开去，题材与体裁合适的课文可以扩展到整篇。第五，教学过程要注意教师的示范作用。第六，要考虑到学习者的接受能力，根据学习者可以接受的程度选择性地融入特定语音修辞教学内容。第七，上述重读、语调、停顿、语速、语气、平仄、节奏等相关语音修辞教学内容的融入与练习以及检测方法，不能千篇一律，千人一面，要因课型、课文题材、课文体裁、对象接受程度而异。第八，在教学过程中，对所融入的修辞教学内容的教学效果的评估，不能急功近利，宜本着持之以恒的原则，于教学的细节之处，长久坚持，这样才能收到良好效果。

2. 效果评估

1）运用有效的练习方式和检测方法

练习方式与检测方法要互相呼应，以能够有效检测课堂教学过程中所融入的语音修辞教学的效果为目的。例如，口语课可以采用运用自然口语腔调对话、模仿角色表演、课前小演讲等方法；听力课可以采用模仿复述的方法；综合汉语课和阅读课可以采取朗读或背诵精彩段落与经典文章的方法，还可以根据课文的体裁，采用讲故事、演讲的方法，能够做到绘声绘色最好。这些方法都能够十分有效地使学习者通过反复吟诵在记诵中培养汉语语感。关于朗读教学，中国的中小学母语朗读教育有很多经验可以借鉴，事实上，目前不仅汉语国际教育在借鉴汉语母语教学中的朗读教学，中国很多大学的外语专业教学也在借鉴并利用各种机会介入朗读训练。但是汉语国际教育教学过程中的朗读内容的融入与中国中小学母语朗读教学的角度、要求、目的等都不尽相同，在汉语国际教育教学过程中融入这些内容，主要目的是培养学习者地道的汉语语感。

写作课，也适于融入语音修辞教学内容，但情况稍微复杂一些。有些内容,如词语线性搭配组合的韵律规律、相关句子的前后偶对和三句鼎对以及交错对称乃至句子展开顺序的节奏规律等,这些内容在写作课教学已经教授的前提下,对其效果的检测,可以通过两种方法进行:①将学习者应该掌握的相关语音修辞内容融入作文的批改与讲评之中;②讲评作文时,可以选择若干比较好的作文,请学习者自己朗读、演讲乃至背诵。使学习者通过带感情地朗读、背诵或脱稿演讲自己的文章来体会其中的语音修辞情态。总之,如果能在同一个班的各种课型之中坚持有效地融入语音修辞教学相关内容,进行各有侧重的训练,并坚持辅之以有效的检测方法,那么,可以断言,不仅语音修辞教学会收到成效,相关课型的教学也会收到相应的成效。

在课堂教学过程中融入语音修辞教学的练习与检测方式有一个说服学习者配合的"任务沟通"问题,即说服学习者接受教师建议的有效的练习与检测方式。学习者一旦接受并认可,就会积极配合,练习与检测的工作就可以有效地进行。有一些练习方式,开始实施时有的学生不一定积极配合。比如背诵,日本和韩国留学生一般不会提出什么异议,但是欧美等国家的一些学生总是会找出各种理由不积极配合。针对这种情况,必须采取一定的策略。有时候需要在课下找一位或几位欧美学生开小灶辅导,他们在课堂上的表现往往具有示范作用。练习或检测伊始,课堂上如果有一位欧美学生朗读或者背诵成功,可以在一定程度上将其成果扩大化,从而增加、强化或者巩固学生的自信心,顺利推进接下来的各种练习以及检测活动。再比如朗读,不论是哪个国家的学生对较为夸张的读法都会感到不好意思,特别是日本留学生不太愿意配合。这首先需要教师精心营造出一定的氛围,创设相关情境,创造出一种适合朗读的气场。另外,教师自己要注重做好示范以及引导工作。

2)学习者自我评价

引导学习者自我评价。最重要的是,教师要善于抓住各种机会,经常引导学习者评价自己坚持背诵、演讲以及朗读所取得的实际效果,让学习者有机会品尝他们自己成功的喜悦,增强其完成朗读、演讲以及背诵等相关任务的积极性与自觉性。最终学习者会明白,坚持下去益处很多。我们教过的一个班的学生最后很习惯也很享受在讲台上向同学们展示自己精心准备的"作品"的过程。学生们反馈的信息中谈到的最多的是关于品尝成功的"愉悦感受"。

3）教师教学效果评估

教师注重教学效果评估。教师在教学过程中，应该不断地进行教学效果评估，如融入的语音修辞内容是否科学合理、是否与课文紧密结合、训练的方法是否切实可行、学习者的接受程度存在怎样的差别、是否被学习者理解并掌握等，根据实际情况，随时调整。

3. 课下活动

充分利用学习者参加文娱表演、参与相关比赛的机会，鼓励学习者表演语言类节目，如朗诵、相声、快板儿、小话剧等，并在课下认真辅导学习者。充分利用课间或者课下与学习者接触的机会，尽量多用自然汉语交际，即使是谈非常简单的问题也一样能做到与学习者绘声绘色地交流。

总而言之，目前需要达成以下共识：①修辞不是一种孤立的语言知识，而是一种语用以及语言文化现象，其教学内容应全方位地贯穿在语音、词汇、语义、语法等教学内容之中。②修辞内容的教学，并不意味着一定要在专门的修辞课程中实施，而是要贯穿在听力、口语、阅读（教材、报刊阅读）、汉语精读、写作等各种课型之中。③修辞教学层次，不是只在高级汉语阶段实施，而是应该贯穿在初级、中级、高级各个阶段的教学过程之中。④修辞教学对象，要针对初级、中级以及高级等各个层级的学习者；并且不仅要针对汉语言文学专业的学生，也要针对长期或短期的语言生。⑤修辞教学内容不能只限于简单地列入教学大纲，而是要有效贯彻在师资培养、教材编写以及课堂教学过程之中，并应体现在相关的语言水平与语言能力测试之中。

将相关修辞内容融入汉语国际教育之中，不应该是某一个阶段的权宜之计、某一门课程的权宜之计，而是要长期贯穿在各门课程以及课堂与课下的各种相关教学过程中。修辞内容教学，实际上不仅仅在于使学习者掌握汉语修辞技能本身，而是要使其能够运用并达到顺畅自如地进行口语交际和书面语表达的最终目的。

北京第二外国语学院汉教专业本科生学习情况调查研究*

党静鹏

一、研究背景

1985年教育部正式设立对外汉语本科专业，最初全国仅有4所高校设立该专业，即北京语言大学、华东师范大学、北京外国语大学、上海外国语大学。进入21世纪之后该专业迅速发展，根据教育部的有关统计，截至2018年，全国开设汉语国际教育专业的高校数量达398所。②

北京第二外国语学院文化与传播学院汉语国际教育系成立于2007年，原名对外汉语系，于2013年更名为汉语国际教育系。本专业以培养具有扎实的基础知识和广阔的国际视野，复合型、应用性的新型汉语国际推广人才为己任。通过系统的对外汉语专业学习和多种语言、文化的熏陶，使学生能够全面掌握专业知识和基本理论，并能够将理论知识转化成业务能力，适应社会经济发展，适应当前对汉语国际推广人才的全面要求。

如何在新时代新的国际形势下，培养出高质量的汉语国际教育人才，是我们一直在思考和探索的问题。2017年底，笔者参与了北京第二外国语学院专业综合改革试点项目专业建设项目"汉语国际教育"。学生是整个专业培

---

* 本文作者党静鹏，北京第二外国语学院，文化与传播学院，北京，100024。

② 数据来源于教育部高等教育司网站 http://www.moe.gov.cn/s78/A08/gjs_left/moe_1034/。

养过程中的重要一环,了解学生的学习情况对我们着手进行培养方案和专业课程体系的调整与完善具有重要的意义。为此我们着手进行了一项问卷调查。本文通过对此项问卷调查结果的分析,揭示目前专业培养中取得的成绩和存在的问题,并进一步提出对策与建议。

二、问卷设计与实施

（一）问卷设计

本文调查问卷的设计主要参考了王添淼（2016）设计的《汉语国际教育硕士专业学生学习情况调查问卷》①，同时结合北京第二外国语学院本科专业的具体情况对问卷进行了增减，最终形成本研究的调查问卷《汉语国际教育专业本科生学情调查问卷》。问卷分为两部分，第一部分为个人基本信息，包括学生的性别和年级；第二部分是关于学生学习情况的具体问题。问卷采取量表形式，由学生在问卷中对符合自己情况的 5 度或 4 度量表中做出选择。问卷涉及学习生活、教学评价、学生发展和整体评价四个测量维度，每个维度由若干因素构成，每个因素通过若干具体题项进行测量。共设计 56 道题目。调查问卷题目分布表如表 1 所示。

表 1　调查问卷题目分布表

测量维度	测量因素	题项数量
学习生活	上课座位	1
	课程学习行为	6
	课外学习行为	6
	师生互动学习行为	3
	学术与交流情况	4
	学习感受和学习信念	5
教学评价	对教师课堂教学行为的评价	13
	对学院的课程设置与整体教学的评价	7

---

① 王添淼. 汉语国际教育硕士生学情调查分析与建议［J］. 学位与研究生教育，2016（4）.

续表

测量维度	测量因素	题项数量
学生发展	知识和能力发展	10
整体评价	对整体的教育经历的评价	1

（二）问卷发放与回收

本项调查针对北京第二外国语学院文化与传播学院汉语国际教育本科四个年级的学生进行，问卷发放与回收情况如下。

一年级发放 55 份，回收 55 份，其中有效问卷 52 份；二年级发放 42 份，回收 42 份，其中有效问卷 37 份；三年级发放 40 份，回收 40 份，其中有效问卷 8 份；四年级发放 42 份，回收 42 份，其中有效问卷 22 份。三年级有效问卷率低的原因是部分问卷在回收时同一学生的两页问卷被分开回收，导致这些问卷成为无效问卷。四年级有效问卷率低的原因是部分学生遗漏了第一页问卷背面的题目。最终，四个年级的有效问卷共 119 份。

（三）问卷数据处理

首先，对问卷选项进行赋分。问卷以量表形式呈现，第 1 题采用的是五度量表，从"最前面"到"最后面"依次赋分为 5、4、3、2、1 分。其余题目采用四度量表，从"经常"到"从不"或从"非常一致"到"很不一致"的有利项目赋分分别为 4、3、2、1 分，对不利项目赋分为 1、2、3、4。分值越高表明学习情况越好。

赋分后，将全部问卷每题的分数输入 Excel，并进行均值计算。由于客观上存在男生女生比例不均衡的情况，因此统计分析时不考虑性别因素，只考虑年级因素。首先，以题项为单位，计算每一道题的全部学生的总均值，逐题分析总均值所反映的现象；接下来，以测量因素为单位，并区分年级，计算每个年级在每个测量因素的一组题目上的均值，考察在每个测量因素上各个年级的差异和变化情况。

五度量表的理论平均值设定为 3，四度量表的理论平均值设定为 2.5，高于理论平均值表明学生学习情况较好。

三、结果与分析

（一）学习生活

第1题是"上课座位"，即学生上课时喜欢坐的座位在教室中的位置，从最前面到中前部、中部、中后部到最后面。统计结果显示，全部学生在该题上的总均值是3.39分，高于理论平均值3分，即学生倾向于坐在中间偏前的位置，表明学生总体上具有听课积极性。按年级来看，得分从高到低依次是三年级（3.88分）、一年级（3.46分）、四年级（3.36分）、二年级（3.19分），如图1所示。值得注意的是，二年级得分最低，从一年级到二年级出现了一定的听课积极性下降的情况。

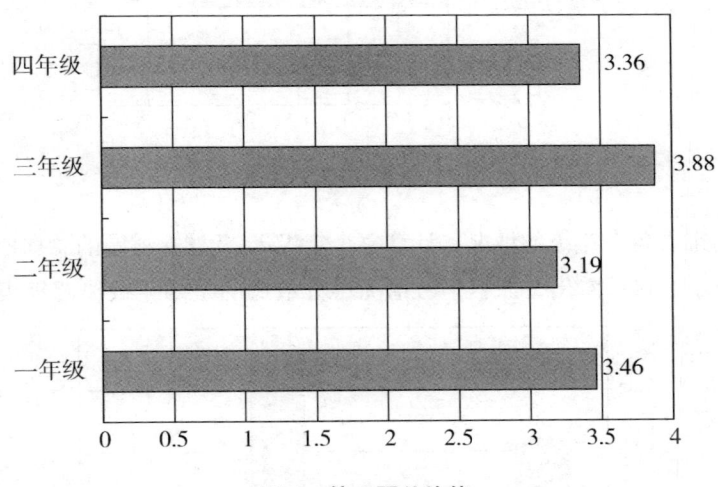

图1 第1题总均值

第2~7题，测量的是学生课程学习行为的情况。这6道题每一题的总均值如图2所示。可以看到，"逃课"和"没有按时完成或草率完成学习任务"这两题得分最高，表明大部分学生能够遵守课堂管理规定，并按照教师的要求完成学习任务。"课前预习"一题得分2.25分，分数最低，且低于理论平均值2.5分，表明学生大多没有进行课前预习。其他几题的得分由高到低依次是"课堂上积极回答问题或者参与班级讨论"2.75分，"课后复习"2.57分，"课后阅读跟课程有关的参考书或者老师提供的专业文献"2.55分，这三项都略高于理论平均值。以上表明学生大多能够认真并积极主动地进行课程学习,但在课前预习方面有所欠缺,需要教师加以引导。

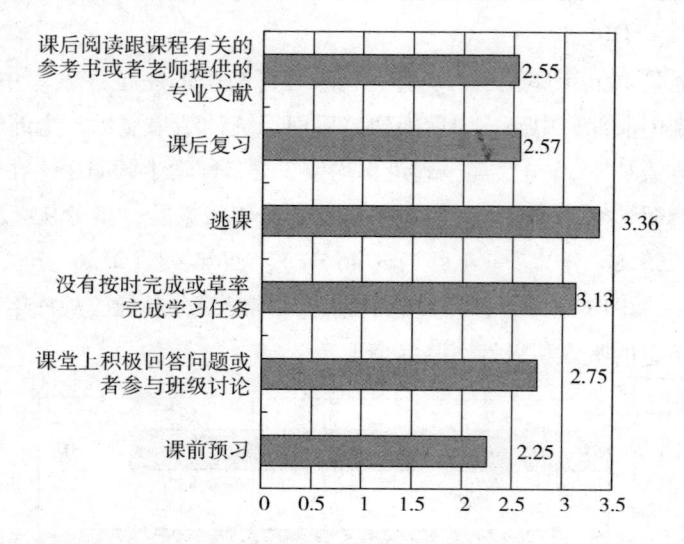

图2 第2~7题总均值

下面来看各个年级的情况。计算每个年级2~7题6道题的总均值,结果如图3所示。可以看出,课程学习情况得分最低的是四年级,四年级学生普

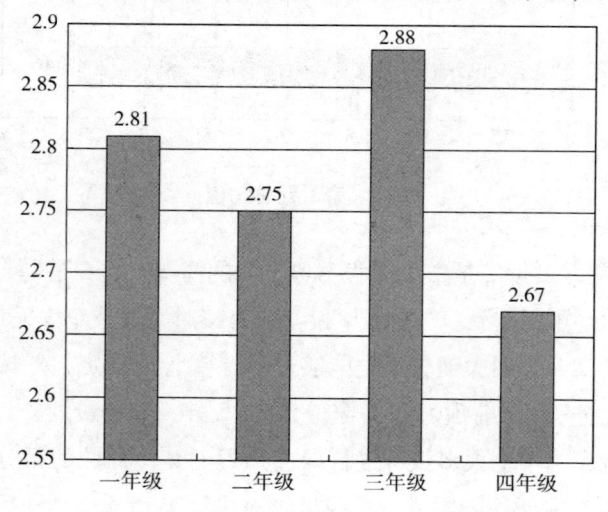

图3 第2~7题各年级均值

遍对课程重视程度降低，这和他们找工作、考研究生等毕业压力有一定的关系。而前三个年级中，二年级得分最低。

第8~13题，测量的是学生课外学习行为的情况。这6道题每一题的总均值如图4所示。可以看出，得分较高的是"使用电子媒体（电子邮件、聊天群、互联网、固话、手机等）或面对面和同学讨论或者完成作业"3.23分，其次是"参加校内社团活动"3.05分，这反映出学生更多地通过一定的活动平台与自己的同辈之间建立起合作学习的关系。"利用图书馆资源进行学习"2.90分，也高于理论平均分，反映出大部分学生能够对图书馆资源进行利用。"参加与专业相关的校内外实习实践活动"2.53分，基本处于理论平均分的水平，院系一直在致力于为学生创造实习实践的机会，学生也积极参与，但是由于各种主客观原因，并不是所有学生都能够获得足够的实习实践机会。"参加学校教学课程以外的课程或者培训（外语或其他）"2.26分，"结识外国留学生并和他们交流"2.32分，这两项分数均低于理论平均分，即课堂之外，很多学生未能通过自己的主动行动寻找机会提升自我的知识和能力。

项目	分值
参加校内社团活动	3.05
利用图书馆资源进行学习	2.9
使用电子媒体（电子邮件、聊天群、互联网、固话、手机等）或面对面和同学讨论或者完成作业	3.23
结识外国留学生并和他们交流	2.32
参加学校教学课程以外的课程或者培训（外语或其他）	2.26
参加与专业相关的校内外实习实践活动	2.53

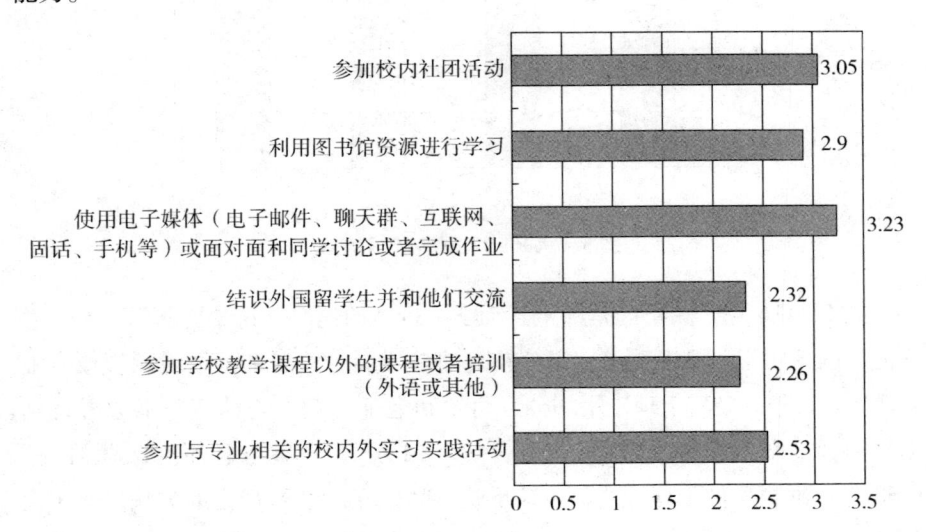

图4 第8~13题总均值

对比四个年级的情况，计算每个年级8~13题六道题的总均值，结果如

图 5 所示。可以看出课外学习活动的得分随年级增加而增加，一年级、二年级大致相当，三年级、四年级大致相当，并且一年级和二年级明显低于三年级和四年级。一年级学生从高中进入大学，学习方式的惯性使其将更多的时间和精力投入由教师主导的课堂学习中，还没有形成在课外寻找机会进行主动学习的习惯。此外，一年级、二年级学生课程较多，课程之外的时间较少，这也是一个原因。同时院系为学生提供的实习实践活动通常会在大二结束之后的暑假和大三年级开展，这也导致一年级、二年级学生在这些方面的得分较低。这种情况将会随着学生年级的提升而得以改善。

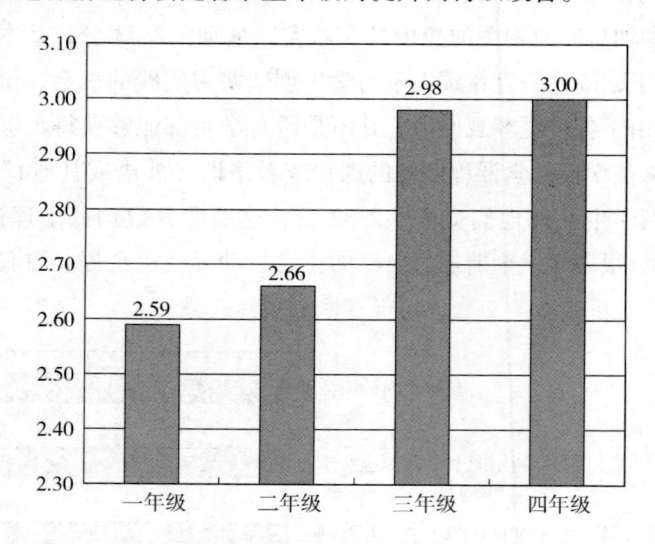

图 5　第 8~13 题各年级均值

第 14~16 题，测量的是师生互动学习行为的情况。这 3 道题每一题的总均值如图 6 所示。可以看出，得分较高的是"向专业课老师请教课程或专业问题" 2.6 分，略高于理论平均分，而"和老师一起参与课程作业以外的活动（协会、学术报告、学生活动等）" 1.91 分，"参与老师的课题研究" 1.68 分，则明显低于理论均值。这反映出师生互动学习行为的欠缺。对于大部分学生来说，他们能够就课程相关问题向教师请教，但是对课程以外参与教师的学习、科研活动的情况就十分欠缺了。

参与老师的课题研究 1.68

和老师一起参与课程作业以外的活动（协会、学术报告、学生活动等） 1.91

向专业课老师请教课程或专业问题 2.6

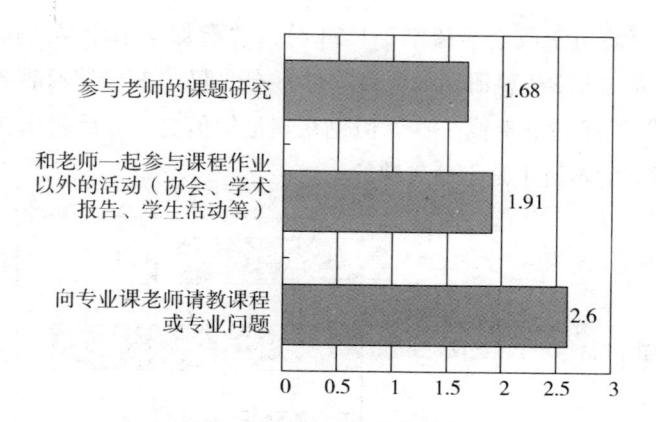

图6 第14~16题总均值

对比四个年级的情况，如图7所示，高年级学生的情况略优于低年级学生，这是积极的一面，表明随着年级的增加，学生参与教师学习科研活动的机会也开始增加。

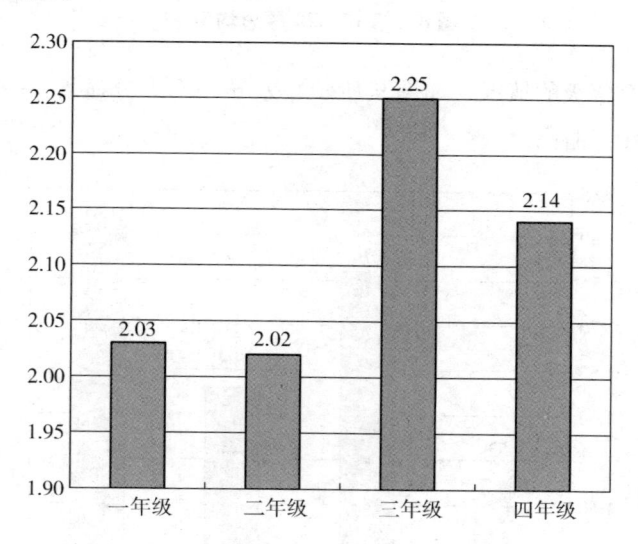

一年级 2.03
二年级 2.02
三年级 2.25
四年级 2.14

图7 第14~16题各年级均值

第17~20题，测量的是学生的学术与交流情况。这4道题每一题的总均值如图8所示。可以看出，这一组题目得分都比较低，远低于理论均值。

"进行国外短期访学或交换留学"1.34分,"参加学术竞赛(挑战杯等)"1.35分,"参与大学生科研训练项目"1.68分。仅"参与学术活动(学术会议、讲座)"2.25分,略高一些,但也在理论均值之下。反映出在学术与交流方面,我们的本科生是十分欠缺的。

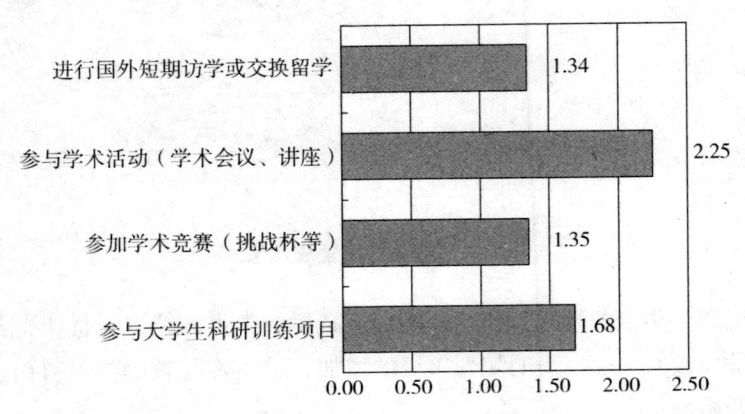

图8　第17~20题总均值

对比四个年级的情况,如图9所示,差异并不十分显著,一年级略低,二年级和四年级略高。

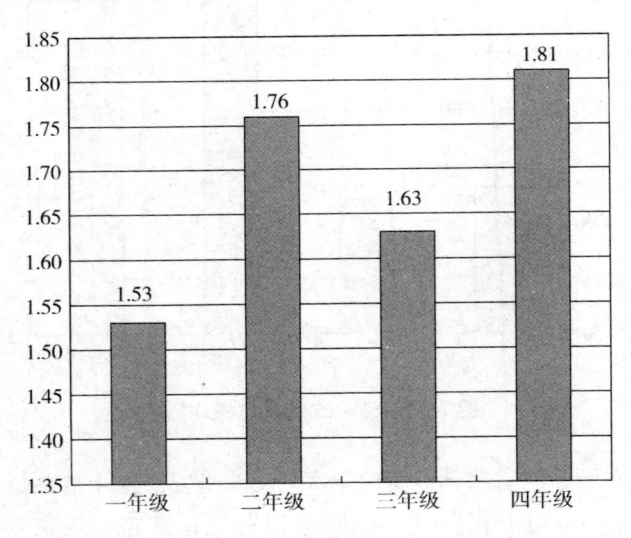

图9　第17~20题各年级均值

第21~25题，测量的是学生的学习感受和学习信念。这5道题每一题的总均值如图10所示。总体上来看，学生的主观感受和心理是比较积极的。其中得分最高的是"如果我尽力去做，我有信心能够实现专业学习目标"3.21分。其次是"学习本专业知识时，我感到这些知识有用、有价值"3.14分，表明学生大多有坚定的自我信念和良好的学习感受。"我对所学专业具有浓厚兴趣"2.96分，表明大部分学生对专业学习具有正向、积极的心理。"我会通过相关课程、讲座、文献阅读，主动了解本专业的新进展"2.54分，"我在专业学习上有明确的目标和长期的规划"2.66分，这两项得分稍低，处于略高于理论平均分的水平，表明大部分学生在实现目标的学习过程中具有一定的主动性和计划性，但还需要进一步加强。

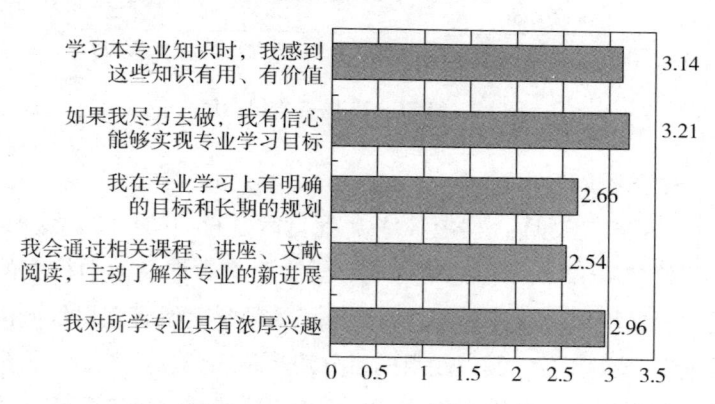

图10 第21~25题总均值

四个年级的情况，如图11所示，一年级和三年级得分较高，二年级和四年级较低，其中二年级最低。究其原因，一年级是进入大学的第一年，学生对专业充满了新奇感，对自我充满了信心。进入二年级，出现一定的学习倦怠，并开始产生专业迷茫感，而经过二年级的内心调整，到了三年级逐渐找到自我的方向，重燃信心。四年级则是面临毕业的年级，考研和就业的压力，以及对未来的不确定感，让他们一定程度上对自己产生了怀疑，所以得分出现了一定程度的下降。

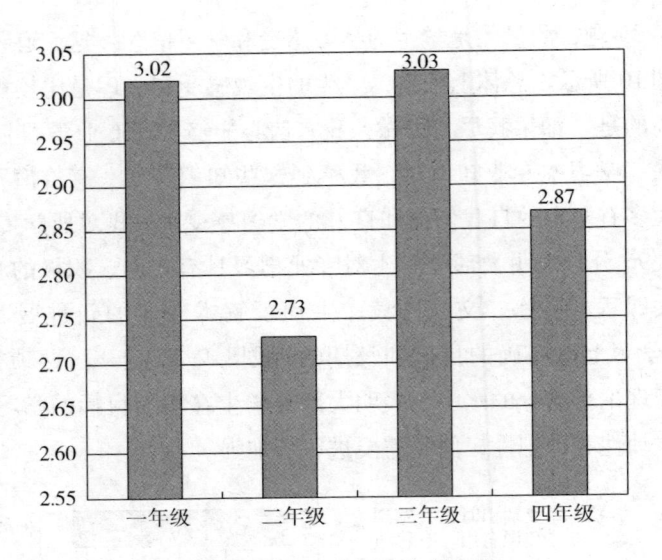

图 11 第 21~25 题各年级均值

（二）教学评价

第 26~38 题，测量的是学生对教师课堂教学行为的评价。这 13 道题每一题的总均值如图 12 所示。总体上看，学生对教师课堂教学行为的评价较高，都在理论平均值之上，而且，除"认真指导学生做研究报告或读书笔记等"2.94 分，低于 3 分，其他题目的得分均高于 3 分。这表明，教师努力认真地上课，并得到了学生的认可。其中，得分最高的前两道题目是"提供教学案例或事例"3.65 分，"注重专业基础知识基础理论的教学"3.61 分，这两道题的高分反映了教师在教学中对基础知识基础理论以及教学实践两方面都给予了充分的重视。其余题目的得分分别是"介绍本学科发展的前沿动态"3.34 分，"实践教学课程充实，注意培养学生的实践能力"3.36 分，"注重课程与专业的相关性"3.54 分，"注重学科间的交叉与融合"3.34 分，"课堂中加入互动环节，注重学生参与"3.4 分，"课程目标清晰明确，教学内容清晰易懂"3.45 分，"注重启发引导式教学"3.34 分，"努力提高教学内容的趣味性和吸引力"3.35 分，"让学生进行体验式学习"3.06 分，"重视考勤"3.34 分。

各年级的情况，如图 13 所示，评价最高的是一年级，二、三、四年级略有下降,但均在 3 分以上。

项目	均值
重视考勤	3.34
认真指导学生做研究报告或读书笔记等	2.94
让学生进行体验式学习	3.06
努力提高教学内容的趣味性和吸引力	3.35
注重启发引导式教学	3.34
课程目标清晰明确,教学内容清晰易懂	3.45
课堂中加入互动环节,注重学生参与	3.4
提供教学案例或事例	3.65
注重学科间的交叉与融合	3.34
注重课程与专业的相关性	3.54
注重专业基础知识基础理论的教学	3.61
实践教学课程充实,注意培养学生的实践能力	3.36
介绍本学科发展的前沿动态	3.34

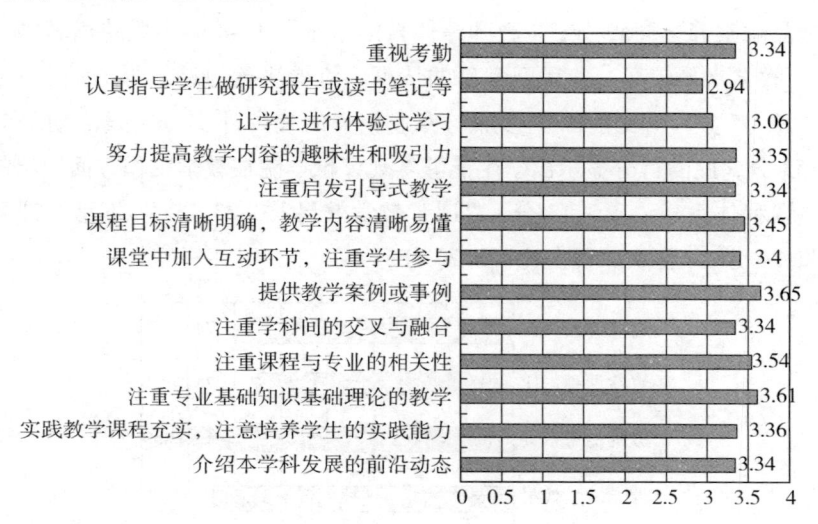

图 12　第 26~38 题总均值

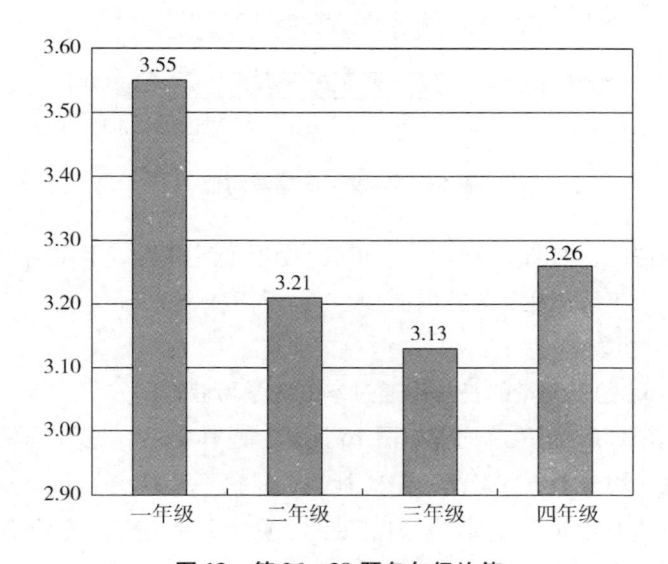

年级	均值
一年级	3.55
二年级	3.21
三年级	3.13
四年级	3.26

图 13　第 26~38 题各年级均值

第 39~45 题,测量的是学生对学院的课程设置与整体教学的评价。这 7 道题每一题的总均值如图 14 所示。总体上看,学生对学院的课程设置与整体教学的评价较高,大部分学生持肯定态度。其中,得分最高的前两题是,"教师品德素养"3.59分,"教师整体教学水平"3.48分,反映出教师师德良好、教学水平较高,并得到学生的认可。值得注意的是,"教学实习平台建设"3.07分,对比前面"参加与专业相关的校内外实习实践活动"的得分2.53分,此的得分显示出学生能够客观评价学院在教学工作方面做出的努力。"课程体系建设"3.13分,"课堂教学效果"3.23分,"不喜欢课程占比"2.74分,"喜欢课程占比"2.74分。

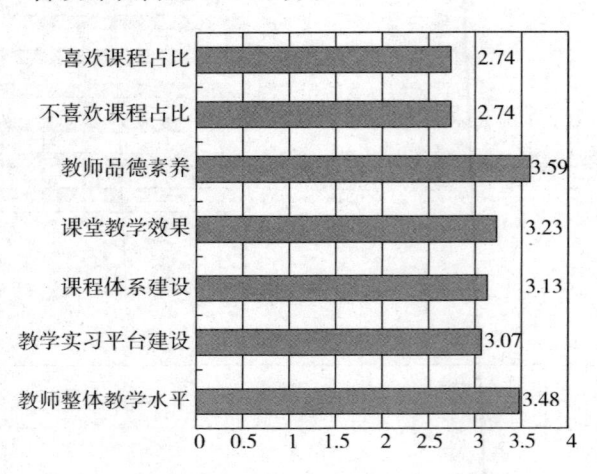

图14 第39~45题总均值

各年级情况,如图15所示,三年级的评价低于3分,但也高于理论平均分,其他三个年级都在3分及以上。

(三)学生发展

第46~55题,测量的是学生通过本专业学习获得的知识和能力发展的情况。这10道题每一题的总均值如图16所示。总体上看,这一组题目的得分保持在理论平均分上下,最高的是"社会责任感"3.12分。其中,低于理论平均分的有"对专业学科知识发展前沿的了解"2.38分,"专业学科领域的实践能力"2.38分,"理论性文章的写作能力"2.47分,学生的自我评价反映出他们认为在这几方面的发展并不十分理想。汉语国际教育是实践性较强的专业,因此学生对自我的实践能力的期待较高,而对学术性、理论性强的

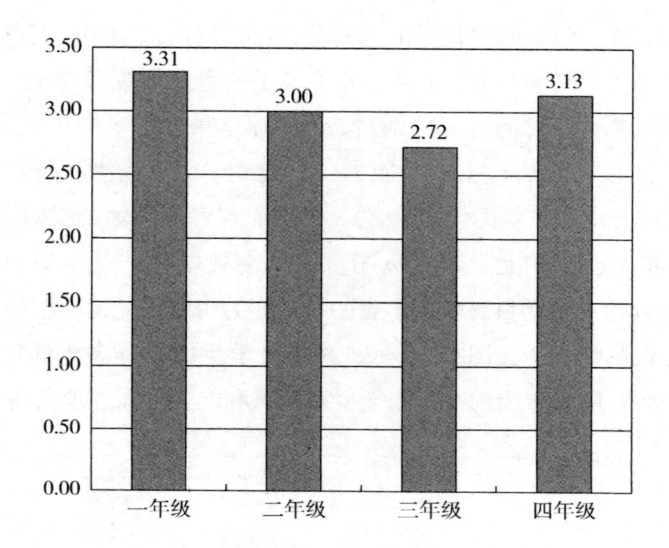

图 15　第 39~45 题各年级均值

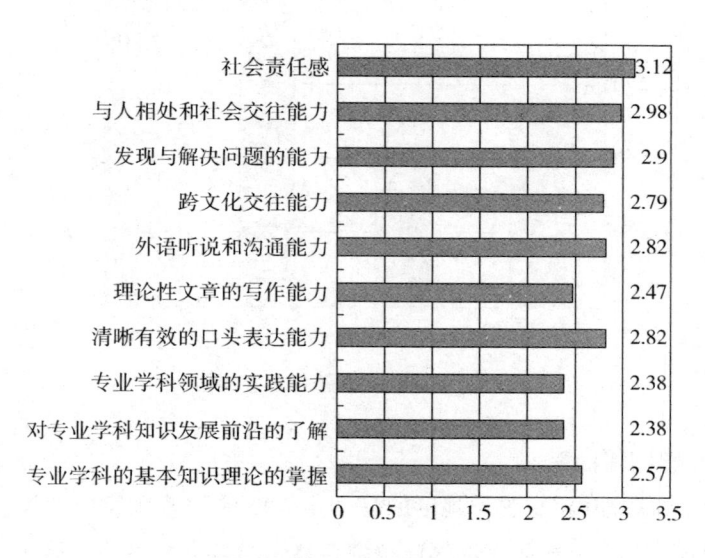

图 16　第 46~55 题总均值

项目	均值
社会责任感	3.12
与人相处和社会交往能力	2.98
发现与解决问题的能力	2.9
跨文化交往能力	2.79
外语听说和沟通能力	2.82
理论性文章的写作能力	2.47
清晰有效的口头表达能力	2.82
专业学科领域的实践能力	2.38
对专业学科知识发展前沿的了解	2.38
专业学科的基本知识理论的掌握	2.57

问题不十分重视。因此，我们的教学中在这两方面还需要做出更多的努力。前面"介绍本学科发展的前沿动态"得分是 3.34 分，说明教师在课堂教学中已经做出一定的努力，但是对学生课下的要求和指导有所不足。在学术性

论文的写作方面，学生的自我评价也较低，在我们的教学中，对学生学术论文写作的训练比较欠缺，大学四年真正意义上的科研训练和论文写作只有毕业论文。其他几道题目的得分分别是，"专业学科的基本知识理论的掌握" 2.57 分，"清晰有效的口头表达能力" 2.82 分，"外语听说和沟通能力" 2.82 分，"跨文化交往能力" 2.79 分，"发现与解决问题的能力" 2.90 分，"与人相处和社会交往能力" 2.98 分。除"专业学科的基本知识理论的掌握"之外的其他几道题目反映出学生的综合能力得到了一定程度的发展。

各个年级的情况，如图 17 所示，高年级学生的得分高于低年级学生的得分，这说明，随着年级的提高，学生在知识和能力方面逐渐获得了发展。

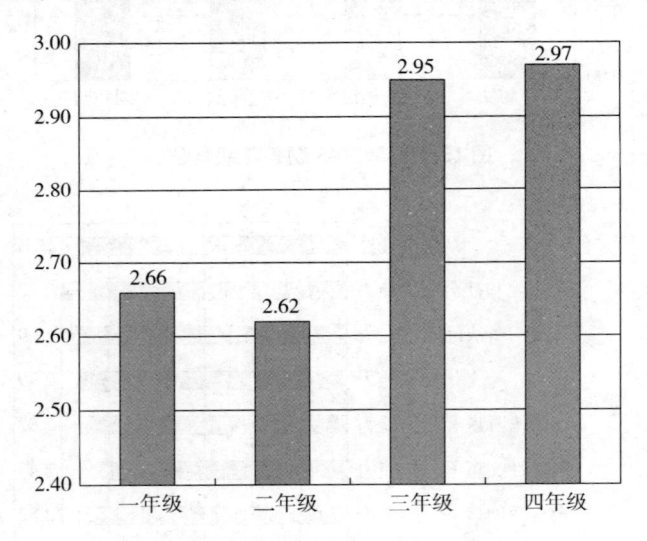

图 17　第 46～55 题各年级均值

（四）整体评价

最后一道题即第 56 题，测量的是学生对整体的教育经历的评价。题目为"如何评价你在文学院汉语国际教育系整体的教育经历？"，该题的得分是 2.81 分，高于理论平均分，表明学生对在本学院本专业接受的教育的整体评价较高。

各个年级的情况，如图 18 所示，一年级评价最高，二年级评价最低，三、四年级居中。

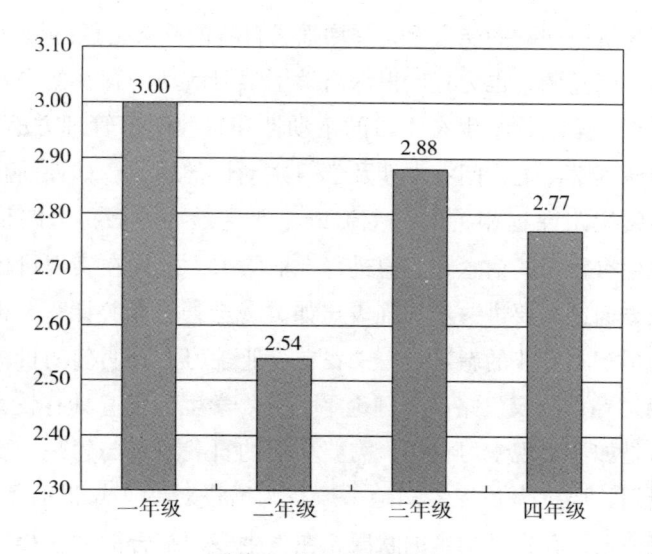

图 18　第 56 题总均值

四、研究结论与建议

以上问卷数据分析结果表明，总体来看学院学生学习情况处于良好的水平，绝大部分问卷题目的得分都在理论均值之上。我们发现，学生对学院课程设置和教师教学行为的评价比较高，在所有相关的 20 道题目中，有 17 道题的平均分都在 3 分以上，其中得分最高的三道题分别是"提供教学案例或示例""注重专业基础知识基础理论的教学"和"教师品德素养"。这表明，学院和教师所做出的努力获得了学生的认可，而这种认可一定程度上对学生的学习行为产生正向的影响。我们还发现，学生大多具有较强的信念和意愿进行专业学习，他们认为"如果我尽力去做，我有信心能够实现专业学习目标""学习本专业知识时，我感到这些知识有用、有价值"，因此他们能较好地在课堂上进行与课程相关的学习活动，比如学生愿意在教室中比较靠前的位置就座听课、课堂上愿意积极回答问题或参与班级讨论，大部分学生都能按时且认真完成作业，能够做到不逃课。当然这些方面的良好表现和学院、教师在教学管理方面的严格要求也是分不开的。此外，学生认为，通过课内外的学习生活，自身在一些能力方面获得了发展，如外语能力、跨文化交往能力、发现与解决问题的能力等,并增强了自身的社会责任感。

但同时,问卷调查也为我们揭示出学生学习活动中存在的一些问题。主要有以下几点。第一,学生在学习的主动性和自我学习管理方面有所欠缺。一方面,在课程学习上,问卷中涉及学习主动性的题目,如课前预习、课后复习、课后阅读跟课程相关的参考书或专业文献等方面得分略低。另一方面,尽管学生有较强的信念和意愿进行专业学习,但是在实现目标的学习行为的主动性方面还需要进一步加强。比如"我会通过相关课程、讲座、文献阅读,主动了解本专业的新进展""我在专业学习上有明确的目标和长期的规划"这两道题得分仅仅略高于理论平均分。学生们普遍具有较为坚定的学习信念,但是如何实现学习目标,需要严格的自我监督与管理,要对自己的学习进行规划,要更为积极主动地采取行为增进对专业知识的了解。第二,在学生发展方面,存在不均衡的状况,在学生多项综合能力获得提升的情况下,他们在对专业学科知识发展前沿的了解、实践能力和理论性文章的写作能力这几方面的发展并不十分理想。第三,在问卷的所有题目中,学生参与学术活动的得分最低,无论是参与教师的课题研究还是其他的学术活动,学生普遍认为存在不足,平均分基本都在2分以下。我们在对第14~16题的分析中看到,对于大部分学生来说,他们能够就课程相关问题向教师请教,但是对课程以外参与教师的学习、科研活动的情况就十分欠缺了。

针对以上反映出的问题,我们认为,在课程学习方面,教师应加强对学生学习全过程的管理与督促,包括课上与课下、课前与课后,并提出明确具体的要求和检查或考核方法。学生自我管理方面,目前学院在各个班级设有班主任,由专业课教师担任,班主任可以帮助学生制订合理的学习规划,引导学生形成主动学习的习惯。在与学术科研相关的问题上,给学生创造更多参与科研的机会,特别是参与到教师的研究课题的机会,注重培养学生的反思能力、研究能力和学术论文写作能力。

在问卷的结尾部分,我们设计了一个开放性问题:对于汉语国际教育专业的专业教学改革,你有哪些建议?请写出来。部分学生回答了这个问题,建议中提出最多的是希望院系提供更多的实习实践的机会。汉语国际教育专业是实践性较强的专业,学生希望通过更多的实习实践来提高自己的实践教学能力。文化与传播学院多年来一直致力于为学生搭建广泛、持久且多层次的实习实践平台。为更深入、系统地推进实习实践平台建设,汉语国际教育系教师正在致力于通过多元化互动课堂教学的构建,全球化实习实践基地、海外教学实习案例数据库和国际化人才评估过程的建设,积极开展专业课程体系的整合和改革,加强基础和实践教学课程建设,构建全新的、科学化、系统化的国际化人才培养模式。在国际化的背景下,全球化实习实践基地建设可推进本科教学与国际需求接轨,实现专业知识与实习实践的有机结合,构建立体型实践教学体系。

在对各个年级的分析中,我们发现一个值得重视的现象,即二年级在大多数测量项上都处于最低或次低的水平上,而且特别表现为一年级得分较高,而二年级出现下降的情况。在最后一题的整体评价中一年级评价最高,二年级评价最低。在课程学习方面,二年级得分最低,且部分题项的得分出现了从一年级到二年级下降的情况;在师生互动学习行为和学生知识能力发展的自我评价方面,二年级的得分也是最低的;特别值得关注的是学习信念和学习感受这一测量因素,二年级得分低于所有其他三个年级。我们还对每个年级全部56道题的人均得分进行了计算,结果显示,一年级162.08分,二年级153.92分,三年级159.38分,四年级162.14分,可以看出,二年级得分最低。这一发现值得我们思考。学生从一年级进入二年级,由大一新生成为老生,大一时对大学生活的美好期待、热情与新鲜感逐渐褪去,开始出现一定的学习倦怠,对专业感到迷茫,自我定位不清晰,茫然而不知所措。这些心理上的变化必然会对他们的学习产生影响,因此,我们应对二年级学生给予更多的关注、关爱与支持。

北京第二外国语学院夏斗湖学院
汉教专业文化教学的思考[*]

马宝民

文化教学是国际汉语教育专业非常重要的教学内容。北京第二外国语学院国际汉语教育专业的本科学生除了语言课程和教学法课程以外，文化课程也占有相当的比重，其中《中国文化概论》和《世界文化概论》更是他们的专业必修课。对于汉语教育专业而言，文化教学除了培养学生的文化素养之外，在帮助学生更好地理解本民族文化，了解国外文化，进行文化的比较研究和中外文化传播等方面具有重要的作用。

一、夏斗湖校区汉语国际教学状况简介

北京第二外国语学院夏斗湖校区坐落于法国中央大区安德尔省的沙托鲁市，这里地处法国南北交通要道，融合了法国南北迥异的文化特色。沙托鲁距与夏斗湖校区有合作关系的奥尔良大学所在地奥尔良市160千米，距巴黎280千米。法国夏斗湖校区是北京第二外国语学院建立的第一个海外校区，它于2016年9月建立，在院系各部门的积极支持下，国际汉语教育专业纳入了夏斗湖校区的建设中，2017年9月国际汉语教育专业第一批7名学生顺利进驻夏斗湖校区，开始了他们为期2年的海外学习生活。这些学生全部为大学二年级的学生，他们在国内已经上了一些专业基础课，在奥尔良大学继续他们的大学生活。国际汉语教育专业的学生在海外校区学习，这是一次新的

---

[*] 本文作者马宝民，北京第二外国语学院，文化与传播学院，北京，100024。

尝试，通过对他们学习生活的研究，可以为更好地建设国际汉语教育专业提供可资借鉴的经验。

目前，在夏斗湖校区的国际汉语教育专业的学生共有 13 名，其中三年级的学生 7 名，二年级的学生 6 名。他们的学习分为两个部分：一部分在奥尔良大学完成，主要以法语课为主，包括综合法语、口语、语音、大学法语知识课程以及兴趣课；另一部分在夏斗湖校区完成，主要由专业课教师上相关的专业课以及英语课。

图 1　夏斗湖校区国际汉语教育专业在奥尔良大学的课程表

	周一	周二	周三	周四	周五	周六
1						体育
2						体育
3					世界文化概论	体育
4					世界文化概论	体育
5						
6						
7						
8				古代文学		
9				古代文学		
10				古代文学		

图 2　夏斗湖校区国际汉语教育专业的专业课表

从课表中可以看出，在夏斗湖校区的学生他们的课程安排还是非常紧凑的，基本上每天的课时量达到 6 节以上，有些甚至达到 8 节课，而且星期六还安排了体育课。汉教的学生在奥尔良大学的课程是根据各自不同的水平分班上课的，因此同学中除了有中国的学生，还有很多法国的学生，方便了他们进行文化交流活动。他们在奥尔良大学的课程除了基础法语以外，还有法语口语、社会与文化等课程。而在专业课程方面主要是文学与文化课程。

那么，如此大密度的课程，学生是否能够接受得了呢？通过调研发现，对于在夏斗湖校区的学习生活，学生是基本满意的。对于国际汉语教育专业建立海外校区的问题，他们都认为海外校区的学习对于国际汉语教育专业是非常必要的，而在这里学习对他们是非常有帮助的。他们开阔了视野、接受了不同的文化、提升了自己的交际能力和语言能力。对于课程的安排，他们大多数人认为课程的设置还是合理的，对目前所上的专业课程也比较满意。尤其是他们在奥尔良大学上课之后，发现奥尔良大学的教学方式与国内的教学方式有很大的不同，他们接触到新的教学模式，感到耳目一新，这也让他们有很多的收获。对于实践活动方面，他们在夏斗湖校区有一些机会参加实践活动，让他们能够广泛地接触社会、了解法国的文化。尤其是他们在奥尔良大学是与法国学生一起学习的，这给了他们很好的学习机会。总的来讲，汉语国际教育专业的学生对于夏斗湖校区的专业教学还是较为满意的。

二、海外校区文化教学的必要性

北京第二外国语学院的夏斗湖校区，地处法国中部，国际汉语教育专业的学生要在这里学习2年的时间。该专业的学生在这里要学习法语和英语以及专业方面的课程，他们要在2年的时间里达到法语二级的水平，而且英语达到专业四级水平，甚至更高，应该说学习任务相当繁重。因而对于文化课程的学习就产生了不同的看法：有的人认为在海外校区时间紧、任务重，在这短暂的时间里学生的主要任务是学好法语，文化学习是次要的。还有的人认为在法国的学习期间，学生的中国文化学习可以暂缓进行。他们一是认为中国文化，学生在以前的学习中已经有了一定的积累；二是在国外学习期间应该以外国文化的学习为主，学习中国文化缺少直观性。对于这些观点可以理解，但是这种认识是不科学的，也是有局限的。

北京第二外国语学院海外校区（以下称作"夏斗湖校区"）在建设之初的定位不单纯是培养学生语言能力，更为重要的是培养学生具有多元文化交流的能力和文化传播能力。因而，夏斗湖校区与法国奥尔良大学合作，除了开设专门的法语课程以外，还要开设英语课程以及相关的中国文化与世界文化的课程，其目的就是培养学生多层面的文化认知能力和文化传播能力。

我们的学生生活在与自己文化完全不同的国度，他们每天要面对不同文化的冲击，就会产生很多文化的困惑，比如与法国人见面如何打招呼，作为一个参观者进入教堂要注意哪些问题,去法国人家里做客要注意哪些问题等,这些困惑的问题其实就是文化问题,如果不了解这些方面就会显得格格不入。这些问题的解决需要学习,既要了解法国的文化习俗,又要知道为什么形成这样的风俗习惯。

学生们日常生活中接触的基本上都是法国学生,应该说他们时时刻刻都在进行着文化交流。在交流过程中,很多法国人会对中国文化提出他们的看法,或者他们会向我们的学生提出一些困惑。例如,汉字的书写就是画画,那么每个汉字都不一样,怎样记住它们呢?孔子是怎样的一个人,为什么中国人都喜欢提到他?为什么夏天中国人喜欢打伞?为什么中国人年纪大了还愿意跟父母住在一起?这些问题表面看起来很简单,而实际上涉及中国文化的方方面面,必须对中国文化有深入的理解才能很好地解答这些问题。而我们学生在离开中国的时候,他们并没有非常深厚的中国文化积累,突然让他们面对这些问题,他们就显得有些力不从心,需要通过进一步的学习,丰富自己的中国文化知识,才能够满足文化交流的要求。

综上所述,海外校区的学生不仅要学好语言,了解文化知识也相当重要,这种了解不仅仅包含对中国文化的了解,也包括对西方文化的了解。只有全面了解双方的文化才能成为合格的文化传播者。因而,在海外校区开设文化课程是非常必要的。

三、夏斗湖校区国际汉语教育专业的特点

夏斗湖校区汉语国际教育专业的学习与国内有很大的不同,其基本特点体现为如下几点。

(一) 教学形式较为灵活多样

夏斗湖校区国际汉语教育专业的人数较少,基本上是小班教学。在教学过程中,可以采用非常灵活的教学方式,而不拘泥于课堂教学。在课堂教学的过程中,也可以采用多样的教学方式,而不只是讲授的形式。例如,讨论式教学法在这里就可以经常使用,通过讨论的形式不仅可以让学生对相关的问题有深入的思考,而且还可以让学生自由发表自己的观点,培养他们的交际能力。小班教学也有利于开展实践性的教学,让学生自己设计课程讲授的

过程，亲身体验教学活动。

（二）学生的学习目的较为明确，教学效果良好

在选派学生的过程中，把关较严，选择的都是学习成绩较为优异、学习态度比较端正的学生，他们基本上都是主动选择到夏斗湖校区学习，因而他们的学习目的非常明确，学习的自主性很强。通过对他们进行的问卷调查发现，国际汉语教育专业的学生普遍对夏斗湖校区的学习和生活条件表示满意，他们自己在学业上的进步也很大，有的同学经过一年的学习，法语已经达到了二级水平，可以进入奥尔良大学与专业的本科生一起学习了。应该说这与他们的努力和夏斗湖校区提供的教学环境是分不开的。

（三）教学内容、教学方法、教学模式相应的转变

首先，从教学内容上看，相对于国内教学，海外的教学时数有限，在有限的时间内要尽量多地完成教学内容，因而教学内容要有所选择，不能按部就班。

其次，就教学方法而言，对于世界文化课程的教学而言，海外校区最大的好处就是可以将学生尽可能地带入某一种情境中去，在具体的情境中进行教学，教学的效果事半功倍。例如，在讲授中世纪的教堂时，欧洲随处可见的教堂都可以作为教学材料，学生可以直观地体会教堂建筑形式及其所包含的文化内涵。而对于中国文化的教学则不能采用这种直观的方式，需要探索其他的教学方式。

最后，就教学模式而言，由于海外校区的课程设置与国内有所不同，因而在教学模式上也与国内有很大的差别。国内的教学模式是为了适应4年制的本科教学而设置的。从文化教学来讲，基本上是以知识的教学为主，而海外的文化教学应该是知识加技能的教学，即不仅仅进行知识的教学，还要辅之以教学方法的教学，这样学生才能够在短时间内，完成知识的积累，同时提升他们所需要的教学能力。

四、夏斗湖校区国际汉语教育专业文化教学的思考

海外校区的文化教学与国内的文化教学应该有所差别，这是毋庸置疑的。具体到教学活动中，文化教学既是基础性的教学，又是帮助学生向更高

水平迈进的手段,因而文化教学不能忽视。如何才能让文化教学更具有活力,更能体现专业特点呢?

(一)海外文化教学要将知识与技能结合起来

相比于国内的教学,海外文化教学不单纯满足于知识的教学,而且要进行实践技能的培养,双方面同时进行。一方面总体教学时数的限制,使得国内学生上的教学法的课程在海外没有开课;国内学生进行的实习活动,海外校区的学生也没有参加,这肯定影响到他们的教学实践能力;另一方面学生们身在海外,他们有很多机会与国外的汉语学习者接触,他们对汉语教学技能的要求更为直接。因而在文化教学的过程中不能将知识的教学与教学技能培养割裂开来,而应该将讲学技能的教学渗透进知识教学的过程中。例如,在进行"汉字与中国文化"的教学中,除了讲汉字的发展演变、汉字的结构等知识以外,还要进行如何教外国人学习汉字的讨论,以及课堂教学实践,则教学效果可能会更为明显。

(二)海外文化教学要将知识的教学与交际的教学相结合

国际汉语教育专业的学生对于文化的学习应该包括知识文化与交际文化两个方面,他们日常接触的外国学习者往往会对交际文化更感兴趣,比如"东西""方便"等词在汉语中的多重含义,如何使用不造成歧义。再如,为什么汉语里要说上厕所、下厨房,这是外国人比较困惑的问题。这些问题都涉及交际文化的内容,如果不解释清楚,不仅外国学生产生学习上的问题,我们的学生可能也没有办法说清楚。因而海外文化教学在进行知识教学的同时,必须将交际文化的内容涵盖进去,帮助他们更快地进入教学活动中去。

(三)海外文化教学要与实践活动相结合

海外文化教学要比国内的教学针对性更强,对实践性的要求更高。因而文化教学与实践活动相结合是非常好的尝试。例如,在文化教学中讲到中国的节日问题,对中国的学生来说这并不是一个新鲜的内容,而中国节日的教学活动可能是他们更感兴趣的话题。设计中国节日的教学实践活动,通过教学活动帮助学生了解实践教学需要关注的地方,不失为更好的选择。因而,安排实践教学活动,让学生以中国节日为中心设计教学过程,并在课堂上进行展示。教师根据学生的展示情况,对学生的课程展示活动提出意见和建议。除了课堂进行实践教学以外,实践活动还可以延伸于课堂之外,在中国的某些节日到来之际,如春节、中秋节、端午节邀请外国学生一起共度节日,不仅能够给中外学生留下深刻的印象,而且让学生现场向外国人介绍这些中国节日,也是培养他们教学实践能力的好机会。

(四)海外文化教学要与科研相结合,对于提升学生的学习兴趣具有很大的作用

教研相结合,以研究促进教学是提升学生学习兴趣、培养学生能力的重要手段。夏斗湖校区国际汉语教育专业的学生在专业课学习的同时,基本上都申请了北京市或者学校的科研项目,他们一边学习,一边收集项目资料。收集整理资料的过程,也是对他们的学习进行总结的过程。在此过程中,他们通过研究,丰富了自己的知识内涵,也补充了课堂知识的不足。教师通过指导他们项目的开展,可以发现他们学习中存在的问题,帮助他们完善知识结构,提升研究能力。例如,学生在学习外国文学与文化之后,申请了《亨利·米勒与海明威笔下的巴黎形象比较研究》这个项目。学生们通过查阅资料,了解了20世纪法国文化的发展状态,对当时著名哲学家、思想家的人生进行梳理,对法国现代文化进行深入的理解。如果说《世界文化概论》课上对法国现代文化只有简单概括的话,那么科研项目的开展过程中,学生对巴黎的社会、文化有了深入的理解,对这一时期的文化名人也有了更深刻的了解。

(五)海外文化教学深入情境教学能够达到事半功倍的效果

文化教学不仅包括中国文化的教学,也包括世界文化教学。夏斗湖校区地处法国,随时都可以进入文化教学的情境。教堂、博物馆、名人故居、一些城堡,甚至咖啡馆、书店都有着深厚的历史记忆。在这些地方身临其境地进行教学可以收到事半功倍的效果。例如,在讲到文艺复兴时期的文化的时候,虽然法国不是文艺复兴的中心,但是卢浮宫、凡尔赛宫等地保留了很多文艺复兴时期的艺术品,通过参观学习这些艺术品,学生对文艺复兴时期的艺术有了深刻的印象。卢浮宫里不仅有文艺复兴时期的艺术品,还有中世纪的艺术品。通过两者的对比,学生很容易理解文艺复兴时期中世纪文化的进步,看到了文艺复兴时期人性的觉醒。

（六）海外文化教学要在横向比较中突出不同文化的特点

横向的比较在文化教学中一般体现为中外文化的比较。通过文化比较，突出不同文化的特点，展现不同文化的优点。例如，讲古希腊神话时，将其与中国古代神话进行对比，教学效果就很好。中国古代神话与古希腊神话都是人类早期的神话，反映了两个民族的祖先和英雄创造历史的过程。而二者又有很多不同的地方，反映了两者民族性的不同。通过对比，不仅能讲清楚两者文化的差别，更重要的是学生能够理解两种文化的差异，并由这种文化的差异，进一步理解两种文化在哲学、艺术、制度等方面的差异。

除了东西方文化比较以外，中外课程也可以进行比较学习。夏斗湖校区的学生在奥尔良大学有西方文化类的选修课，这些选修课一般使用英语教学，学生们很自然地将中文教学与英文教学结合起来学习，两方面可以互相促进，既可以解决他们在英语学习过程中的困惑，也对中文教学形成了有效的补充。尤其是一些学生通过两种不同的教学模式的学习，可以对文化教学的方式方法有自己的领悟。

目前，海外校区的国际汉语教育专业的教学内容、教学方式等还处于摸索阶段，如何找到最适合本专业的教学模式满足学生学习与实践的要求是该专业需要面对的问题。虽然夏斗湖校区国际汉语教育专业的学生还不多，但是他们的示范作用很强，他们的学习状况与满意度也直接影响到以后的学生是否愿意参与到该项目中去，将这个专业模式推广和延伸下去，因而对于该专业教学法的研究意义非常重大。作为长期从事文化教学的专业教师，认真探索教学规律，找到适合的教学方法，满足学生的要求，也是义不容辞的责任。

浅谈香港汉语教学历史及现状*

杨淑琁

香港，全称为中华人民共和国香港特别行政区，是一座繁荣的国际大都市。在其回归祖国的 20 多年间，由于政治、经济等因素的主导，这里逐渐成长为汉语教学的一片沃土。另外，其独特的历史背景也使得汉语教学在这里蓬勃发展。正如香港大学教育学院张本楠教授所言："用普通话教中文（简称'普教中'）是香港中小学教育所面临的一个独特议题，也是香港回归十五年来收获甚丰的教学实践。"① 笔者认为，探讨在香港这样一个独特的地域环境下汉语教学的经验与成败是颇具意义的，也希望在讨论与交流中为读者揭开香港汉语教学的神秘面纱。

需要注意的是，由于汉语教学可以讨论的范围很广，本文恐不能一一涉及。这里我们所提及的汉语教学特指用普通话教授中文，着重介绍香港的中小学阶段是如何一步步实现普通话作为一门常规科目教学的。

一、普通话的兴盛

（一）经济原因

众所周知，语言的传播与发展与其经济价值息息相关。自香港回归以来，随着中国国力的强盛与经济的繁荣发展，普通话的国际地位有了进一步的上升。越来越多不同地区的非华人都开始热衷学习普通话。香港也不例

---

* 本文作者杨淑琁，香港大学教育学院，香港。
① 张本楠. 编者前言［M］//经验与挑战：香港普通话教中文论文集. 香港大学教育学院香港普通话培训测试中心，2013.

外。内地经济的腾飞为香港提供了无数合作的机会,敏锐的家长们越来越觉得普通话是必须掌握的一项技能。

回顾香港历史,经济因素一直对普通话的影响起着举足轻重的作用。从香港政府发布的一组报告来看①,在1937年间约有79%的中学是中文中学。当时正值1841年《南京条约》后香港由英国管治的时期,尽管当局推行"重英轻中"的教育政策,但就读中文学校为子女前往内地升学就业提供了相当的机会。那时的香港经济还不是特别发达,并且内地与香港之间进出自由,交流广泛,中文教学顺畅无阻。直到1949年,汉语教学经历了在香港的一个巨大的转折点。主要原因在于那一年后香港与内地的交通受到了不小的阻碍,英语趁势崛起,占据了香港升学和就业两方面的优势地位。随着选择中文中学的学生人数锐减,中文中学的数量也大幅下降。据统计,1970年香港英文中学达229所之多,而中文中学只有114所,这体现着经济因素对语言选择的巨大影响。

然而,普通话带来的经济效益改变了这一情况。随着改革开放,中国内地在几十年间逐渐成为世界上举足轻重的经济体。香港特别行政区首任行政长官董建华就曾在《2001年施政报告》中提道:"市民亦须学好普通话,才能有效地与内地沟通交往以至开展业务。"当香港旅游业的中坚力量由内地旅客"把控",商贸与内地厂家的合作日趋紧密,普通话的回暖可以说是一个必然的过程。

(二)政策原因

程介明(2013)认为"普教中"出现的一个根据是:一个国家的基础教育都是用该国的国语进行的。这是体现一个国家一体性的一种标志性政策,也是实质性让全国国民都能够掌握全国通行的一种语言。②

中国幅员辽阔,人口众多,早在秦始皇时期,"书同文"成了解决交流问题的一个根本性政策。为了缩短口头语与书面语之间的距离,1955年在北京举行的全国文字改革会议确立了推广"以北京语音为标准音,以北方话为

---

① 邓城锋. 关于"普教中"讨论的反思[J]. 基础教育学报,2008,17(2).
② 程介明. 程介明教授序[M]//经验与挑战:香港普通话教中文论文集. 香港大学教育学院香港普通话培训测试中心,2013.

基础方言，以典范的现代白话文著作为语法规范"的普通话方针。

　　1984年《中英联合声明》的签订确定了香港主权的回归，这同时加速了普通话教学在港的普及。① 香港教育署在1986年和1988年正式将普通话纳入小学及中学课程，分别在小学四、五、六年级及中学一、二、三年级推行每周一至两节的普通话课，普通话成为港校一个独立的科目，并有着独立的课程。这标志着普通话教育在港有了官方的认可与支持，一步步走上了正轨。更不必提1998年普通话科成为香港中小学核心课程，2000年成为会考科目对于汉语教学发展的支持作用了。

　　就近期而言，随着港珠澳大桥的开通、粤港澳大湾区战略及其他相关政策的实行，内地在政府的扶持下与香港的交流往来日趋频繁。普通话在香港的地位也有了大幅提升。

二、面临的矛盾

　　在"普教中"越来越盛行的时期里，其实也面临着许多矛盾与挑战。首先，"普教中"与香港传统以粤语为主导的教学模式有着一定的冲突。就此而言，不论在教育政策制定方面，还是在课堂教学的实践方面，汉语教学都面临着一定的挑战。下文将分三个方面予以详述。

　　（一）粤语的通用

　　粤语作为一种方言与其他方言相较，有着不少独特之处。

　　就我国而言，大部分方言没有文字的承载。简单来说，就是说的和写的无法达成一致。一方面，方言无法用文字表达齐全，很多音节可能找不到对应的文字；另一方面，用方言来朗读文字对方言者来说，非常生硬艰难，听者可能也难以理解。② 程介明（2013）指出，他作为一名沪语母语者在书写时，脑子里面一般进行的是普通话。汉语拼音的便捷使得很少有人利用方言思考来进行写作。

---

① 刘筱玲. 独一无二的香港普通话教学［M］//集思广益（二辑）：开展新世纪的普通话教学. 香港课程发展署课程发展处中文组，2000.
② 程介明. 程介明教授序［M］//经验与挑战：香港普通话教中文论文集. 香港大学教育学院香港普通话培训测试中心，2013.

而粤语不同。用粤语来念读文字是以粤语为母语者的习惯，更是一种传统。在朗读文字时，粤音可以帮助朗读者一字不漏地、规范地读出整篇文章。对听者来说，也非常自然、流畅。尽管诵读出的语言可能与粤语口语相去甚远，但香港人并不觉得有何不妥，很能接受。这是内地其他地方无法做到的。

从另一个角度看，粤语社会创造了粤语专用的文字以表口语。无论是借用古字（"食"表"吃"，出自《论语·学而》：君子食无求饱），利用文字谐音（"边度"粤语发音为 bin1 dou6，表示哪里），还是自行创造新字（冇，表示没有），都发展出了粤语独有的书面语，非粤语习得者无法领会。这些文字依然活跃在社交媒体上，成为一种独特的文化，香港就是这样一个标准书面语与粤语书面语共存的地方。

另外，粤语带给香港人根深蒂固的自豪感。首先，粤音传承了许多古汉语发音，保留大量古汉语用词，在朗读和理解古诗词方面有着得天独厚的优势，其韵调比起普通话来说更加准确、传神。其次，粤语蕴含了深厚的粤文化，如粤剧。它是粤文化的主要载体。最后，维基百科的数据显示，粤语是海外华人社区极为普遍的一种语言，也是除了官话外唯一在外国大学有独立研究的汉语族语言。

这就造成了粤语母语者对于教学语言转变而形成的担忧——粤文化恐被削弱。这一保护粤文化与"普教中"普及所形成的冲突正在被学者和社会各界广泛讨论，这也使得家长在为孩子选择汉语教学时颇有犹疑，对普通话教学的推广形成一定阻碍。当然，这里不是说粤语的兴盛阻碍了普通话的推广，而是重在指出找到一个兼容并蓄的方法可能是我们迫在眉睫的任务。

（二）一语与二语的界定

香港人学普通话是一语还是二语？这是一个经久不衰的热点问题。

大部分现行的香港学校时间表有中文课，有英文课，也有普通话课。这里的普通话作为一个独立的科目似乎既不属于第一语言也不属于第二语言。何国祥（2008）认为，以粤语讲授的中文课是香港学生的母语教学，或称第一语言教学；而英文课上的英语学习则是第二语言的学习。① 普通话作为汉民族共同语来讲，对香港学生是一种介于第一语言与第二语言的学习。他们认为，香港学校课堂中，除了语音及口语表达的区别，普通话和粤语的书面语都是现代汉语。普通话课注重听说为主的语言教学，而粤语中文课则以读写为主。②

我们不能轻视这个问题，因为这其实牵连到了教学法的选择，也不便于汉语教学者形成"以学生为中心"的教学模式。并且，一语与二语教学所涵盖的重点内容也不尽相同。一语教学偏向审美能力的培养以及对于本体文化的深刻认识，而二语教学则着重听说读写这四项语言基本技能的培养，重心在于能够在生活中使用合适的语言流利地与人交流。从这个维度来说，确实很难界定港人学习普通话是属于一语学习还是二语学习。毕竟二语对港生太过简单，但一语的功能完全可以由其母语粤语来承担。

（三）繁体字与简体字的选择

1956年，中国将汉字中复杂的笔画简化，开始大力推行简体中文。这一举措为提升中国人民的识字率做出了不小的贡献，也使得人们的日常生活更加方便、快捷，书写速度有了很大的提升。然而，这一政策并没有影响到当时的香港，直至今日，香港人仍坚持沿用繁体字，并对繁体字有着深厚的感情，以其为荣。他们认为，繁体字是优秀的中国文化传承。

在汉语教学领域，简体字与繁体字各有其优缺点：简体字简单易写，没有太多复杂的笔画，对二语学习者来说更加便于记忆；而繁体字比较"正统"，与汉字的根源有着更好的联系。它为学习者了解中国文化提供了顺畅而良好的渠道。

就现在的香港学校而言，大部分中小学所使用的汉字都是繁体字，不少面向不同文化背景学生的国际学校也主要以普通话口语与繁体字书写的结合为中文科的首选。这可能是香港汉语教学的一大特点。但由于政府公开考试

---

① 何国祥. 香港用普通话教中文之何去何从［J］. 新时期中国语文教育改革的理论与实践，2008：467-480.

② 卢兴翘. 香港中小学普通话科教学有什么特质［M］. 怎样教好普通话. 商务印书馆，2000.

对于简体字的承认，不少师生以功能及目的作为主导，常常在一篇文章中简繁体字兼用，以达到考试中"多、快、省"的目的。《星岛日报》2016年2月12日F01版的文章指出，更新后的中文教育学习领域课程咨询文件中提出，学生在掌握繁体字后，也应具备识读简体字的能力，以扩大学生的阅读面，加强与内地及海外各地的联系。①

综上所述，为了切合需要与现状，繁简兼通的能力成为香港汉语学习者的首选培养目标。

三、香港的汉语教学

据《提升香港语文水平行动方案》，香港作为一个国际都市，为帮助使用英语的国际社会与使用中文的香港及内地人民消除彼此间的语言隔阂，香港特区政府要求市民具备两文三语的能力，认为这是本港的一项竞争优势。②所谓"两文三语"，意指香港学生应熟练掌握中文及英文的书面语，能用普通话、广东话和粤语自如交流。其中，英语和粤语是两种通用的教学媒介语，而普通话则成了一种较为矛盾的选择。

在20世纪60年代及70年代早期，汉语，也就是普通话曾充当香港中学会考的副学科，旨在测评参与者的口语能力，包括大声朗读以及对话。但随着对普通话的需求不大等因素的影响，普通话很快从考试大纲中取消。

这一情况直到1984年中英关于香港主权问题达成一致，并确定香港于1997年正式回归才得到好转。当局政府率先发布了将普通话作为四至六年级小学生选修课程的策划，学校可以自由选择中国内地汉语拼音或是台湾注音符号为声音系统教授给学生。同年，一个相似的草拟策划在中学也有了相当的开展。③ 1990年，课程发展议会为四至六年级的小学及中学一至三年级的普通话教学提供了两份课程指引。至1997年香港与内地商务和社会交往日趋

---

① 星岛日报. 香港应否推行简体字？, 2016.
② 语文教育及研究常务委员会. 提升香港语文水平行动方案[M]//语文教育检讨总结报告. 香港特别行政区政府印务局, 2003.
③ Chris D. & Winnie Y. W Auyeung Lai: Competing Identities [J]. Common Issues: Teaching (in) Putonghua, Language Policy, 2007, 6 (1): 119–134.

紧密，对于普通话的需求也有了快速的增加。

1996年，中国国家语言常委会（以下简称"语常会"）与香港大学合作，成立了香港第一个普通话教育与测试中心，旨在研究并促进普通话教育，训练普通话教师以及进行普通话专业测试。到了1998年，香港课程发展议会正式引入普通话作为核心科目，这意味着香港所有的本地小学都将在九年义务教育中提供普通话课程。2008年，"语常会"作为为政府提供语文教育建议的组织，正式设立了"协助香港中小学推行以普通话教授中国语文科计划"，并注资两亿元。这时，推行"普教中"的学校数量开始大幅增长。至2016年，第一届受资助的"普教中"中小学占全港20%；而8年后，全港73%的小学和30%的中学推行"普教中"，有的是全部班进行，有的是部分班进行。学生拥有是用粤语学中文还是用普通话学中文的自主选择权。可以说，到此时，香港的汉语教育已是比较成熟的一个阶段。①

（一）学校情况

香港的中小学大致分为四类：一是官立学校，即政府学校，是直接由教育局管理的公办学校，提供12年的免费教育。二是资助学校，又称津贴学校，教育经费绝大部分来自政府，但其管理主要由学校自身的校董会负责，这类学校约占香港学校总数的80%。第三类是直资学校，是由办学团体按学生的数目接受政府津贴的一类学校。这类学校可以自行收取学费，也由校董会全权管理，可能会为学生提供多种教育制度的选择。例如，香港高考GCSE及国际文凭组织IB体系都是热门的学生选择。第四类是私立学校，没有政府补贴，由办学团体自资经营，也由校董会自行管理。

香港还有一类国际学校，指那些拥有相当比例的外国学生、所实施的学制与香港不同的学校。它们各自开办不同国家及国际文凭组织的课程，汉语教学也占据其中一个比较重要的席位。

由于学校的分类不同，汉语教学的情况也因校而异。例如前两类学校，学校只开展普通话作为中国语文科教学媒介语的课程，不涉及普通话作为二语的语言习得（language acquisition）科目内容。这些学校拥有自主选择开办

---

① 陈绮雯，马婉婷. 港府推行"普教中"八年，为何父母仍忧心忡忡?. ［EB/OL］. https://theinitium.com/article/20161128-hongkong-chineseeducation/，2016.

"粤教中"或"普教中"的权力，抑或二者均开设，由学生家长来为孩子选择在哪一班学习。

直资学校和私立学校则在前两类学校可能设置的课程基础上，既开办语言文学课程（language and literacy），也开办语言习得课程。当涉及二语的学习，大部分学校都会选择教授普通话而非粤语。

最后一类国际学校的汉语教学应该是最贴近内地"对外汉语"定义的课程。在这类学校中，教学媒介语常常只有两类——英语和普通话，当然普通话只在相关课程内使用。在香港，还有一些国际学校会选择在中文课上教授简体字，不过数量并不很多。

（二）科目类属

由于香港国际化程度较高，学生背景迥异，基于不同的语言能力水平，普通话往往出现在已在前文出现过的两类科目中。一类是中国语文科，也称中国语言文学课程（多见于拥有较高自主权的学校），即我们常常说的一语教学。另一类是中文课，也称中文语言习得课程，即二语教学。

1. 一语教学

学习者多为香港本地学生，粤语为其母语。

在这类课程中，课程内容与内地中小学语文课课程相似，重点在于培养学生的语言发展，帮助他们积累优词佳句，从而达到提升阅读理解能力、语言表达水平，审美意趣的培养，独立思考能力的增强及更好地认识世界的目的。

普通话在这里主要充当教学媒介语。课程利用学生母语与普通话属于同一语族以及书面语一致的特性，在潜移默化中使学生学会普通话的理解及运用。这类课程并不避讳借助粤语母语的帮助来使学生更好地学习语文，所以常常中粤混杂。

2. 二语教学

学习者多为外语背景学生，母语非中文。

在这类课程中，教师主要帮助学生获得普通话学习，锻炼其中文听、说、读、写四项能力，教学目的与内地孔子学院模式不无相同。

然而，值得注意的是香港由于其多年的英治，以及这门课开设的环境常为国际学校，它的教学方法及教学重点与内地相较有着很大的不同。内地对于"汉语作为第二语言的教学"甚至研究，侧重点都往往在于中文本身的语法特点，对学生的语法准确度有一定的要求。但香港的"对外汉语"则偏重于不同的教学法带给学生中文习得上的进步，更关注学生的听说与交流能力。

这一课程的核心是持久性理解——所有课节内容均为使学生掌握它而设置，这一概念往往带有普遍性、思想性。例如，每个单元可能有知识、方法等的相关积累，重点的部分我们可以把它写进概念，是学生要掌握的终极目标。学生语言的积累是为之服务。每个单元以这个理解性概念串起所有内容，活动设置往往与学生日常生活相连。学生在通过生活情境学习并积累语言知识后，需要理解并掌握这一单元的概念。这样就是一个较为充沛的单元教学了。

四、案例采撷

综上所述，这里笔者将展示一个课堂环节片段。

在对较高水平的学生进行二语教学时，我们往往也会涉及一些中文的修辞手法。在一个名为《自我认同》的单元里，我们设置的单元目标是希望学生能够理解"直抒胸臆"这一表达方法。希望学生获得的持久性理解就会是"直抒胸臆，是一种表达方式，是以第一人称直接抒发个人感情，表达个人感知（meaning），给予读者真情实感（audience），使读者感同身受，从而引发读者的同感和共鸣（purpose）"。这个内容并不是我们从一开始就要学生死记硬背的，而是要在一次次的活动中慢慢引领学生掌握的目标。

课堂设计节选如下（表1）：

表1　课堂设计节选

essential under-standing goals 持久性理解	assessment of essential under-standing goals 评估	learning process 教学过程			resources 学习材料
		时间	教师活动	学生活动	
学生为中学四年级学生，汉语水平较高					
2. 直抒胸臆，是一种表达方式，是以第一人称直接抒发个人感情，表达个人感知，给予读者真情实感，使读者感同身受，从而引发读者的同感和共鸣	词语积累工作纸	12分钟	1. 下发歌词文本，学生浏览。提示学生关注其中不同的抒情方式。 2. 播放歌曲节选部分，感受情感。学生圈画生字词，找出表达情感的关键字词。 3. 教师释疑，并带领学生积累字词。 4. 对比分析两篇歌词文本，深化对于直抒胸臆表达特点的理解。关注情感字词，把握"直抒胸臆就是在有真情实感的基础上直接抒发自己的感情，引发读者同感和共鸣"（EU）。 5. 补充板书上直接抒情的特点	1. 学生勾画歌曲中的情感字词。 2. 填写"词语积累小能手"	《青花瓷》《我好想你》

这里，在技巧方面，我们巧妙地利用两首歌不同抒情方式的对比，引出学生对于"直抒胸臆"这一教学目标的直观感受。而在知识方面，主要帮助学生积累关于情感的相关字词。这是一堂比较典型的香港中文二语教学课堂。

以 LTL 汉语学校为例的
"学生中心说" 研究[*]

孙丽烨

　　LTL 汉语学校是一家由外商独资经营的私立汉语教育机构。学校成立于 2009 年，目前拥有北京、承德、上海、台北四个分中心。在职教师 100 多名，其中拥有汉语言文学或国际汉语教育专业硕士学位的教师占教师总体比例的 50% 以上。教师平均年龄在 25~45 岁，最低教龄为 2 年。学校教职工人员构成多元化，外籍员工比例占教职工总比例的 30%。工作团队近年来越来越呈现年轻化、国际化的趋势。

一、教学设计

　　LTL 汉语学校的办学宗旨是：让外国学生真正能够融入汉语语境中。学校倡导的（immersion learning）沉浸式教学理念，近 10 年来得到了业界及海内外学生的一致认可。学校将小班级（不超过 6 个人）授课与一对一个性化学习指导结合起来，为每一位学生建立学籍档案，定期跟踪回访客户。坚持"以学生为中心"的教学原则，以学生需求为出发点，研发适合不同年龄及不同需求人群的学习项目。目前学校设有：全日制小班级、一对一、HSK 考试辅导、Discovery、Safari、暑期夏令营、海外华裔六大教学项目。学校的教学以短期速成汉语为主。学期从 2 周到 24 周不等。学时的设置为每星期 20~30 学时。

---

[*] 本文作者孙丽烨，LTL Mandarin School 教学部，北京，100010。

（一）学生入学前的水平测试

LTL汉语学校为学生定制个性化的学习方案，和高等院校入学前分班测试不同，学校会对每一位入学前的学生进行专人汉语水平测试，同时针对学前困惑的学生给予专业性建议与指导，为学生解惑答疑。学校将测试结果提前两周通知任课教师，教师可根据测试结果进行备课，同时教学主管会根据测试结果中的特殊学生组织任课教师教研，共同商讨，为学生制订教学计划。LTL Mandarin School入学水平测试表如表1所示。

表1 LTL Mandarin School入学水平测试表

Chinese Level 汉语水平	听说： 读写：	Student Advisor 学生顾问	AK
Name 姓名	Michael Nicholson	Country 国家	英国
Phone 电话		Profession 职业	教授
Wechat 微信		Gender 性别	男 75岁
Time arrived in China 来中时间	10月18日—10月26日	Time in China 停留时间	2周
Study Availability 上课时间或可选时间	10:00—12:00/13:00—15:00		
Address 上课地址	LTLSOHO 现代城		
Hours with LTL 总课时数/计划时间段	20h/wk+10h/wk		
Books and material 书，学习资料	《汉语口语速成入门下》+HSK三级的常用汉字		
Basic information 基本情况 学习经历 使用效果 语言环境 使用程度	学习汉语很长时间了，每星期两个小时口语课，认识大概50个汉字。学生脑子里知道很多词汇，但是比较零散，没有系统性。所以需要老师教学的时候多介绍一些句型结构。应该强化句型结构训练。另外，学生也特别喜欢表达。希望老师有耐心，慢慢纠正错误。学生也希望老师可以适当教一些常用汉字，包括句子认读。建议教师时间的分配：2小时语法学习+1小时话题练习+1小时汉字认读（PS：辅助的汉字认读材料以HSK三级常用汉字为主）		

续表

测试情况	初级 □	Pronunciation 发音	Vocabulary 词汇	Grammar 语法	Expression 表达	Listening 听力	Reading 阅读
	中级 □	好	200~400	比较乱	强	差	50~100
	高级 □						
Target 学习目标	希望能通过汉语句型结构强化训练整合已知汉语词汇并适当应用表达							
HSK level HSK 水平	HSK2							

测试单主要分为两个部分：表格的第一部分主要包括学生的姓名、年龄、国别、学习项目、上课时间、使用教材、学生顾问等基本信息。第二部分包括学生以往的汉语学习经历、学习效果、学生要求、学习目标及测试的水平、听说读写等方面的实际水平。

从表格的第一部分来看：①教学主管首先会将有关学生的重要信息收集整理并填入表格。其中学生顾问这一项为必填项，LTL 汉语学校每位学生入学前的一切事宜由学生顾问专项负责。包括学习时间，学期长短，学习项目的改变都需要由学生顾问来安排。学生顾问也会和教学主管商讨学生学习项目的具体方案，比如学生的特殊学习要求等。教学主管会根据学生的要求，给出教学建议及教学方案，这些教学方案经学校认可，方可进行下一步的水平测试及入学前分班。②学生的年龄、国籍、职业往往也成为学生学习汉语的影响因素。表格中的学生：Michael 来自英国，其母语为英语，有经验的教师会第一时间判断学生的母语在汉语作为第二语言习得中存在的问题。发音中的特殊音节，语法中的对比冲突。因而在组织教学之前，教师会预设一些学生可能出现的问题，避免遇到突发状况的慌乱。关于学生的年龄与国籍，一般不能作为影响学生学习及教师授课的重要因素，但由于对外汉语教学中，跨文化交际性的特殊要求，近年来在教学中的情感因素越来越成为师生教学所关注的重点之一。如果学生年龄偏大，则可能需要教师在听说教学中更有耐心，帮助学生建立起用汉语表达个人观点与情感的信心。同时，建议教师在教学中，应该更具有逻辑性，结构清晰，思维严密，关注学生的情感需求，每一阶段的授课都应该对课堂中学生的眼神、动作、情绪变化等几个方面保持高度的敏感度。同时对于学生的畏难情绪要给予积极引导，尝试不同方法，激发学生的学习兴趣。

从表格的第二部分来看：①学生以往的学习经历对教师教学计划的准备有着极其重要的参考价值。学生一般会在测试中，表达出自己对以往学习经历的态度，比如说哪些学习方法是学生所喜欢的，哪些是学生在教学中不太喜欢的。这些都有助于教师了解学生的学习习惯及学习方式的喜好，帮助教师在教学中避免学生学习雷区。②学生的学习目标，是在"以学生为中心"的教学原则的要求下，教学部门及教师所关注的重点。学生的学习目标是学生开始进入学习大门的首要条件，学习目标的制订一方面可以根据学生的实际需求制订，针对有明确的、具体的学习目标的学生，教师应该以学习目标为导向，为学生制订切实可行的学习计划。在这里有两个需要注意的问题：①很多学生在入学前谈到自己的学习目标时，常常会罗列出四到五个目标。很容易出现贪多嚼不烂的情况。由于学生的学习时间和学期长短不一，每节课学生所能接受的知识有限，因而教师在帮助学生达成学习目标时，应该提醒学生抓住主要矛盾，也就是说在短期速成汉语的条件下，学生所能达到的目标。很多教师误以为我们坚持"以学生为中心"的教学原则，就是要不加思考地、不遵循客观规律、不考虑学生实际学习能力和学习水平地满足学生的一切要求。特别是有的学生会要求教师按照自己的学习方法制订教学计划，教师完全按照学生选定的教材、学生所准备的材料、学生要求的授课方法进行教学准备，在一段时间的教学互动中，教师发现学生所选定的教材、学习方法并不能帮助学生达到最后的预期目标，教师为了避免与学生发生矛盾，维系良好的师生关系，并没有及时对教学材料与方法产生质疑，也没有给予学生更为合理化的建议，从而导致学生在实现目标的过程中，遇到事先无法预知的困难和挑战，对学习产生悲观的情绪，以消极的态度来面对学习，甚至开始责怪教师，由对教师的信任转变为怀疑和抵触。最后严重地影响到师生关系，导致很难帮助学生实现其学习目标。这个问题从根本上来说，是教师对于"以学生为中心"的教学原则的片面认识所导致的。我们遵循的"以学生为中心"的教学原则,并不是完全忽视教师的作用,教师在教学中仍然起着主导作用。纵观整个教学目标的实现全局,教师所扮演的角色是指导者,根据自己的实际经验及专业素养给予学生指导性的建议,而不是完全听从学生的学习安排,这样非但不能帮助学生达到教学目标,反而会成为无效学习的典型,可以说,这不是"以学生为中心"教学原则下的正确做法。②教师的专业性,在"以学生为中心"的教学原则下极为重要。针对没有具体目标的学生,教师应该考虑短期汉语速成的特点,在学生的不同学习阶段,为学生制订一系列具体的小目标。并每天检验这些小目标是否已经达到,或者根据学生的学习反馈及时调整不适合学生水平、现阶段难以实现的目标。杰里·布洛菲认为:"首先,确保提出的目标对学生来说是切实可行的。与较容易的目标相比,困难目标可能会激发更优的表现;但如果困难程度超过某个最佳水平,目标就会变得过于困难。而如果教师一直敦促学生超越自身能力去努力表现,就会丧失他们对你的信任。学生会开始觉得你的敦促让他们感到恼火或沮丧,而不是鼓舞人心、令人振奋。尤其是对于那些每天都要面对的任务,教师应该帮助学生设定只需适当努力而无须太拼命就能完成的目标。大多数学生在偶尔被推到极限时会感到兴奋,但很少有学生愿意每天如此。"①

(二)课堂教学设计对比案例

在罗杰斯的"学生中心说"中,一方面肯定了教学过程中的情感因素,师生关系对于学生学习的重要影响;另一方面他批判了传统的"以教师为中心"的教学原则,在课堂教学中,反对将知识一股脑儿地灌输给学生的"填鸭式"教学方法。提倡教师的激励性与课堂授课的趣味性。笔者调查了LTL汉语学校两位老师在班级课教学中的具体做法,并将对两位老师的两种不同做法,展开论述。"以学生为中心"教学设计对比案例分析如表2所示。

---

① 杰里·布洛菲. 激励学生学习 [M]. 北京:商务印书馆出版社,2016:79.

表2 "学生为中心"教学设计对比案例分析表

班级 项目	Joyce 老师班级	Jacqueline 老师班级
教学原则	以学生为中心	以教师为中心
教学设计	以学生需要为出发点	以教材为出发点
教学方法	激励式,学生参与课堂	填鸭式,学生被动接受
师生互动	互动频繁, 每位学生享有平等的互动机会	基本无互动,课堂提问式互动 只是个别学生享有
课堂气氛	热烈、生动、友好	沉闷、无趣、紧张
作业布置	任务型作业设置, 联系学生实际生活	重复型作业设置, 脱离学生生活,过分依赖课后习题
教师角色	幕后导演	集演员、导演于一身
教师地位	助体	主体
学生学习态度	积极主动	厌学被动
学习效果	学生进步明显, 大部分学生达到预期学习目标	无明显进步,部分学生缺勤、 转班,个别学生达到学习目标

表2分别从十个方面比较了 Joyce 老师和 Jacqueline 老师在课堂教学中的不同做法。我们可以从课堂教学意识和课堂教学过程模式这两个方面来认识这个问题。

1. 课堂教学意识

课堂教学作为对外汉语教学四大环节（总体设计、教材编写、课堂教学和测试）的中心环节,它集中体现了对外汉语的学科性质和特点。从以往的教学案例来看,教师们在课堂教学中对应具备的教学意识缺乏全面系统的认识。不少教师认为,课堂教学是一项单纯而毫无难度的工作。教师教,学生学,课前听写,课后作业,学期末考试,学生毕业。这恐怕是绝大多数教师对于课堂教学最为形象的描述。然而,教师有无明确的课堂教学意识,有什么样的教学意识,却是影响课堂教学活动及其效果的关键。李泉教授将课堂教学意识分为:①课堂教学的学生意识,②课堂教学的交际意识,③课堂教学语言的意识,④课堂教学的课型意识,⑤课堂教学的目的意识,⑥课堂教学的敬业意识、⑦搞活课堂的意识、⑧跨文化教学的意识、⑨课堂教学的语用指导意识、⑩引导学生掌握正确的学习策略的意识、⑪课堂教学的实效意识①11个具体方面。在 Joyce 和 Jacqueline 两位老师的教学案例中，我们主要从课堂教学的学生意识、课堂教学的交际意识、搞活课堂的意识、课堂教学的实效意识四个方面进行分析比较。

（1）课堂教学的学生意识

课堂教学的学生意识首先有以学生为主的意识。以学生为主即"以学生为中心"，它是现代语言教学的总趋势，它要求除课堂教学外，教材编写、教学大纲的制定、教学目标的设定、教学方法的选择都要着眼于学生需求。从课堂教学的角度来说，以学生为主的课堂教学要求课堂教学的一切活动都要服务于学生，满足于学生的真正需要。其次，要做到学生为主，就必须认识学生、了解学生、正确评估学生的认知水平。最后，"以学生为中心"，加强课堂教学的学生意识，要求教师具有一定的职业敏感度，同时主动学习教育学与心理学的相关知识，在课堂上通过学生的语言、神态、动作来判断学生的学习心理。我们知道，在班级授课中，学生的认知水平、年龄、学习习惯、文化背景、性格特点都不尽相同。有的学生性格内向，担心说错，不敢参与课堂讨论与教学游戏。有的学生自我表现欲望极强，以自我我中心，这时候就需要教师根据学生的特点，调整提问及学生参与的顺序，有意识地为不同类型的学生创造公平的课堂秩序。Joyce 老师的班上，曾经有个以色列女孩，她的学习习惯不太好，又有着很强的自尊心，她的学习方法不太适合，课上总是比其他同学接受知识要慢。而且会时不时打断老师的课堂，或是向旁边的同学询问。这些情况严重地影响到了班级里其他同学的学习，有一些同学来教学部反映情况，希望这个以色列女孩转班或者退学。她和同学的关系也陷入了僵局。这一切被 Joyce 老师清楚地看在眼里，为了帮助这名同学快速赶上班里的整体进度，也为了班级里其他同学的学习不被打扰。Joyce 老师充分利用课下的时间，找到这名学生，一起吃饭、聊天，询问该同学的学习与生活情况，不到几天的时间，就和这名同学成了好朋友，获得了该同学

---

① 李泉. 对外汉语教学思考集［M］. 北京：北京语言大学出版社，2017：104－112.

的信任，并提出将每次下课前的 10 分钟留给该同学单独答疑。Joyce 老师也委婉地表达了教师作为课堂教学中指导者的困惑，并希望与该同学一起努力，在保证各项教学任务顺利完成的情况下，充分调动全班同学的积极性，并在课上为每位同学提供均等的参与机会。一个月以后，这名同学的学习面貌发生了改观，由一个后进生转变为协助教师的组织教学的中坚力量，她和同学的关系也比以前缓和了许多。Joyce 老师班级课的案例，给了我们很多启发。"以学生为中心"的教学原则，是教师从学生的实际需求出发，站在学生的角度，设身处地感受学生的学习困境，并给予后进学生极大的耐心、信心，积极引导学生，真诚与学生交流，从而使学生受到激励，配合教师改变教学现状，走出教学困境。

（2）课堂教学的交际意识

第二语言教学的课堂是师生双边活动的场所，是在师生良好的互动状态下完成的教学活动。教学活动的主体是学生，客体是教学内容，助体是教师。因此，在课堂教学中，教师要具有充分调动学生进行语言交际活动的意识。对外汉语教学中的交际原则揭示了第二语言学习的实际性。人类掌握语言的目的则是更好地进行交际活动。不少教师认同语言的交际性，认为真正的语言学习来自实际的生活，来自日常交际对话。这些需要学生课下进行自主学习，不是教师课堂上的任务。因而会出现教师"一言堂"，唱独角戏，教师的板书整齐，学生在课堂上的唯一活动，只剩下记笔记、抄板书，更甚者，有的教师在 55 分钟的课堂上占用了 80% 的时间讲语法，只给学生每人一次机会回答问题，教师一节课下来，抱怨写笔记太累，讲解时间太长，导致喉咙发炎。而学生的反馈是笔记抄在本子上没有任何操练的机会，知识是笔记中的，离开笔记就无法真正掌握这种语言，因为脑海里缺乏将教师的教与学生的心领神会转化的机制，可以说课堂不具备任何交际的可能。然而，并不是所有的课堂都呈现出一种了无生趣的状态，我们也常常能从其他教师教学中的创新找到灵感。有一位教师做过这样的尝试。教材的学习内容是购物。需要学生掌握一定的词汇和句型，然后实际操练，最后完成买东西的任务。这位教师在课前准备上花了很多时间，实地调查了当地市场几种常见蔬菜水果的价格，并买了一些拿到课堂上，将课堂完全布置成一个蔬菜水果的摊位，教师将学生已知的词汇写在黑板上，同时写出了句型结构，又在最旁边一栏留出空白，记录交际过程中可能出现的问题。教师将学生进行分组，以抽签的方式，分配给每组学生不同的购物任务。每一张任务清单上，有实际要购买的蔬菜与水果的期望价格。而在摊主的清单上，则列有希望实际卖出的蔬菜水果的价格。在交际完成之后，教师和学生需要共同记录交际中所使用的词汇，将使用最多的句型罗列出来，同时给予学生二次选择的机会，保证句型的有效操练。学生的课下作业是去当地的菜市场实际购买一种水果或蔬菜，并以对话的方式记录下来当天的购物情况。第二天，教师会在进入新课前留出15分钟的时间和学生们一起讨论前一天的作业和购物经历，并给予指导点评。这种实景模拟课堂的教学方法，的确值得借鉴，教师在课堂上为学生创造了一种类似真实的交际环境，学生克服胆怯心理，一步步参与到交际情境之中，为课堂教学增加趣味性的同时，也激励了学生学习，激发了学生的学习热情。

(3) 搞活课堂的意识

我们都知道，良好而活跃的课堂气氛是课堂教学的理想境界，是取得教学效果的重要途径。教师要有搞好、搞活课堂教学的意识，为学生创造一种轻松、生动、有趣的课堂氛围。吕叔湘先生指出："成功的教师之所以成功，是因为他把课教活了。如果说一种教学法是一把钥匙，那么，在各种教学法上还有一把总钥匙，它的名字叫作'活'。①"因此，教师的备课和教学设计要在搞活课堂上下功夫，要想办法引导和调动学生的参与热情。教师课堂上要有饱满的精神状态，讲解生动有趣，充满吸引力。好的课堂氛围，总是笑声不断，学生积极踊跃参与其中，教师全情投入。例如，将语言的操练与模拟课堂相结合，像之前的案例里，老师将课堂教学与实际相结合，收到了比较好的授课效果。

(4) 课堂教学的实效意识

这里所说的实效意识也叫作时效意识，即教师要有最大限度地提高每一节课教学效率的意识。提高时效是课堂教学的根本要求。首先，教师每节课

---

① 吕叔湘. 关键在于一个"活"字[J]. 语文学习, 1991 (10).

的教学目标和教学重点应该有规划、有结构。教学设计应该分清楚主次，教学活动应该安排合理。有的教师希望搞活课堂气氛，将全部课堂设计成游戏环节，学生在第一个游戏环节中花费了 20 分钟的时间，在第二个游戏中花费了 30 分钟的时间，在最后的 5 分钟里，教师忽然意识到并没有系统地讲授知识，于是又慌忙写起板书，布置了课下作业。学生起初觉得活跃课堂气氛的游戏具有足够的吸引力，也愿意参与其中，而随着时间的一步步延长，教学内容的一步步深入，教师所设计的课堂游戏缺乏新鲜感，重复性太强，反而起不到活跃课堂的作用。教师单靠课堂游戏组织课堂教学，教学计划缺乏严密性与系统性，造成因为课堂时间分配不合理而忽略对知识本身的系统性学习。考虑到第二语言课堂教学的跨文化交际矛盾，不少成年学生反感儿童式的游戏教学模式。他们更倾向于在每节课后收获实际的语用能力与重要的文化知识。因而教师的这种做法，会被很多学生认为是不努力备课，偷懒的表现。其次，教师的课堂指令应该明确，避免低效训练。由于第二语言习得的特点，教师在课堂中难免会针对一个语言点，组织学生进行反复操练。我们都知道，必要的操练能够帮助学生巩固所学知识，起到事半功倍的效果。然而，大量机械性重复练习，不仅会使学生丧失学习的积极性，失去学习动力，同时也会使课堂因缺乏时效性而显得毫无乐趣。举例来说，在汉字课的教学中，Jacqueline 老师的授课模式是新汉字的引入 – 部首讲解 – 汉字抄写练习 – 汉字抄写作业。汉字的授课，从传统角度来说，抄写是没有问题的，毕竟我们中国人是通过这样的方法记住大量汉字的。但是从第二语言教学的角度来说，由于学生来自不同的文化背景，汉字对于他们来说是极为陌生的。大部分成年学生已经错过了语言的敏感期（3~12 岁），因而很难再像儿童或者青少年时代，单纯依靠自然习得，或者重复操练就可以掌握汉字。二语成年人学习汉字，并不需要依靠大量复写来记忆汉字，而是通过部首习得与汉字构成规律来记忆汉字。随着时代的发展，第二语言习得中的汉字教学越来越呈现出重认读轻书写的趋势。认读汉字是适应高科技时代下汉语学习者学习汉字的需要的。学生需要依靠教师对汉字部首的讲解以及字形结构的拆分来扩大识字量，通过一个部首的衍生，甚至几个部首的组合，建立网状式汉字记忆体系，只要学生掌握了这种方法，就可以在短时间内记忆大量的汉字。而且针对成年人的认知特点以网状式汉字记忆系统代替传统复写单一式记忆系统,更有效也更适应时代发展的需求。Jacqueline老师班上的学生开始对这种单纯依靠重复式记忆汉字的方法产生抵触,不少学生出现缺勤,课堂气氛沉闷,学生甚至开始质疑这种教学方法的时效性,不少学生提出转班或者请求更换老师。课堂教学一度陷入尴尬境地。Jacqueline老师的教学案例告诉我们:"以学生为中心"的教学原则,除了从学生需求入手,更要从实际教学出发,同时要与时俱进。教学方法要灵活多变,也要根据学生及时代的需要不断做出调整。

2. 课堂教学过程的模式

在教育史上,自捷克教育家夸美纽斯发表《大教学论》起,几百年间各种教育思潮不断涌现,在各种教育思潮背景下所形成的教学过程的模式多种多样。其中,比较有代表性的为传授式、活动式、发现式等几种。[1]

(1)传授式。其含义是:在教师主导下系统地传授书本知识的模式。这一模式以"观察-记忆-理解-练习"为基本过程,是最为传统也是迄今影响最大的一种模式。这一模式,体现了教学过程是学生从教师和书本间接获得经验。其优点是教师作为课堂权威,充分发挥了其作用,学生能比较快捷地获得前人所积累的知识。学生所获得知识的方式也比较系统。其缺点是容易出现填鸭式、满堂灌的弊病,无法真正调动学生的学习积极性,也不利于学生主观能动性的发挥。传授式的教学模式在很多教师中根深蒂固,对于教师角色的认知,很多教师也不能转变思路。在这种课程授课方式中,教师是主体,是中心。课堂完全成为教师的独角戏专场演出,而学生只是被动地知识接受者,很难有机会真正参与课堂。在Jacqueline老师的课堂案例中,学生是无法实现真正意义上的课堂参与的。学生的学习积极性不高,对学习基本失去信心,从而导致课堂教学的效果下降,同时,传授式的课堂教学过程也不利于师生关系,师生之间的互动交流有限,学生对教师的信任度降低,也不利于教师教学工作的展开。

(2)活动式。其含义是:在教师的指导下,学生通过活动进行探索学

---

[1] 刘珣. 对外汉语教学引论 [M]. 北京:北京语言大学出版社,2019.

习。活动式以美国实用主义教育家杜威为代表。其过程为"设置问题的情境－确定问题的性质－拟订解决问题的方案－执行计划－检验与评价"。这一模式强调学生通过教学活动，在教师的指导下有计划地获取知识。这一教学模式更多地强调学生的直接经验，把学生放在教学的中心地位，倡导发挥学生的主观能动性和创造性。其缺点是杜威的这一理论是在"儿童中心说"的框架下发展起来的，儿童中心说强调学生从活动中直接获得经验，不依赖书本，甚至是在做中学，完全脱离书本。我们在之前的一个教学案例中，对完全的游戏教学已经做出讨论。教师应该根据教学对象的年龄和特点选择适合的课堂授课模式。如果因为要搞活课堂教学而一味强调游戏式的课堂教学，势必会与成年人的认知方式发生冲突。由于第二语言跨文化交际背景下的文化冲突的客观存在，很多外国学生对于过分强调游戏的教学模式普遍难以接受。学生认为被教师"当作小孩子"的教学态度，使得自己的认知能力遭受到非议，也使得自尊心遭受到严重伤害。可见，活动式的教学过程模式与"以学生为中心"的教学原则并不矛盾，然而教师在具体运用的过程中，由于忽视对学生特点的研究，导致教学达不到预期效果，这是我们在今后的教学中应该极为重视的部分。

（3）发现式。其含义是：主张学生主动学习最新的、系统的科学知识，同时要求学生通过自己的活动去发现知识，总结规律。发现式以美国心理学家布鲁纳为代表，他认为教师应在教学过程中让学生掌握科学的基本结构，同时又强调要充分发挥学生的积极性和主动性，让学生通过观察、分析、归纳等思维活动自己发现规则。其基本过程为：明确结构，掌握课题，提供资料－建立假说，推测答案－验证－做出结论。这种教学模式的优势在于既吸取了传统派重视传授课本知识和倡导教师主导作用的长处，又容纳了活动式发挥学生独立思考和创造才能的特点。在第二语言教学课堂中，完全脱离书本的学习，易造成学生对知识的学习缺乏系统性的弊端，而过分依赖书本，又很容易造成学生主观能动性的丧失。显然，发现式的教学过程模式吸取了传授式与活动式的精华，发扬其合理性，摒弃其片面性，可以说是十分有建设性的。我们来看看教师的教学实例。Ann老师最近接到了一个问题学生。这个学生来自美国，是一名企业的总裁，工作忙碌。他学习汉语已经有6年之久，但是因为工作繁忙、换学校和换老师等原因，学生的汉语水平始终停留在最基础的阶段，学生的学习能力很强，好奇心重，求知欲旺盛，6年间，积累了大量的词汇，却没有系统的知识结构体系，导致学习上只能停留在个别词汇的表达而难以成句成段表达。Ann老师在了解到学生的以往学习经历和学习特点后，为学生制订了切实可行的教学目标，同时在课堂教学中注重启发，积极引导学生对句型结构和知识点进行归纳总结。在新知识点的引入中，强调知识的以旧带新性，鼓励学生通过旧有知识的积累，结合课堂新近问题的提出，发现两者间的客观联系性。学生在这种发现式的课堂教学模式中，慢慢受到启发，积极配合教学，并在每次课后主动和老师探讨教学收获，经过几个月的学习，学生不仅重拾了汉语学习的信心，同时在HSK（汉语水平考试）中取得了优异的成绩。

（三）"以学生为中心"的课堂教学新尝试

我们都知道，对外汉语课堂教学原则应以培养技能和能力为最终目的，在课堂上更多地要求以学生为主体，充分发挥学生的主动性。在课堂教学方式上，不以教师的讲授为主，而是进行高密度、快节奏、多形式的语言操练活动和交际活动，教学中的一举一动，都应着眼于学生的需要和接受的可能性，调动学生，广泛深入的参与来完成教学任务。

近年来，随着"以学生为中心"的课堂教学研究的不断深入，越来越多的教师开始注意到趣味性课堂的重要性。这里所指的趣味性课堂，不仅包括课堂的生动有趣、课堂气氛良好、师生关系融洽，还包括课堂教学方法的创新与探索。目前比较流行且实用的教学方法如下。

1. 项目教学法

项目教学法源于20世纪初期的美国：学生应从活动中学到知识，这种活动应该是系统活动，即项目。教学法的课程应该以学习者为中心来激发学生内在的学习动机。项目教学一定要以学生为中心，学生可以自主选择项目的主体和内容，教师作为督导员、协同学习者，甚至作为年长的学习者，与学生教学相长，完全融入学生的学习活动中。项目教学法示例：

项目名称：中国的十二生肖

项目目标：（1）学认十二生肖的汉字

（2）找出家庭成员的生肖年

项目教学材料/教学步骤（略）

项目评估：（1）学生能否说出十二生肖的动物名

　　　　　（2）学生能否制作十二生肖的家庭表

2. 合作学习法

　　合作学习的教学方式是让学生在学习小组互相帮助，共同完成学习任务。合作学习小组的类型主要有两种：学生小组和师生小组。教师要为学生设计具有挑战性的难度适中的活动项目，设立奖励机制，参与者通过合作，彼此学习，相互受益。

3. 体验式教学

　　体验式教学强调学生口语操练的"体验式"。上课不一定要在课堂展开，可以在饭馆、银行、咖啡馆、地铁站……只要是和教材有关的内容，在真实的场景下，学生更容易身临其境，获得真实的语言。在这样的语言环境中，学生的积极性、参与性和主动性也会更明显。

4. 调查法

　　教师提出一个调查题目，让学生广泛接触中国社会，与中国人交谈、询问。然后向全班报告调查结果。题目有：一个中国青年人（大学生、司机、服务员）的情况（包括职业、年龄、学历、爱好、对工作的态度、愿望）、城市交通工具、支付宝与微信的对比、上班族的夜生活与周末、星巴克文化、酒吧与年轻人。

5. 讨论法

　　在教师的指导下，学生围绕一个中心议题发表自己的看法。讨论的题目应该是大多数学生关心的或共同感兴趣的话题。讨论中教师可以提示学生利用句型：我认为/我对这个问题的看法是/我不同意这种看法。学生可以分组讨论，也可以自由发言，发言的时候教师可以在手中准备好若干纸条，记录学生的错误，学生讨论结束后，可以收到记录自己错误的小纸条。

6. 情景剧表演法

　　表演法是最能锻炼学生语言表达能力的方法之一。分为两种：一是对已知故事进行表演，可以根据课文内容进行表演，也可以是对课文内容的改编，可以是教师设定好角色，写好剧本，由学生分组表演。二是即兴口头表演，表演者需要根据对话，自我设定故事的发展，教师可以给定一个场景，比如一对恋人吵架，然后由学生自由发挥，表演对话。

汉语综合演习课程教学设计与实践

杨 蕾*

一、引言

"汉语综合演习课"是京都外国语大学中文专业四年级的一门必修课程，每周1课时，每课时授课时间为90分钟，每学期共15课时。① 该课程的教学目标是在汉语为母语的教师指导下，培养学生综合使用较高水平的实用汉语。通过综合性的练习，以期让学生在听、说、读、写方面得到全面提高。选择内容也要求注重实用。那么该以什么顺序将听、说、读、写各方面的练习导入有限的15课时中去成为首先要解决的问题之一。另外，听、说、读、写练习中的"说"，对日本学习者来说较难开展。从初级学习阶段开始，连基本的口语对话练习都需要教师采用先发问，再指定具体学习者回答并用类似"那也请你问老师一个问题"这种方式来主导进行。要引导学习者用外语阐述看法，同教师、同学进行讨论更为不易。

同时，该课程也是京都外国语大学中文专业参与学校"翻转课堂式能动学习"教学改革的课程之一。在教学设计的时候也尽可能配合"翻转课堂式能动学习"的改革目标，尽可能引导学生根据自己的实际情况，主动利用课堂以外的时间进行相关学习。这就需要学生能够主动思考，来制订适合自己

---

* 本文作者杨蕾，京都外国语大学，中文系，日本京都。
① 本文主要以2015年3月开始的上半学期课程为例进行执笔。学生均为中文专业四年级学生，共计62人。其中绝大部分学生母语为日语，其中个别学生有在中国较长时间的生活经历或为华裔（5人）但汉语水平相差也较大，无法独立成班。

的学习目标及学习计划。并通过与教师、同学的交流，在学习的过程中不断优化自己的学习计划。而这些对学习者，尤其是对日本学习者来说并不容易。他们往往更适应传统式的讲义式教学方式，认真记录教师在课堂上的讲解，完成教师下达的诸如"将文章第几段朗读几遍并背诵下来"或"下次课之前完成第几页第几题"等十分明确的任务指令，在考试前复习教师划定的范围以通过考试。因此更需要教师有计划地进行引导，让学生体会"翻转课堂式能动学习"的优势，来主动选择这一方式代替讲义式学习。

二、教学设计与实践

针对上述分析将本课程的教学设计重点总结为如下三点。

（1）调动学生积极性，完成从"被动学习"到"能动学习"的转变。

（2）引导学生根据自身情况制订学习计划开展课外学习，更有效地配合完成课堂学习目标。

（3）合理安排"听、说、读、写"练习的进行顺序，引导学生针对自身不足调整学习、训练重点，全面提高汉语水平。

（一）教学方法

此次履修的学生大部分是从大一才开始学习汉语并且没有去中国留学的经验，具体外语实践不足。但已有至少三年的学习时间，已经完成了语音、词汇、语法等基础学习，能够直接使用汉语进行思维。考虑学生的实际情况并结合本课程的具体教学目标，本课程主要采用"自觉实践法"和"团体语言学习法"。

"自觉实践法"主张外语学习就是练习用外语进行思维的过程，强调通过用外语思维的方法来培养语感，提高外语掌握程度，而用外语思维更需要在具体的外语实践中才能实现。该方法注重"自觉性"和"实践性"，一方面可以弥补学生实践不足的问题。另一方面也有助于引导学生由"被动学习"向"能动学习"调整，根据自身情况有选择地制订最适合自己的学习计划来达到全面提高汉语综合水平的目的。"自觉实践法"同时强调"功能与题材相结合",这也符合本课程注重实用的教学目标。①

要调动学生的学习积极性,除了提供轻松愉快的学习氛围更要激起学生的进取心。结合日语为母语学习者羞于开口的问题,我们采用了"团体语言学习法"②,努力将授课教师融入学习者之中,注意尽量不对学生的学习方法加以评价,对学生练习中出现的语言使用错误尽量避免公开做出批评。而是以在讨论中教师提示正确的汉语来引导学生注意,辨别出自己在语音、语法实际使用方面的错误,进行自我修正。也通过这种方式消除传统教学中教师下达指令,因教师权威性对学生造成的压力,建立师生之间的信赖关系,减少学生开口说外语的紧张和焦虑。引导学生在充满安全感的轻松氛围中,锻炼用汉语思考问题,阐述自己的观点,并能够自然地向身边汉语比自己更好的同学、向汉语母语教师发问。更是希望学生能通过跟同学的交流意识到自己与别人的差距,而努力提高自身水平。华裔及有留学经验的同学会很自然地担起帮助身边同学的责任,同时通过被提问的内容注意到日语与汉语之间的不同之处,自觉地反思并深化对汉语的理解。

(二)教学设计及教学实践

每学期 15 次课中,除去首次进行学生情况摸底及课程流程介绍,期中、期末两次测验时间外,还有 12 次课。共设计了四个题目,每三次课为一个单元。为配合"翻转课堂式能动教育"的教学目标主要将学习分为"课外学习"部分和"课内学习"部分,两种学习交替进行。课外学习内容,也就是相关的预习内容,都会在课前发给学生并上传到学校的专用学习系统上。这样也是为了方便学生随时可以下载使用。

为增加汉语的使用时间,引导学生用汉语进行思维,首先将教师的授课语言调整为汉语(80%~90%),但在同学生进行讨论、梳理思路及解答疑问的时候根据学生的反应适当切换为学生的母语日语(10%~20%)。

1.【课外学习 1】的教学设计及实践情况

"自觉实践法"强调学生自觉掌握词汇、语法知识,以理解语义和句子的实际使用方法。在进入具体内容讨论、学习之前,向学生说明接下来课程

---

① 刘珣. 对外汉语教学引论 [M]. 北京:北京语言大学出版社,2000:253-256.
② 刘珣. 对外汉语教学引论 [M]. 北京:北京语言大学出版社,2000:258-261.

的大致学习内容,如"接下来的三次课将和大家一起练习用汉语介绍种类,比较不同种类之间的优劣"等,同时以选择填空、提问等形式提供一些句子给学生,启发学生思考并引导学生自觉去复习以前学过的相关词汇、语法等。但对句子仅解释这些是汉语中阐述该内容时常用的表达,给大家做参考,而不是像传统的讲义型授课一样以作业的形式让学生在课前必须完成。

第一次课将之前句子简单地梳理并说明重点词句的用法,让学生重新审视自己对这些词句的掌握情况,并反思自己课前准备得是否充分。在实际授课中我们发现,虽然没有以作业的形式要求学生预习,但学生基本都会自觉地查出生词等。

2.【课内学习1】的教学设计及实践情况

第一次课主要是学生针对设定的题目采用"团体语言学习法"进行小组讨论①,小组意见陈述、互评、自评等。目的是让学生熟悉和题目相关表达,让学生对该题目有一定程度的理解。并让学生尝试用汉语完成对该题目的阐述,找到自己的不足和问题。同时也让学生更有针对性地为该题目的第二次课进行准备和学习。

其中小组讨论阶段,建议学生一边讨论一边完成讨论内容的记录并整理为讨论报告提交。具体如图1所示。

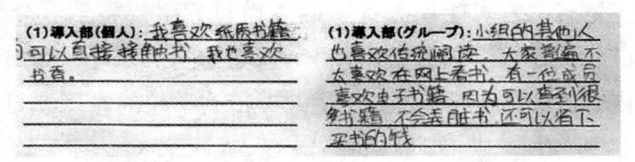

图1 "你所喜欢的阅读方式"内容讨论报告部分截图②

如图1所示,讨论报告分为"个人意见"(左列)和"小组意见"(右列)两个部分。以避免学生过度依赖小组其他成员,引导学生通过记录明确自己对整个讨论做出的贡献,并记录通过讨论学到的生词、新的表达等。例如,在〔课外学习1〕的时候我们向学生提供了"阅读方式可以大体分为纸

---

① 62名学生分为三个班进行授课。每个班级再分为四个小组进行讨论,每个讨论小组基本为五名学生左右。
② 图1为学生提交讨论报告扫描的一部分截图。

质阅读和电子阅读"这样的句子。在接下来的讨论中学生便向老师提问,是否有"纸质书籍""电子书籍""传统阅读"这样的说法,并正确使用到了自己的表达中。

讨论的时候鼓励学生直接使用汉语,但也允许使用母语日语。我们发现为了进行接下去的小组意见阐述,学生会努力选择直接使用汉语,并在讨论过程中尽量使用汉语,主动向同学、老师询问发音及表达是否正确。所有人的报告最后统一回收,为了避免学生怕麻烦而只写简单汉语的问题,允许将不会且未能在课堂讨论时间解决的汉语表达内容用日语记录下来。教师会批改之后在下次课返还给学生。

完成讨论后,每个小组会选出代表向全班同学阐述小组意见。教师和全体学生听取阐述后做出评分①并给予建议。每位同学阐述之后,教师注意再将意见做一下大致的概括,但不加任何评论以避免影响其他同学的评分。针对发言中的表达错误、不标准的发音,并不直接指出,而是注意在概括的时候使用正确的表达、发音,引导学生注意到错误。所有评分及评语在回收之后,教师进行汇总,将平均分数、大家的建议、发言中出错的地方等汇总成报告交给发言学生。并告诉学生有不理解的地方,可以单独在课后询问教师。

发言学生同时完成一张自评报告,明确自己此次发言的优缺点。引导学生自觉将自己的发言和其他发言同学进行比较,找到不足。

3.【课外学习2】的教学设计及实践情况

在〔课内学习1〕结束的时候,将和讨论内容相同的范文发给学生,并明确告诉学生下次课一起学习这篇文章,但并不下达预习的指令。

通过实践我们发现,在经过一堂课的讨论之后,学生会注意到自己哪些表达没有掌握好,会自觉地阅读范文。水平较好的学生也至少会关注范文的思路,哪些意见和自己相同,哪些意见是自己没有想到的。大部分学生会自觉找出生词和自己没有使用过的表达方式,并简单标注等待下一节课教师讲

---

① 按准备是否充分、阐述内容是否切题、阐述内容构成是否合理、发言态度是否认真、是否拉近了与听众的距离、发音标准程度、阐述流畅程度、所用表达正确程度几项分别评分。每项评分采用1~5五段分制。

解的时候，有针对性地学习。个别认真的学生甚至会自己整理出单词列表、重点句型和整个译文。

4. 【课内学习2】的教学设计及实践情况

第二次课主要将汇总的互评、自评意见返还给学生本人，并进行该题目相关的范文学习。让学生不仅是去理解范文，更会针对自己的不足去自觉地留意、学习范文中的表达方式。

通过实践我们发现，学生会自觉地注意到除了教师讲解的重点，自己有哪些地方还没有掌握，并主动向同学和教师寻求帮助。同时也会注意到其他同学的学习方法，比如看到其他同学的单词列表、译文，而在接下去的学习过程中改进自己的课外学习方式。

5. 【课外学习3】的教学设计及实践情况

在讨论、阐述发言及范文之后，不再增加新的课外学习内容，也注意不直接要求学生复习。而是引导学生，有没有觉得范文中哪些句子很好，哪些表达方法想用用看。

通过实践我们发现，在教师抛出这些引导后，大部分学生会拿出笔进行一些标记。一部分学生会写出一些类似的句子，请其他同学或老师帮助批改，并询问某些表达方式的使用方法。会有少数学生找出其中某些语法点，请同学教老师帮忙重新讲解。

6. 【课内学习3】的教学设计及实践情况

第三次课通过完成范文练习来让学生自我检测，掌握自己对题目的理解程度，进一步让学生认识到自己的不足，引导学生主动提问来解决自身的问题。并加入一些与题目相关的视频学习等，进一步扩展该题目相关的表达方式、词汇等。引导学生去注意有些自己以为已经掌握的表达实际上还会出现失误。

通过实践我们发现，学生往往会在完成自我检测之后再向同学或教师提出一些新的问题。

三次课程结束之后，进行总评。重点分析出现的使用偏误，也将学生的优秀表达介绍出来，提高学生的积极性。

三、追踪调查

为了掌握学生学习情况，在一个学期课程学习结束之后，委托第三方调查公司对学生代表进行了采访调查。① 为保证调查的准确，在期末考试结束后，从每个班分别随机选取三位学生。调查时，学校教师及学校职员均不在现场，仅由学校职员引导学生到调查会议室。三位学生同两位调查人员一起进行采访，调查人员一人引导发问，一人录音记录。下面是其中一个班级的三位同学调查结果②。

（一）你对该门课程的满意程度如何，为什么？

A1③：我觉得很有意思，特别是到前面阐述小组讨论意见很有挑战性。最开始我只能是读一下自己写好的讨论报告。看到其他同学不看稿子阐述，我也试着挑战了。有时候我想说汉语，但是却会突然说出英语或日语。这也证明了我的汉语还不够熟练，但是我还是坚持脱稿。并且通过写自我评估报告，能找到自己每次做得好的地方，很有成就感。

A2：我觉得很难得，老师尽量都在用汉语授课，对我来说是一种激励，虽然没能去留学，但是就好像在中国听课一样。但是有需要还可以换成日语请她解答，这样我又觉得很放心，不会因为无法沟通而留下很多问题。

A3：我认为很有意思，特别是能让大家练习用汉语表达自己的想法。我也会尝试用这个方法去学学英语啊，其他语言。毕竟以后工作的时候还是要对着外国人说的，而不是答考卷。日本人更擅长拿着教科书背语法、单词。一旦在街上碰到一个中国人，马上就不行了。而且老师是中国人，每次讨论的时候，我们小组都会有意识地找她讨论几句，对小组很多同学来说实在是很难得的机会。

（二）你对该门课程有哪些不满意的地方

A1：其实我很怕到大家面前说话，更别说是说汉语了。所以只是勉强地做了三次阐述，也很不成功。觉得很遗憾，但我想这主要是我自己的问题。

---

① 调查公司职员为日语母语者，调查全程采用日语进行。
② 调查报告原文为日语，本文中汉语为笔者翻译。
③ 文中 A1、A2、A3 分别代表接受采访的三位同学。

不过如果能多给我一些准备的时间，比如准备一个星期，也许我会做得更成功一些吧。

A2：我觉得老师给的题目不够具体，有些时候不知道该说什么。比如老师会让我们讨论"说说你喜欢的阅读方式"，那我能想到的就是"我喜欢看纸质书"，再说什么就不知道了。我希望老师不是通过讨论跟我们说"那你为什么喜欢纸质书呢"，而是直接要求大家"说说你喜不喜欢看纸质书，并说说为什么。至少1000字"。

A3：刚才A2说的意思是如果老师更严厉一些，会学得更好。我就想起语法老师说必须写多少页到多少页的题，结果大部分人也就是突击抄一抄吧。所以我认为并不需要更严厉。但是，我觉得内容可以再难一些吧，对我来说太简单了。

（三）针对这门课程，你是否会在课前、课后进行预习、复习

A1：会。但是其他课程一般是老师要求复习、预习，如果没预习回答不出问题会很不好意思。这门课没有这种压力，但觉得如果自己预习一下，下次会完成得很好。拿到范文特别想看一看，比较一下自己写的东西和中国人写的东西有哪些不一样。所以，虽然老师不要求我们预习、复习，我还是会至少查一下单词，把觉得没把握的话翻译一下。下次仔细听，或者问一下同学、老师。

A2：刚开始的时候，老师不要求预习、复习，也没想过去做。第二次开始，看到同学们好像都会预习一下，而且也觉得不预习的话，讨论起来时间不够，要查单词什么的。我不太好意思问同学问题，有些时候问老师，但是太多问题也问不过来。后来也慢慢地预习、复习一下。或者至少课前借来同学预习的笔记看看。

A3：我很讨厌每天必须预习、预习几个小时、复习几个小时这样的规定，感觉就好像小学生一样。这个课老师没有这么要求，我觉得很轻松，至少是感觉上。但是讨论呀、自测呀，这些时候，周围很多同学会问我问题。他们的问题有的不好回答。这个课是下午，所以我会上午就到学校，稍微看一看文章。虽然文章对我来说太简单了，但是有的思路，确实是我没想到的。看一下也挺有意思的。

（四）比起传统的"讲义型"授课，你是否喜欢像这门课一样的"翻转课堂式能动学习"授课方式

A1：喜欢。我觉得课堂气氛特别不一样。预习、复习，自己想做的话都是可以做的。但是课堂上大家都在讨论，自己也会特别想参与进去。到前面发言，还能拿到所有人的评语，很难得。就会有动力再做得更好一些。我甚至在最后一次讨论的时候，努力把稿子背诵下来一部分，可惜时间有些短没背完。其他课，讨论不起来。都要老师点名提问才行，而且大家都不说话，我也会不好意思说。

A2：也许还没有习惯吧。感觉要是大二、大三就开始试试也许会有提高的。

A3：说不上喜欢吧，但是我觉得我挺适合这个方法的。至少我觉得这个课上没人睡觉，都在忙呢。而且大家都有交流，讨论起来比较有动力。还有自我评价部分，老师还会写上评语给我，挺感动的。虽然她是在委婉地批评我，她写评语说觉得我可以做得更好。

（五）通过这门课，你觉得自己哪方面得到了提高

A1：我觉得是口语。讨论也在说汉语，阐述意见更是练习了汉语。非常难得的机会。

A2：我觉得多看了几篇真正的中国文章，不是课本里的。老师说都是报刊新闻里的，真的很难，确实不太一样。

A3：我在中国上完小学才来的日本。内容对我来说太简单了，当然也不只是这一门课我觉得简单。所以语言上真的没觉得提高什么。但是跟同学的交流多了，以前大部分是出去玩之类的私下交流。回答问题挺少的。但是这个课，上课的时候他们会拼命问我问题，我说什么意见他们听得特别认真。

四、结论及反思

通过一个学期的实践并参考追踪调查结果，我们发现应用"自觉实践法"和"团体语言学习法"确实对调动学生的学习积极性有很大的帮助。通过 A1、A2、A3 的反馈，我们也不难看出学生确实会根据自身的实际情况，自主地进行课外学习。这种引导方式是有一定效果的，但就三个人的比较来

看，A1 本身就有很好的学习习惯，所以引导之后最为成功。A2 对"翻转课堂式能动学习"适应得明显比较慢，由于一直是讲义式的被动学习方法，更期待老师给予明确的指令，但在看到周围其他人的学习方法后也能够主动进行调整。学生 A3 本身汉语水平就和中国母语者相差无异，在实际的语言能力上确实没有有效提高，但为了跟同学一起讨论，帮助同学还是调整着做出了一些学习习惯上的改变。

综合性的水平提升，学习方法的引导都需要时间，本课程每周 1 课时的设置确实明显不够。而且大四学生更多的精力用来求职、实习，一些学生并不愿意在这个阶段再对学习方法进行调整。比起调整方法，更注重范文内容的学习。另外，就是像 A3 这样华裔的学生，由于跟其他同学水平相差较大，本课程对其在语言能力上的提高并没有特别的帮助，十分遗憾。而且像这样的华裔学生选择中文专业的逐年增加，其中一些是觉得自己的汉语没有家长的好，很有挫败感，因此选择汉语专业，也有一些是家长认为孩子没能在中国接受汉语教育，为了弥补而建议孩子选择汉语专业。针对这类学生如何更有效地设置针对性课程也是今后需要面对并解决的重大课题。

参考文献

[1] 中央教育審議会 2012，新たな未来を築くための大学教育の質的転換に向けて～生涯学び続け、主体的に考える力を育成する大学へ～（答申）http：//www.mext.go.jp/b_menu/shingi/chukyo/chukyo0/toushin/1325047.htm

[2] 赤塚侃司 2017，アクティブ・ラーニングに関する意識調査と分析，『CRET（教育テスト研究センター）年報』第 2 号，第 8 页－第 18 页。

[3] 刘珣. 对外汉语教学引论 [M]. 北京：北京语言大学出版社，2000：253－256，258－261.

[4] 赵金铭. 对外汉语教学概论 [M]. 北京：商务印书馆，2004：23－55.

[5] 溝上慎一. アクティブ・ラーニング導入の実践的課題 [J]. 名古屋高等教育研究（第 7 号），2007：269－289.

小组合作学习模式与问卷调查的实践总结*

岛村典子

一、引言

经济合作与发展组织（OECD）在 2018 年 5 月公开了 The Future of Education and Skills Education 2030①（以下简称 Education 2030），提出了 2030 年我们需要让未来的人才具备的三种素养的范畴（further categories of competencies）②：①创造新价值的能力（creating new value）；②缓解紧张、打开僵局的能力（reconciling tensions and dilemmas）；③承担责任的能力（taking responsibility）。

从当代人工智能（AI）高速发展的趋势来看，在不久的将来很多现有的工作将由 AI 来代替，那时，我们人类唯一能做的就是以前所未有的思维和视角来创造出新的价值。③ 在这种情况下，不仅需要个人去思考和实践，还

---

* 本文作者岛村典子，京都外国语大学，中文系，日本京都。
① OECD. *The Future of Education and Skills Education* 2030, 2018 [EB/OL]. http：// www. oecd. org/education/2030/E2030% 20Position% 20Paper% 20 （05.04.2018）. pdf（最后参看日期为 2018 年 8 月 23 日）.
② Rychen & Salganic 指出，competence 是在特定的情境中，能够激发并使用个人的内部资源（包括知识、认知能力、技能、态度、情绪、价值及伦理动机）来对应复杂的要求与挑战。Rychen, D. S., & Salganik, L. H. （Eds.）. *Key Competencies：For A Successful Life and a Well‑Functioning Society*, Cambridge, MA：Hogrefe & Huber, 2003：43 – 44.
③ 东京朝刊, 2018 – 03 – 23.

需要人与人之间的合作，从现有的知识里面创造出新的知识。①

而且，像我们这种人口日益减少的国家，不久的将来需要从国外引进劳动力，并由从前较为单一的社会结构转变为多样化的社会结构。在这个过程中，可能会产生互不相容的看法和利害关系，就需要我们缓解紧张关系、打开僵局。

据《Education 2030》，承担责任的能力则是以上两个能力的基础。因为我们创新或者调解问题时总需要考虑自己的行为将会带来什么样的结果，思考并评估其风险与回报。② 即我们有必要对自己做出的结果负责。

综上所述，我们需要在培养学生自己承担责任的基础上，通过与他人合作的教学模式来培养学生的"创造新价值"和"缓解紧张关系、打开僵局"的能力。因此，我们设计了以下外语实践活动：①为了让学生运用个人掌握的语言及相关文化背景知识去思考社会所存在的问题，安排学生用中文参加问卷调查；②为了培养学生的个人负责能力与合作能力，采用合作学习的教学模式。与此同时，也将尝试构建基于中文能力差异的、包含多样性的共同学习小组。

二、关于合作学习

合作学习是利用小组单位的教学法，小组里的每个学员一起努力达到共同的目标，来加强其学习效果。合作学习在美国作为组织性的试行始于19世纪③，后来20世纪70年代至80年代有了实质性的发展。

合作学习的核心理论是社会互赖理论（social interdependence theory），该理论源于考夫卡（K. Kafka）等代表人物创始的格式塔心理学（gestalt psychology）。

考夫卡的格式塔心理学认为，在社会团体里，各个成员的行为以及其成

---

① OECD. The Future of Education and Skills Education 2030 [M]. 2018：5.
② OECD. The Future of Education and Skills Education 2030 [M]. 2018：6.
③ 岩田好司. フランス語教育と「協同学習」—「学びの共同体」づくり—[J]. Revue japonaise de didactique du français，2011，5（1）：60.

就都受其他成员的因素。① 后来，考夫卡的同事勒温（K. Lewin）在此理论的基础上主张，团体是一个基于互赖的动力整体（dynamic whole）。② 20世纪40年代末，勒温的弟子道奇（M. Deutsch）从目标结构的角度提出了"合作"与"竞争"的理论。③ 他的合作型目标指的是，只有团体里的所有成员达到目标时，每个成员才能够达到目标。在此情况下，各个成员都有着积极互赖的目标。④ 再后来，道奇的弟子约翰逊兄弟将这些理论拓展为"社会互赖理论"，并运用到课堂中。

推动合作学习的代表人物约翰逊兄弟的研究结果表明，合作学习可以定义为：为了达到共同的目标而一起活动。小组内的成员通过一起活动使他们个人和其他成员受益、取得最大的成就。⑤

据Johnson等人的观点，合作学习有五个关键构成因素使其行之有效：①积极互赖（positive interdependence）；②面对面的促进性相互交流（promotive interaction）；③个人问责（individual accountability）；④社交技能的适当使用（appropriate use of social skills）；⑤小组自评（group processing）。⑥ 我们在此说明一下这五个因素的含义。⑦

"积极互赖"是让每个学生相信小组内其他学员的成功高度依赖自己的成功，相反情况亦如此。此时每个学生都有两个责任：一个是学习课题内容，另一个是帮助其他所有成员学习其课题。这两个责任被称为"积极互赖"。

---

① クルト・コフカ. 鈴木雅彌監译. ゲシュタルト心理学の原理［M］. 福村出版，1998：748.
② Lewin, K. Field Theory and Experiment in Social Psychology：Concepts and Methods［J］. *American Journal of Sociology*，1939（4–6）：886.
③ 王坦. 合作学习简论［J］. 中国教育学刊，2002（1）：33.
④ Deutsch, M. A Theory of Co–operation and Competition［J］. *Human Relations*，1949（2）：131–132.
⑤ Johnson, D. W., & Johnson, R. T. *Cooperation and Competition：Theory and Research*［M］. Edina, MN：International Book Company，1989：2.
⑥ Johnson, D. W., Johnson, R. T., & Smith, K. A. *Active Learning：Cooperation in the College Classroom*［M］. Edina, MN：Interaction Book Company，1991：18–20.
⑦ Johnson, D. W., Johnson, R. T., & Smith, K. A. *Active Learning：Cooperation in the College Classroom*［M］. Edina, MN：Interaction Book Company，1991：4–10.

"面对面的促进性相互交流"是指,为了达成小组的目标,在完成课题、为创造而努力时,每个学员相互鼓励、帮助。这种相互交流不仅体现在交换资料、信息等物质上的交流,还包括精神上的交流。例如,成员主张为共同目标而尽力,这样做可以得到精神上的鼓励。

"个人问责"可以使每个学员平等承担责任,防止"搭便车"。在合作学习中,保证责任到人使学员变得自律起来。

在达成共同目标时需要调整小组内的人际关系,这个能力被称为"社交技能"。比如:①需要相互信赖;②准确且清楚地沟通;③相互包容、帮助;④需要建设性地解决相互之间可能会出现的问题。

最后,"小组自评"是指,为了达成小组的共同目标,活动结束后围绕对小组的贡献交换意见。此因素可以定义为:①讨论学员的哪种行为对小组有用或无用;②讨论哪种行为可以继续采取或需要改正。

如上所述,在这些因素里"个人问责"能够将课题落实到个人身上,可以提高个人负责能力,说明合作学习符合我们活动的目标。其他"面对面的促进性相互交流""社交技能""小组自评"都可以看作提高学生合作能力的因素。至于"积极互赖",同时提及负责能力与合作能力。

关于"积极互赖",秋田还具体说到,学习程度不同的参与者之间会有一种正面意义的相互依赖:教的一方是通过"教"的行为,能把理解得比较抽象的事物与具体的实例相连接起来,进行更深一步的理解;被教的一方则是在与对方一起解答问题的过程中,从对方的行为、言语中能够得到相应的帮助。① 可见,合作学习可以应用于学习程度不一的学员之间,这正是我们采用合作学习的理由。

三、课堂设计—关于问卷调查

(一)参加问卷调查的成员

我们安排研究班(seminar)的学生用中文对中国游客进行问卷调查。这

---

① 秋田喜代美. 改訂版 授業研究と談話分析[M]. 財団法人放送大学教育振興会,2007:137-139.

次参加问卷调查的共有 12 名学生①,其中有 5 名是从小就接触中文的,所以能较好地运用中文。② 剩下的 7 名学生是进入大学以后才开始学习中文的,口语方面并不太熟练。③ 为了行文方便,我们将前者的学生定为 L 组,把后者的学生定为 S 组,加以区别。

(二)问卷调查的题目

这次问卷调查的题目是"吸引中国游客到日本郊区进行旅游观光及消费"。日本的偏远地区正面临着人口流失、没有产业支撑的恶性循环的现状。旅游业可以吸引访日外国游客,进而搞活地区经济发展,有助于创造就业机会,是个支柱产业。如果学生们能够了解中国游客的需求,就有可能提出搞活地方旅游业的策略。而这个过程对学生来说也是个锻炼的机会。

(三)进行问卷调查的步骤与活动目标

根据 Riel 的研究,构建学习小组的过程中,学员需要拥有共同的任务:①准备;②小组的构建(互相介绍);③小组活动的计划;④制作公开发表的东西;⑤小组的解散。④ 将上述共同的任务应用于我们的小组活动,并把整体活动与其目标列表如下(表 1):

表 1 问卷调查的步骤与活动目标

环节	活动形式和内容	活动目标	课时⑤
课前准备	1. 授课(讲授理论知识) 【教师→个人】 ·关于《Education 2030》 ·关于合作学习 ·关于问卷调查与采访调查	·让学生了解现代社会所需要具备的一些能力以及我们进行问卷调查的目的 ·让学生了解什么是合作学习,合作学习有何优点 ·让学生了解问卷调查与采访调查的区别以及问卷调查的步骤	1

---

① 这 12 名学生均是大学三年级的学生。其中,11 名是中文系的学生,1 名是其他语系的学生。
② 截止到 2018 年 6 月初,这 5 名学生中,有 1 名已通过汉语水平考试(HSK)6 级,有 3 名通过 5 级,剩下 1 名没参加过 HSK。
③ 截止到 2018 年 6 月初,这 7 名学生中,有 6 名通过 HSK4 级,有 1 名通过 3 级。
④ Riel, M. A Functional Analysis of Educational Telecomputing: A Case Study of Learning Circles [J]. *Interactive Learning Environments*, 1992 (2): 16.
⑤ 每个课时为 100 分钟。

续表

环节	活动形式和内容	活动目标	课时
课前准备	2. 分组讨论并设定问卷内容 【个人→小组→全体→个人】 ·分组并介绍其他成员的情况 ·设定问卷内容 ·将问卷内容翻译成中文	·让学生自主分组提高团队意识，通过介绍其他成员的情况，使小组内的气氛变得融洽并降低学生的情感过滤 ·通过与别人的讨论，从更广泛的角度来思考怎么设定问卷内容能够有效地了解访日中国游客的需求 ·在分组活动中，中文水平相对高的学生通过"教"的行为，更深一步地理解中文的表达方法；中文水平相对低的学生在与对方一起翻译的过程中，从对方学员那里能够得到相应的帮助	2.5
	3. 分组进行口语练习 【个人→小组→个人】	·通过分组练习口语，让每个学员意识到自己的责任和任务，使学生自觉参与到练习中	0.5
实践	分组进行问卷调查 【个人→小组→个人】	·将课堂上学到的知识转化为技能，运用到实际中	2
总结	1. 让学生对问卷调查进行总结 【教师→个人→教师】	·通过书面的方式回顾整个活动，让学生进行梳理分析，总结从活动中学到的知识	0.5
	2. 将学生的活动总结在课堂上进行分享【教师→全体】	·让学生从别的学生那里能够得到启发	0.5

四、课前准备

我们将课前准备的环节分成三个部分，即"授课""分组讨论并设定问卷内容"和"分组进行口语练习"。

（一）授课（讲授理论知识）

在课前准备时，我们首先注意的是怎么让学生认识到这个活动的意义，解除被动意识，调动学生主动参与活动的积极性。因此，笔者介绍了《Education 2030》的方针，教给学生什么样的人才才能在现代不断变动的社会里站得住脚。

其次，我们也对合作学习教学模式进行了说明，主要是培养学生的个人负责能力和合作能力。特别强调我们需要在与他人的合作过程中，运用语言和相关的文化背景知识，去思考社会所存在的问题。

另外，通过此次活动还可以学习问卷调查的研究方式并进行实践，有利于培养学生的学术技能（academic skills）。因此，我们教给学生问卷调查和采访调查的概要与两者的区别。

如上所述，我们在授课的环节，教授学生理论知识的同时，也注重激发学生的学习动机。

（二）分组讨论并设定问卷内容

在分组时，为了构建高度自治的讨论组，让学生自主分成4个小组。然而，如Johnson等人所指出的，若完全任学生自己分组，容易构成同质小组。同质小组在进行课题活动时不是很积极。① 因此，笔者提出意见，每个小组由3个人构成，其中1名为L组的成员。并告诉学生在分组时，需要构建异质小组，尽量把具有不同中文水平、不同专长、性格的学生分在同一组。这样有利于每位学生发挥自己的专长来帮助其他学生，形成相互促进、以长补短的帮教小组。②

基于学生中文能力的差异，我们构建了4个学习合作小组。这些小组基本上由1名L组的学生和2名S组的学生构成，但因为人数的关系，有1组是由2名L组的学生和1名S组的学生来构成。为了使小组内的气氛变得融洽并降低学生的情感过滤（affective filter），我们让学生在小组内介绍其他成员的情况。

这次问卷调查的主要方向如下：①访日中国游客的个人信息以及赴日目的及次数；②访日中国游客在日本观光时的消费主要集中在哪些方面（分别调查物质性消费与体验性消费）；③访日中国游客对日本近郊地区或偏远地区的认识；④访日中国游客收集旅游信息的途径。笔者将上述主要方向提示给学生后，让他们分组讨论并设定问卷调查的内容。

---

① Johnson, D. W., & Johnson, R. T., & Holubec, E. J. *Circles of Learning: Cooperation in the Classroom* (4th ed.) [M]. Edina, MN: Interaction Book Company, 1993: 6.

② 余文森，郑金州. 新课程体育（与健康）教与学 [M]. 福州：福建教育出版社，2005：71.

在分组讨论并设定问卷调查的内容时，我们注重【个人→小组→全体→个人】的方式。首先，我们发给每位学生几张便笺纸，让他们将问题项和选项等用日语写在便笺纸上。写完之后，在小组内相互补充、修改，形成本组的意见。最后将每个小组的便笺纸贴在黑板上，进行整体讨论并决定问卷调查的问题项。学生可以将自己设定的提问内容和别人的进行对比并思考不同之处。这样，让学生相互补充、相互启发、相互评价，能够使思维有更深入的延展与批判，从而达成共识。①

最后，我们分组将确定下来的问题项和选项翻译成中文。为了让学生顺利完成任务，笔者将所有问题项和选项分写到四张纸上，并分发给每个小组，让他们分别进行翻译。首先，每个人自己思考并翻译，然后在小组内讨论最恰当的翻译句子。随后将小组翻译出来的句子和选项写在黑板上，进行全体交流。

（三）分组进行口语练习

在进行问卷调查之前的最后一个步骤就是分组进行口语练习。

Kagan 指出，"个人问责"是合作学习成功的因素之一。② 因此，我们在分组进行练习时，告诉每位学生在问卷调查中的任务：由 S 组的其中一名学生先开口向中国游客提问。另一名学生则将结果记录下来。此两种任务需要轮流交替进行；L 组的学生则在其他学员感到困难时，主动帮忙一起完成调查。这样，可以使每位学员对于小组整体的活动担负起责任，激发学生的学习积极性。与此同时，还能让学生意识到自己学到的知识可以给其他成员及小组带来利益，进而认清自己对小组的重要性。

另外，我们在设定问卷内容与口语练习的 3 个课时里，每节课以一分钟问卷（one-minute paper）的形式让学生做简单的总结，以便了解他们在合作学习的过程中学到的知识。具体内容如下：a. 今天的课堂上，你学到了什么？b. 在合作学习的过程中，你通过与其他学员的交流学到了什么？c. 今天的课堂上，你有哪些地方不明白？d. 对今天的学习你有何感想？详

---

① 张育玲. 如何培养学生的课堂总结能力 [J]. 西部素质教育，2016 (18)：195.
② Kagan, S. *Cooperative Learning* [J]. San Clemente, California：Kagan Publishing，1994：4：9.

细内容我们将在下文做具体说明。

五、实践

如上所述，经过 4 个课时的准备，我们设定了问卷调查的内容并进行了口语练习。接下来，实践是将课堂上学到的知识转化为技能，运用到实际中的环节。

我们决定将进行问卷调查的地点定在京都旅游景点的岚山。岚山的龟山公园内有周恩来总理的诗碑，因此能够遇到很多中国游客。我们进行了大约 3 个小时的问卷调查，收集了 30 个样本。

有些小组较为顺利地完成了任务，有些小组则遇到了困难，活动刚开始总被拒绝。从学生总结的发言中可以得知，石碑附近有很多游客驻足细看，因此他们乐意接受我们的问卷调查。否则，游客也没有太多时间配合我们的调查。如何让人配合我们的调查成了学生们的难题。

六、总结（来自问卷总结和一分钟问卷）

（一）问卷调查活动的总结

活动结束后，让学生现场填写问卷，对他们在本次活动中的收获、不足和感想进行调查、总结。问卷的内容是以下几项。

（1）这次问卷调查中（包括设定问卷的内容），你对小组的贡献度有多少？（5 个等级）

（2）这次采用合作学习的模式来进行问卷调查，你认为此次活动对哪些方面有效果？（多选）

（3）这次问卷调查中，你和中国游客的沟通程度如何？（5 个等级）

（4）这次问卷调查中，你能够听懂多少中文？（5 个等级）

（5）在和陌生人打交道时，应该注意哪些方面？

（6）分组进行问卷调查时，你从其他成员那里学到了什么，或者得到了什么帮助？

（7）分组进行问卷调查时，你对其他成员做出了什么贡献或者你教给了他们什么？

（8）你认为在课前准备时，哪个方面准备得比较充足，或者哪个方面准备得不足？

（9）这次问卷调查的过程中，你印象深刻的是什么？总体感想如何？

（10）经过这次问卷调查，你希望提高哪些方面的能力？

（二）对学生总结的分析

我们在此先对提问（2）的结果进行分析，提问的结果如图1所示。因为这一问题直接反映出学生对整个问卷调查活动的感想以及收获。

(2)这次采用合作学习的模式来进行问卷调查，你认为此次活动对哪些方面有效果？（多选）

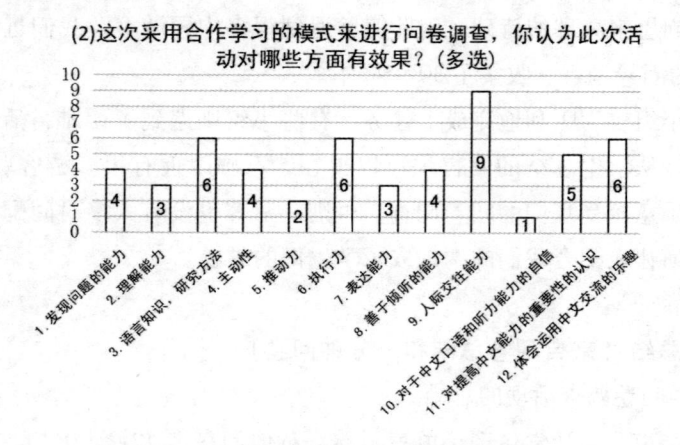

选项	人数
1. 发现问题的能力	4
2. 理解能力	3
3. 语言知识，研究方法	6
4. 主动性	4
5. 推动力	2
6. 执行力	6
7. 表达能力	3
8. 善于倾听的能力	4
9. 人际交往能力	9
10. 对于中文口语和听力能力的自信	1
11. 对提高中文能力的重要性的认识	5
12. 体会运用中文交流的乐趣	6

图1　对于提问（2）的统计结果

我们对于提问（2）设定了12个选项①：1～3是与学生思考能力与知识获取有关；4～6是与行动能力有关；7～9是与团队合作能力有关；10～12是与中文能力和对中文的兴趣有关。

以上12个选项中，学生选得最多的是"人际交往能力"。具体来说，他们认为通过活动拉近了成员之间的距离。其次是"语言知识，研究方法""执行力""体会运用中文交流的乐趣"。概括地说，问卷调查活动在培养"团队合作能力"方面效果较为突出，另外，对"思考能力与知识获取""行动能力"和"中文能力和对中文的兴趣"也起到了一定的效果。

---

① 这些选项参考了津田ひろみ：《協働学習の成功と失敗と分けるもの》，《リメディアル教育研究》10（2），2015年第29页；经济产业省"社会人基础力"（http：//www.meti.go.jp/policy/kisoryoku/）（最后参看日期为2018年10月6日）。

以下我们概括学生的总结问卷和一分钟问卷,分别对"团队合作能力""思考能力与知识获取""行动能力""中文能力和对中文的兴趣"的效果加以分析。

1. 有关"团队合作能力"

从有关"团队合作能力"的总结得知,S组的学生认为在进行问卷调查的过程中,从L组的成员那里得到语言方面的帮助,从而促使活动进行得更顺利,如:

(11) 中国游客说到某个地名时,我没听懂,心里很着急。但其他成员告诉我其地名时,我得到了帮助。[(6)-S]①

相反,L组的很多学员则在其他学员遇到困难时,给予了相应的帮助,如:

(12) 在其他成员难以开口表达时,我建议可以用"你好"等简单的话语搭话。[(7)-L]

我们认为,小组内的学员之间形成了正如上文所说的"面对面的促进性相互交流"。值得注意的是,从学生的总结可以看出S组的学生从L组的成员那里得到语言方面的帮助,而L组的学生则从S组的成员那里得到精神上的鼓励,如:

(13) 起初,觉得向陌生人搭话很困难,但看到其他成员积极地去搭话,觉得我也应该大胆地去尝试。[(6)-L]

另外,如下面的总结内容正好体现小组成员之间形成的"积极互赖"。这位学生认为只有小组内的学员一起努力才能达到目标,如:

(14) 大家一起努力跟中国游客搭话时能够得到他们的配合,这是一个人很难做到的。这次问卷调查是很好的实践。[(6)-L]

总之,这次问卷调查活动对培养这些"合作能力"有较为明显的效果。

2. 有关"思考能力与知识获取"

有关"思考能力与知识获取"方面的总结,主要分为"语言知识""对

---

① 我们在学生总结后的括号里标注该总结是针对哪个提问的。(1) 到 (10) 是问卷总结的问题项,a 到 d 为一分钟问卷的问题项,int. 表示采访的意思。此外,我们用L、S来表示该学生属于哪个组。

日本文化的重新认识"和"学术技能"。

首先，学生们在设定并翻译问卷内容时，遇到了很多有关日本文化方面的词语，有的学生翻译时感到困难：

（15）日本传统文化里的一些事物翻译起来很难。这次学到了这些单词该怎么翻译。[a－L]

（16）如"精进料理""まいこ体験"等词语从前不知道怎么表达，但自己去查过之后掌握了这些词的表达方法。[a－S]

可见，不管是L组的学生还是S组的学生，在翻译的阶段都学到了平时很少接触的语言知识。

问卷调查结束之后，学生反映他们翻译的内容有的不是很恰当：

（17）"关西"这个说法难以被中国游客理解。[（9）－L/S]

此外，L组的成员之间，通过交流认识到语言表达的多样性，注意到自己从小接触的中文和对方的语言习惯有所不同：

（18）中国的北方和南方在词汇、语言表达上有所不同。[a－L]

其次，我们认为这种练习不仅能够增长语言知识，而且能够重新客观地认识自己国家的文化：

（19）日本有很多旅游景点、独特的商品以及各种服务吸引了外国游客。我们也要更加了解日本的这些优势。[a－S]

最后，关于"学术技能"，L组的学生在问卷调查结束后提出的建议较多，比如：

（20）问卷调查的内容太多，问题项与选项需要缩小范围。[（8）－L]

（21）我认为，如果让对方一听就知道我们在找中国游客做问卷调查，应该不会被拒绝。[（8）－L]

以上建议是学生自己设定问卷内容并通过实践才领悟到的。下次进行问卷调查时，这些经验都可以用来参考。

3. 有关"行动能力"

在有关"行动能力"的总结中，大部分的学生都提出了"执行力"。

（22）我性格不是很积极，但我主动上前和中国游客搭话了。[（7）－L]

（23）我对小组的贡献没那么大，但我用中文去做问卷调查的任务都完

成了。[（7）-S]

另外，有些学生在进行问卷调查之前做了充分的练习，而且体会到了其学习效果：

（24）自己的身份以及进行调查的理由，我提前练习了很多次，所以调查的时候说得比较流利。也有中国游客说"你汉语说得很好"，这句话使我有了信心。[（8）-S]

（25）如何问对方的年龄，我提前自己思考怎么问才显得礼貌。[（8）-S]

尤其是S组的学生认为，正式开展活动的时候，如果他们表现得不理想，就会影响到小组活动的进展，所以就主动提前进行练习。我们认为这种"执行力"直接联系到"个人负责能力"。

另外，值得注意的是，有很多学生都提及了关于交际策略（communication strategies）的感悟。例如，他们在问卷调查中被中国游客拒绝后，采取的策略大致有三个方面：①表明身份；②简要说明活动目的；③改变态度。

有些学生认为在活动中被拒绝是因为他们的身份不够明确，容易引起游客的怀疑。于是有些学生在交流开始时，第一句话首先告诉游客他们是大学生。还有些学生则认为应该减轻游客的心理负担。因此，用"可以问您几个问题吗"等话语，尽量表示问卷调查不需要花费很长时间。另外，还有些学生分析，在游客看来，他们可能显得不够自信才被拒绝。因此，他们改变态度，带着笑容让自己显得自信起来。虽然这些交际策略是我们课前准备时没有讲授过的，但是学生们在小组内想方设法应对这种突发事件。

4. 有关"中文能力和对中文的兴趣"

首先，在我们收集到的总结中，有的学生写到，通过问卷调查体会到了运用中文交流的乐趣，如：

（26）以前除了课堂上，几乎没有机会用中文和中国人交流，这次能够自己用中文和中国人沟通，是一个很好的机会。[（9）-S]

（27）这次没想到的是，中国游客能够听懂我问的内容，我觉得我要有信心，应该更积极地和他们交流。[（9）-S]

其次，以下的总结是关于"提高中文能力的重要性的认识"：

（28）我说的有些话，中国游客都听懂了。但是，他们回答的时候我没

109

听懂，其他成员告诉我是什么意思。我觉得我的听力水平还需要提高。[（10）－S]

（29）做问卷调查时，我有很多单词都听懂了，不过对方说到专有名词时还是听不懂。[（10）－S]

（30）有几位游客说，我说的中文是日语式的中文。我想更多地练习口语。[（10）－L]

如上（28）到（30）的总结中，学生在与他人的交流中都切实地感觉到自己中文运用能力的不足，并且清楚地认识到需要提高哪些方面的能力：S组的学员大多认为有必要提高听力；L组的学员则意识到进一步提高中文口语表达能力的重要性。

也有学生通过此次活动找到了更有效果的学习方法，如：

（31）我觉得最重要的是，多和中国人交流，如果遇到听不懂的单词，下来之后立刻查词典。[（9）－S]

5. 这次活动需要改进的地方

这次活动并没有完全达到预期效果。因为对于提问（2），只有1位学生选了第10个选项，即"对于中文口语和听力能力的自信"，而其余学生都没有选这个选项。

对于学生们为何没有在这次活动中提升自信，我们通过采访进行了分析。我们还提出了问题，为了提升自信心，可以采取哪些办法。

采访结果表明，他们的回答主要集中在"基础能力不足"与"准备不足"这两点①：

（32）自己的发音不够准确，有时对方没有听懂。[int.－L]

（33）词汇量不足。中国游客说话速度特别快，跟不上。[int.－S]

（34）虽然能够用中文提问，但是中国游客回答时很多都没有听懂。[int.－S]

---

① 津田指出，合作学习模式存在以下5个问题：①准备不足；②进行合作学习的时机不宜；③题目不合适；④基础能力不足；⑤对于合作学习效果的期待过高。津田ひろみ：《協働学習の成功と失敗と分けるもの》，《リメディアル教育研究》10 (2)，2015年第31页。

（35）说得不是特别流利，没能很好地沟通。[int.－L]

不管 L 组的学生还是 S 组的学生都提及自己中文方面的"基础能力不足"，包括发音、词汇量、听力、口语表达能力等。他们认为今后需要创造更多的与中国人交流的机会。

除了语言方面的问题，还有些学生提出，起初连续被中国游客拒绝后丧失了自信，如：

（36）因为连续被拒绝。上前去搭话时，看到中国游客莫名其妙的表情就失去了自信。[int.－S]

我们认为这是因为课前准备不充分，学生没有心理准备，受到的打击较大。对于"基础能力不足"与"准备不足"的问题，我们可以改进课前准备的环节。

首先，关于学生的中文"基础能力"，虽说无法在短时间内大幅度地提高，然而学生的发音、听力、口语表达等能力，只要在课前准备环节多做模拟练习，就能有所提高。例如，就发音的问题，更多地设定一些时间，在各个小组内练习后由教师来加以纠正。其次，有关听力，我们有必要针对每一个提问设想一些答案并要有一定的知识储备。因为，如（34）所述，有些学生往往听不懂中国游客回答的内容，特别是地名等专有名词。因此，有选项的就多读以便将其发音和意思联系起来记住，无选项的则多设想一些答案。若其答案涉及地名，可以用地图确认一些主要省会、城市的发音以便加强知识储备。

至于被游客拒绝的问题，我们需要提前讨论这种影响活动进行的因素，并想出解决办法，这样学生有了心理准备就可以应对了。以下是学生在总结里提出的意见：

（37）应该多思考被游客拒绝后用中文怎么应对。[（8）－L]

（38）为了让游客知道我们的问卷调查不会耽误很长时间，应该事先考虑向他们说明的方法。[（8）－S]

因此，我们需要事先讨论妨碍活动进行的因素有哪些，用什么话语来说服中国游客配合我们的活动。在此过程中，学生的口语表达能力也会有所提高。

此外，从长期的学习计划来看，作为教育现场的教师，我们一方面需要通过日常的课程来提高学生的中文运用能力；另一方面，我们还需要设计更多的教学方案或项目，让学生多实践，用中文与中国人交流。

七、结语

本文概括了以学生为主导的问卷调查活动的教学策略以及实践内容。

首先，我们通过对 OECD《Education 2030》的方针的分析，了解到应该让学生具备哪些素养。然后，将这些能力放到围绕我们的环境中来进行梳理，便能得出结论：需要培养学生的"合作能力"与"个人负责能力"。

为了培养学生的上述能力，我们采用合作学习的模式进行了以"吸引中国游客到日本郊区进行旅游观光及消费"为内容的问卷调查。由课前准备到进行问卷调查，我们构建了基于中文能力差异的学习小组，以便相互帮助共同达成目标。

从学生对问卷调查活动的总结来看，我们的活动有利于培养学生的合作能力。学习小组内产生了"积极互赖"和"面对面的促进性相互交流"。

另外，从设定问卷内容到进行调查，为了培养学生的个人负责能力，我们都将任务落实到个人。这样做的话，学生意识到自己的行为会直接影响到小组整体的成绩，应该对自己的行为承担责任。

然而，这次参加问卷调查活动的人数有限，为了进一步确认教学实践的可行性和效果，我们今后将继续实践并分析其结果。

对日汉语教学研究文献分析[*]
——以两本中文核心期刊（1990—2017）为例

刘光婷

据悉，2017年有近50万外国留学生来华学习，日本为前10位生源国之一。从学科分布来看，文科类专业的学生数量仍排名首位，占总人数的48.45%。聚焦日本境内的汉语学习情况，自2005年第一所孔子学院在立命馆大学成立至今，10余年来学习汉语的人数一直持续增长。为了不断提升对日汉语教学质量，相关问题愈来愈为学界所关注。已有研究表明，荀春生的《对日本留学生的翻译课教学》（1979）可看作新中国第一篇对日汉语教学研究文献，具有举足轻重的奠基作用和开创意义。20世纪90年代起，各类研究成果逐渐增多。近年来，这一领域的学位论文数量呈明显上升趋势；同时，着眼于不同视角、不同时间节点的综述类文章也频频刊出。例如，亓华（2001）从文化教学的角度对新中国的对日汉语教学情况做了述评；朱勇（2007）为我们勾勒出了21世纪初对日汉语词汇教学的研究现状；崔立斌（1997）梳理了近20年（1979—1997）对日汉语教学研究的脉络；娜仁图雅（2007）对半个世纪（1950—2006）以来的对日汉语教学研究史做了较为细致的回顾，时间跨度较大。其余涉及语音、语法、教材等领域对日汉语教学具体问题的研究成果也较为丰富，这里不再赘述。

我们认为，汉语教学的国别化研究是深入对外汉语教学研究的有效途径之一。已有的述评类成果或从宏观角度全方位探索对日汉语教学现状，考察

---

* 本文作者刘光婷，北京第二外国语学院，文化与传播学院，北京，100024。

的文献出版时间跨度少则5年，多则半个世纪；或从语音、语汇、语法、文化等微观视角切入以展示学界对某一具体问题的关照。本文拟取法乎中，做一中观研究，以两本《中文社会科学引文索引》（CSSCI）来源期刊（中文核心期刊）——《世界汉语教学》和《语言教学与研究》所刊载对日汉语教学研究文献（1990—2017）为例，管窥一下近30年来学界在对日汉语教学领域所取得的成果，对相关热点问题、研究方法及其得失成败做一分析，以期为今后海内外学者的对日汉语教学研究提供借鉴。

一、对日汉语教学研究文献分布概况

我们选取两本中文核心期刊——《世界汉语教学》和《语言教学与研究》，对其1990—2017年所刊载的全部文献进行检索，共得到对日汉语教学研究相关论文62篇。其中《世界汉语教学》刊载40篇，《语言教学与研究》刊载22篇。

（一）文献作者分布概况

检索到62篇论文共涉及作者78人次，其中中国学者63人次，日本学者15人。中国学者在研究队伍中的主流地位尽在情理中，但15位日本学者以国内刊物为平台，积极参与相关问题的探讨，使我们看到了在日本"汉语热"的大背景下，两国学者之间的交流合作也日益加深。这无论对于解决对日汉语教学过程中的具体问题，还是促进汉语国际教育这一学科的发展都是非常有益的。

（二）文献主题分布概况

62篇论文的研究主题结合发文数量大致分布如下：语音12篇；习得8篇；教材7篇；日本汉语教学概况介绍6篇；教学法与教学模式5篇；语法4篇；汉字4篇；汉日语言对比4篇；语言测试3篇；语用、阅读各2篇；综述、语汇、语篇、文化、写作各1篇。

需要指出的是，随着学科间的互通，很多成果呈现出跨界、交叉的面貌，比如我们统计过程中有4篇主题为"语音习得"的文章，该如何归类呢？鉴于语音教学研究成果总体比较丰富，我们选择将其看作语音教学研究的一个分支，归入"语音"类而非"习得"类文献。这样也便于从总体上把握语音教学研究的全貌。

上述数据表明：一方面，近30年来，对日汉语教学研究已涉及此领域的方方面面；另一方面，语音教学相关问题在该领域"居热不下"。这一趋势也与二语习得的一般规律相吻合。Robert lado（1957）指出，二语习得过程中，学习者会倾向于把母语的特征迁移到目的语中，而这种迁移在语音层面表现得最为明显。因此，语音层面的汉日对比研究及语音习得、教学问题一直备受学界关注。

自钱旭菁（1997）的《日本留学生汉语趋向补语的习得顺序》以及王珊（1997）的《日本留学生汉语学习的感知结构分析》两篇文章起，至西香织（2017）的《基于会话的日本汉语学习者理解型交际策略分析》，我们共检索到"习得"主题的论文8篇，为该领域的热点问题之二。这依然与二语习得研究的基本演变轨迹相一致。我们知道，传统语言教学以"教"为中心，教学研究关注"教什么、怎么教"的问题。例如，在我们的统计数据中，1990年仅有的一篇文章为李行健、折敷濑兴的《日本人可以很快学会汉语吗——一种新的教学方法的探索》，属于教学法的范畴，在一定程度上印证了我们的理论认识。但随着第二语言教学理论与实践的发展，学界慢慢发现，二语教学中，学习者学什么、怎么学的问题同样很值得研究。因此，20世纪90年代后，特别是进入21世纪以来，是汉语习得研究的大发展时期。虽然我们此次考察的文献范围有限，但1997年至2017年这8篇论文的刊发情况，很好地说明了当下习得研究在汉语教学研究中的重要价值。

针对教材的文献为7篇，占比较大。结合发文时间，王顺洪（1991）《近十几年来日本的汉语教科书》问世较早，且为综述类成果。此后该平台便未刊载针对教材的研究成果。2000年以后，以教材为考察对象的研究相对比较集中。如吴丽君（2003）《〈琉球官话课本研究〉评述》；石汝杰（2004）《日本的汉语教科书及其出版情况介绍》；李无未、陈珊珊（2006）《日本明治时期的北京官话"会话"课本》；等等。可以看出，此时的教材研究或是回望历史，或是粗线条的书目介绍。而近10年来，对日汉语教材的研究在关注点和方法上都显得更为科学、细致。如周小兵、罗宇、张丽（2010）《基于中外对比的汉语文化教材系统考察》，"根据学习目标、学习对象、内容选择、语言难度和练习设计等指标对九部汉语文化教材进行系统考察，并对比中外二语文化教材"①；周小兵、陈楠（2013）《"一版多本"与海外教材的本土化研究》，"对比两种'一版多本'的母本（英语版）与其他语种版教材，从语音、词汇、语法、文化等方面考察后者的本土化特征。并对'一版多本'教材编写的本土化提出建议"。②陈楠、杨峥琳（2015）《基于学习策略的汉语教材练习本土化研究》中，作者对比三部在美、日、韩广泛使用的汉语教材，指出其练习策略存在较大差异。同时，参照颇具代表性的英、日、韩语二语教材，探讨汉语教材体现的学习策略与当地教学法、课堂现状及学习者需求的匹配情况。"推动本土化教学是对外汉语发展的方向"已成为当下学界的共识，这些成果均可以看作本土化教学研究在教材领域的积极探索。

（三）文献发表时间分布概况

纵观检索所得62篇论文，1990—1999年这10年间的发文数量为24篇；2000—2009年此10年为26篇；2010—2017年这8年共刊载论文12篇。从直观数字来看，21世纪前10年文献比重略占优势，但并不明显。同时，近10年学界在对日汉语教学研究方面的产出应该是明显增加的，这里为何却呈下降趋势？原因之一也许如引言所说，近10年的成果多以学位论文的形式呈现，这是本专业研究生教育的日益发展与对日汉语教学实践的不断深入共同作用的结果。细观之，1995年（4篇）、1997年（6篇）、2004年（4篇）以及2005年（4篇）可以看作这一平台下成果较为繁荣的几个节点。究其原因，20世纪90年代中后期，国别化的对外汉语教学研究逐渐兴起，也有效地促进了对日汉语教学研究的开展。结合主题来看，1995—2010年，语音问题得到持续关注；90年代的考察重点在于语音、习得以及对日本教学情况的介绍方面；2000年以后教材研究成为新的热点。

以上，我们从三个角度对所得文献的分布情况做了梳理。接下来，我们

---

① 周小兵，罗宇，张丽. 基于中外对比的汉语文化教材系统考察［J］. 语言教学与研究，2010（5）.

② 周小兵，陈楠. "一版多本"与海外教材的本土化研究［J］. 世界汉语教学，2013（2）.

以成果较为集中的"语音"和"习得"研究为窗口,透视一下对日汉语教学研究的基本情况。

二、"语音"相关文献分析

本次考察对日汉语语音教学研究文献共 12 篇,具体分布概况大致如表 1 所示。

表 1　对日汉语语音教学研究文献分布概况

刊载时间	1995	1997	1998	2001	2002	2004	2005	2008	2009	2010
文献数量	1	2	1	1	1	1	1	1	2	1
文献主题	语音对比语音教学	鼻韵母 / 初级语音教学	声调	高元音	鼻音韵母习得	不送气/送气辅音	卷舌声母习得	元音习得	元音习得 / 不送气/送气辅音	声调
研究方法	描写	调查+实验/描写	实验	实验	实验	实验	实验	实验	实验	实验

据表 1 可知,10 余年来,对日汉语语音教学研究涉及元音、辅音、声母、韵母、声调等各个层面。20 世纪 90 年代中期,研究主要借助传统的对比分析法,而后辅以调查法和实验法,至 21 世纪,则全面运用实验法不断深化考察。因此我们认为,对日汉语语音教学研究不仅在文献数量上占一定优势,方法的科学性也极大地保证了研究的质量。

余维(1995)认为造成日本学生汉语语音听力差、发音难等问题的原因有二:一是日语本身的语音音素较之汉语要少很多;二是日汉相同的同位语音音素也极少。所以作者"采用对比语言学的方法,主要就日、汉语的元音在数量、分布的范围、音值等差异上的特征进行对照分析,并根据汉语语音的难易度分类"①，以此探讨对日本学生的语音教学重点及难点解决办法。余文对两种语音体系全方位的差异描写，对于教师预测日本学生可能出现的偏误并正确处理教学中的重点问题无疑是很好的理论支撑。但是我们知道，这种"差异＝难点＝错误"的"强势对比分析假说"存在一定的问题。正如Littlewood 指出的，"差异的来源是语言描写和对比，难点的来源则是心理过程"②，二者之前未必存在必然的联系。这类文献可以看作早期语音教学研究的典型代表。

　　声调问题也是语音教学的难点问题之一。刘艺针对四位学习了 1~2 年汉语的日韩发音人录音材料，利用语音分析软件从调型和调域两个方面展开实验分析。文章指出，日韩学生的调域偏误占比较大，"很容易将阳平和去声这样的斜调念成低平调"。③ 20 世纪 90 年代，汉语偏误分析研究较为集中，而这种基于实证法的研究则是 90 年代后期偏误分析研究的主要特点之一。张林军从范畴化知觉的角度探讨了不同水平日本留学生对汉语声调的感知。他认为，"'零起点'学习者对声调的知觉是连续性的，初级水平的学习者汉语声调的范畴化知觉能力显著提高，中级水平的学习者汉语声调的范畴化知觉能力接近母语者的水平，但精细化程度有待提高"。④ 该研究运用Praat 软件制作了从阴平到阳平的连续体语音材料，并采用语音范畴化研究的经典任务范式——识别任务和区分任务，对日语母语者的汉语声调知觉特征进行了实验分析，是针对"母语在二语习得过程中所起作用"这一问题在语音层面上的一个精细化研究。

　　此外，王韫佳、上官雪娜通过实验法研究了日本学习者对汉语普通话送气/不送气范畴的加工模式。他们指出，"尽管'送气'不是日语音系中的区别性特征，但由于日语中的清塞音/塞擦音具有送气变体，因此日本学习者

---

① 余维. 日、汉语音对比分析与汉语语音教学［J］. 语言教学与研究，1995（4）.
② 刘颂浩. 第二语言习得导论——对外汉语教学视角［M］. 世界图书出版公司，2007：66.
③ 刘艺. 日韩学生的汉语声调分析［J］. 世界汉语教学，1998（1）.
④ 张林军. 日本留学生汉语声调的范畴化知觉［J］. 语言教学与研究，2010（3）.

仍然能够较好地在感知和发音中区分普通话的不送气和送气辅音两种音位范畴"①,但是母语会影响这两种范畴的加工模式。张林军则进一步探讨了如何提高日本留学生对汉语送气/不送气音的范畴化感知能力问题。

元音方面,温宝莹从发音的准确性和集中性两个角度对日语学习者/a i u y/等7个元音的习得顺序进行了考察。文章认为,二语语音习得过程中,普遍语法和母语迁移同时起作用,但学习者母语和目的语语音的相似性决定了二语语音的习得速度,普遍语法只能促进或阻碍习得进程,不能决定习得顺序。

综上,对日汉语语音教学研究涉及面较为广泛,基本围绕对比分析、偏误研究、习得过程等几类问题展开,方法日趋科学,研究日渐深入。

三、"习得"相关文献分析

本次共检索到"习得"主题研究成果8篇,具体分布概况大致如表2所示。

表2 对日汉语教学习得研究文献分布概况

刊载时间	1997年		1998年	1999年	2006年	2011年	2012年	2017年
文献数量	2		1	1	1	1	1	1
文献主题	学习者		学习者	学习者	汉字习得	词汇习得	学习者	学习者
	语法习得							
研究方法	描写/调查		调查	调查	实验	实验	实证	实证

由表2可知,与对日汉语教学相关的习得研究自1997—2017年的20年基本包括学习者研究和语言要素习得研究两大模块。其中学习者研究主要涉及对学习策略、感知结构、跨文化交际敏感度和效能感等问题的研究;语言要素习得研究则主要探讨了语汇、语法以及汉字的习得问题。从研究方法上来看,主要有调查法、实验法与实证法等,多种方法并行使用。

王珊主要运用描写的方法,以感知结构理论为工具,对日本留学生的汉

---

① 王韫佳,上官雪娜.日本学习者对汉语普通话不送气/送气辅音的加工[J].世界汉语教学,2004(3).

语学习特点进行了分析，进而从课程设置、弹性编班制度、课堂设备条件、课外教学延伸、教材设计等方面入手，对日本留学生的细分式教学设计提出了设想和建议。应该说此研究秉承了"以提高二语教学效率为目的"这一二语习得研究的传统。

徐子亮采用了访谈、语言行为记录、问卷调查等方法，调查了不同背景的学习者60人，其中日本学习者14人。文章主要从有选择的注意策略；有效记忆的策略；利用或创造学习环境的策略；补偿策略；回避策略；借用母语的策略；摆脱母语、习惯再建的策略等多个角度分析了外国学生汉语学习策略的认知心理。作者偶尔也运用了对比的方法，指出欧美学生和日韩等亚洲学生在回答问题时存在差异。但大多数情况下，此研究并未对实验数据做区分，可以说得出的是针对外国学生较为普遍的学习策略。

西香织则"以10名日本中高级汉语学习者为对象，以录制的汉语访谈调查及跟踪调查为材料，对受试者在听不懂访谈者的提问内容时采取的交际策略进行了分析"。① 文章指出，要求澄清的策略中以回声［↑］间接要求澄清/重复策略最为常见；其次为"XX是什么意思？"等直接要求澄清策略；再次为"嗯？"等间接要求重复策略。对中高级水平的学习者来说，直接要求澄清策略是最主要且有效的解决理解问题的方法。这一研究对提高学习者的口语交际能力具有很强的指导意义。

钱旭菁通过统计日本留学生的作文和问卷调查中初、中、高三个阶段趋向补语的准确度顺序，对日本留学生趋向补语的习得顺序展开了调查研究。文章对趋向补语做了切分，并根据学生的自然习得顺序列举了如"动词不带宾语的简单趋向补语""动词不带宾语的复合趋向补语"等10小类趋向补语的出现次序。

语言要素习得研究方面，较新的如李冰研究了词形对汉语词汇习得的影响。文章认为，完全同形词学习效果好，繁简词和细差词学习效果差。学生级别越高，对三类词形的词掌握得越好。从词形角度研究词汇习得，这篇文章做了很好的尝试。

---

① 西香织. 基于会话的日本汉语学习者理解型交际策略分析［J］. 世界汉语教学，2017（1）.

综上，汉语习得研究发展至今 30 余年，越来越受到汉语教学研究的重视，对日汉语教学领域也不例外。

四、结语

我们以两本中文核心期刊——《世界汉语教学》和《语言教学与研究》（1990—2017）所刊载对日汉语教学研究相关文献为例，从文献分布概况、"语音"、"习得"研究等角度，梳理并分析了近 30 年来中国学者在对日汉语教学领域所做的不懈努力，以期能为今后海内外学者的对日汉语教学研究提供借鉴。

参考文献

[1] 李冰. 词形影响日本学生汉语词汇习得的实证研究［J］. 语言教学与研究，2011（5）.

[2] 钱旭菁. 日本留学生汉语趋向补语的习得顺序［J］. 世界汉语教学，1997（1）.

[3] 王建勤. 第二语言习得研究［M］. 北京：商务印书馆，2009.

[4] 王珊. 日本留学生汉语学习的感知结构分析［J］. 语言教学与研究，1997（1）.

[5] 温宝莹. 日本学生汉语元音习得的实验研究［J］. 语言教学与研究，2008（4）.

[6] 张林军. 知觉训练和日本留学生汉语送气/不送气音的范畴化感知［J］. 世界汉语教学，2009（4）.

面向泰国学习者的"天气预报"教学*

刘海燕　孔文文

　　本文是汉语教学国别化的具体案例，力图说明"交际沟通——关联对比——多文化共存意识"汉语教学，在海外的汉语教学中，当地化的落实可以有三个要点：一是采取汉语生活当地化，即贯彻汉语教学原型化原则；二是采取汉语观念当地转化，即适度采用创新的、不够标准规范的、夹杂的甚至是打破汉语系统的说法，作为汉语海外传播的辅助；三是采取当地化的教法，适应当地国风民情，补足汉语教师自身对中华文化的反思。

一、当地化汉语教学基本原则

　　面向泰国学习者的"天气预报"教学，是汉语国际教育当地化（localization）的一个具体案例。我们采纳李宇明、施春宏《汉语国际教育"当地化"的若干思考》（《中国语文》2017 年第 2 期）论述，用"当地化"的说法通称国别化、本地化、本土化、在地化等术语。

　　国别化汉语教材不仅是通用教材的不同语种的翻译，而且是注意选材内容结合当地的生活、文化以及观念。教材编写、教学过程等，都要有机地融入某些当地的要素。当地化，体现的是汉语教育逐步融入当地因素、逐渐具有当地特色的一种发展趋势，看起来是显而易见的事情，但是涉及的问题很多，甚至在冲击已有的汉语教学学科理论。

---

*　本文作者刘海燕、孔文文，中国传媒大学，人文学院，北京，100024。

基于语言工具论的"结构——功能——文化"汉语教学模式,已经造成抄袭、翻版的借口,当地化的汉语教学需求呼唤"交际沟通——关联对比——多文化共存意识"汉语教学。

关联指的是文化共识,这是沟通交流的基础。例如,"雨"似乎是不需要教学的,是非常浅显的。利用学习者自然而然的关联意识,我们可以由浅入深、循循善诱地安排教学内容。

对比指的是文化差异,这是认识的进展和加深。例如,"雨"的必有组合、可有组合以及偶然组合,都跟泰语不同。教师从相同开始启发学习者注意不同,通过学习者参与对比,形成探索型教学模式,由学习者的汉泰对比反观汉语特征,这也是对汉语研究的重要贡献。

多文化共存意识,指的是在汉语教学中需要落实双导向的教学意识,即教师不仅是一味地对学生进行灌输,还要在探索型的教学活动中反思中国人对汉语文化的理解,形成更加立体的中华文化认知。

本文结合汉语教学中的具体案例,希望探究"教学本体"当地化研究。"天气预报"是全球化的生活常用语,是初级汉语教学就会涉及的话题,但是显然中国的天气跟泰国的天气差别很大,需要在教学内容上有所取舍。我们认为,取舍的原则会有如下三点考虑。

二、汉语生活当地化——用汉语讲述中国

不管在中国还是在海外,汉语教学的目的都是培养学习者"涉华交际"能力,教学内容以"中国故事"为主,这是学习者应该树立的"信念",也应该是汉语教师的"信念"。也就是说,汉语教师需要关注学习者应用汉语进行交际的能力。要做到这一点,需要汉语教师一开始就树立"原汁原味"地教汉语的信念,即汉语教学原型化理念。

原型化,指的是概念家族中,有一些是最核心最典型的成员。汉语教学原型化就是无论在中国国内的对外汉语教学,还是在世界各地不同环境的汉语教学,都需要根据汉语本身最核心的规律性去教汉语。对于泰国的汉语学习者来说,学习天气词语时首先要明确汉语中的气候和天气概念,即介绍汉语中有关天气的最重要的基本概念,需要介绍汉语一年四季、春夏秋冬的概

念，中国一个季度3个月比较分明，汉语这些概念与中国的农业生产特点有关。汉语有关天气预报的词语，单音节的"雨、雪、阴、晴"等，体现了有关天气的基本定位和分类，相互之间的区别性语义特征形成天气、天象的语义场词族。双音节词由语素组合而成，形成"风力、风向""大风、狂风"等同素词族。……对外汉语教学，无论是面向哪个国家的学习者，都需要清晰地勾勒出中国语言生活本来的面貌，体现汉字和汉语自有的规律性。下面以"雨"为例进行说明。

汉语"雨"的概念不仅客观记录"rain"这种天气，更具有汉语组合的内在规律，包括必有组合、可有组合和偶然组合三种类型。

必有组合指的是跟"雨"必定会同现的那些语素，例如：

量名搭配：一场雨

形名搭配：大雨，中雨，小雨

动名搭配：下雨，降雨，淋雨，遮雨

名名搭配：雨衣，雨鞋

可有组合指的是汉语中跟"雨"有可能出现的搭配，如太阳雨、赏雨、流星雨等。

偶然搭配指的是较少出现的搭配，如烟雨蒙蒙、雨前茶等。

泰国是多雨的国家，泰语中关于"雨"的词汇无疑很多。泰语中的"ฝน"基本等同于汉语语素"雨"，例如汉语并列式复合的"风雨"，对应的泰语是 **ลมและฝน/ลมฝน**（风雨）。

上述汉语中"雨"的必有组合，泰语中基本都有对应的词语，所不同的是，汉语的复合式构词方式跟泰语的语素顺序不同。我们需要对学习者进行辨析说明。

对应汉语的形名搭配，泰语是"名+形"，例如：

ฝนตกเล็กน้อย小雨，**ฝนตกหนัก**雨，**ฝนตกปรอยๆ**毛毛雨；

对应汉语的名名搭配，泰语也是表示修饰限定的名词性语素在后面，被修饰限定的名词性语素在前面。

เม็ดฝน雨点，**ฤดูฝน**雨季，**ปริมาณน้ำฝน**雨量，**เสื้อกันฝน**雨衣，**น้ำฝน**雨水，**รองเท้าบูทกันฝน**雨靴

对应汉语的动名搭配，泰语是"名 + 动"。例如：
ฝนตก下雨，ฝนแห้ง无雨（干旱）

一个地区学汉语、说汉语的人多起来，就可能形成当地的汉语生活。泰国与中国自古以来在人文和经济方面交往密切，泰国有很多华人聚居社区，在密切的语言接触中，泰语中已经有了不少汉语词，其中大量借词是从潮汕话中借来的，集中在食物类、用品类、宗教风俗类等，如饺子เกี๊ยว、豆腐เต้าหู้、桌โต๊ะ、道教เต๋า等。在天气预报词语教学方面，相较于中国，泰国是多雨的国度，又有"雨季"这样一个中国没有的季节，本身就有丰富的词汇和表达手段表达跟"雨"有关的事物，例如汉语的"阵雨"不再有"大""小"之别，但是泰语ฝนตกห่าใหญ่直译是大阵雨。虽然有关天气预报"雨"的词语，不会出现泰语向汉语借词，但是我们可以强化汉语"雨"跟泰语"ฝน"的对应关系，设计像"ฝน啦，ฝน啦，雨天哪！"这样的小句子，让汉语的"雨"带着它的意义和声音，走入泰国学习者的生活之中。

三、汉语观念的当地转化——用汉语讲述泰国学习者身边熟悉的生活

汉字和汉语所表现的固有观念在对外汉语教学与传播中，可以出现当地转化，可以发挥对另一种文化理解、尊重和交流互动的作用。

过去很长一段时间，泰国华人受当地生活环境等因素影响，使用一种泰国华语社区特有词语，它们所表达的概念往往是现代汉语中没有的，如"排楼""饭盘""紫色钞票"等，这种特定的海外汉语方言需要我们关注，海外华语社区的汉语以及汉语学习者的汉语都不能简单地用"标准不标准、纯正不纯正"来看待。过去很长一段时间，泰国留学生到中国来学习汉语，有经验的汉语教师也会在强调教授"纯正的汉语"的同时，接纳、关注和研究各种各样"奇怪"的中介语。现在更多的是中国教师、志愿者教师到海外环境教学。资料显示，截至 2018 年 12 月 31 日，泰国共有 16 所孔子学院，20 个孔子课堂，已经成为东南亚地区拥有孔子学院和孔子课堂最多的国家。截至 2019 年 3 月，国家汉办已累计向泰国派出了 17 批志愿者，其中 2013—2019 年每年的志愿者人数基本保持在 1600 ~ 1700 人。随着汉语在泰国的快速传播，甚至逐渐形成了以"泰国汉语传播模式"为圆心的各方面研究。在汉语国际教育的迅猛发展形势下,人们越来越注意到,汉语国际教育的终极目标是汉语成为国际语言。

什么是国际语言呢?国际语言与世界语言不完全一样,国际语言指的是以某一种语言(以及文化)为主,但是可以让不同社会文化背景和不同族裔的人在平等基础上进行交流并有一定认同感的"通用语"。主动和积极的汉语教学使得汉语走出中国国门,让汉语到达更广泛的地域,也达到使用上的更大幅度的宽度。下面尝试就天气预报词语中"雨"的教学来分析国际汉语教学的内涵。

(一)不讲或者缓讲汉语特有的观念

天气词语一般是在汉语学习的初级阶段学习的,汉语特有的"雨"字组合可以不讲或者缓讲。例如"春夜喜雨"是中国特定地区才有的对春雨的感受,"烟雨蒙蒙"是我国江南地区特有的意境。泰国是多雨国家,又是临海的国家,多数情况下,雨和雾都是来得多、来得快。有 **หมอกปาง** 小雾、**หมอกหนา** 大雾和 **ครึ้มหมอก** 大雾蒙蒙等天气。对于泰国的学习者来说,无须一开始就过多地解释"春雨贵如油""烟雨江南"等词语的文化内涵。

(二)用汉语转述泰语观念

李泉(2015b)曾提出"双轨制"的多元标准设想:语言标准上,采取"普通话"和"大华语"双标准;文字标准上,采用"规范汉字"和"汉语拼音"双标准。我们理解这种多元标准就是放宽汉语原有的规范原则,部分使用符合汉语创新规律的新词语表述海外环境中才有的风土人情物产,让走出国门的汉语表述当地内容,用汉语讲述"当地故事"。尤其是在初级汉语教学阶段,容忍少量的夹杂和不标准。

1. 可以采用音译方式转述泰语概念

泰语表示"你好"意思的"萨瓦迪卡",现在在中国年轻人中间已经开始流行。这跟中泰两国经济往来以及民间交往越来越频繁有关。

泰语常在句末加(naa)或(naka)作为句末语气词,表达礼貌的语气词,女性用"ka",男性用"klap",汉语学习者受母语惯性的影响,也常在说完一个汉语句子后加上泰语的语气词,如"你好 ka/klap",我们可以设想把"ฝน啦,ฝน啦,雨天哪!"写作"ฝน啦,ฝน啦,雨天 na!"更加自然贴切。

2. 用汉语直译泰语词

"พายุฝน"直译是"风暴雨","暴风雨"更符合汉语的表达习惯,但是初级汉语教学的天气预报教学,不妨使用"风暴雨",使得"风""雨"和"暴"语素得以对应理解。

ฝนไล่ช้าง的汉语是"飑",音"彪",是泰国一种突然发生的持续时间短促的强风,飑过境时会出现风向突变、风力突增,往往伴有雷雨、冰雹、龙卷风等剧烈天气。汉语的"飑"很不常用,用汉语"骤风""怪风"翻译比较符合现代汉语表达特点。

3. 用汉语翻译泰国特有的天气词语

泰国地处热带,属于热带季风气候,全年炎热,3月到5月这3个月气温最高,6月到10月这5个月集中了全年85%的降水,11月到次年2月这4个月温度适宜,较为干燥。泰国的这三个季节,汉语词汇系统中已有的词语是"雨季",雨季前的季节直译是"热季",雨季后的季节直译是"雨水少的季节",翻译为旱季比较接近汉语习惯,但是这个季节的特点是比起热季和雨季来说干燥凉爽,可以翻译成凉季。热季和凉季,都是汉语没有的词。汉语中"台风"一词含有灾难性天气的意义,很少使用"风灾"这个词,泰国的วาตภัย可以翻译成"风灾",不同于一般所说的"台风",也符合汉语构词规律。同理กระแสความร้อน可以翻译成"热流"。

泰语"雨"家族以及泰国当地天气预报中的众多词汇,可以看作汉语词汇系统外"潜在的新词语"。中国派遣教师可以跟当地的华语社区、中国公司和中国家庭,懂得汉语的人才及中国商贸、文化等方面的人才学习,关注泰国人的语言生活,将汉语原来没有的观念转述出来,甚至引入汉语词汇系统。

四、教法的当地化

教法的当地化,指的是除了教材设计、教学内容和步骤的编制更有针对性之外,还要注意结合学习者的个性特征、当地教学机构的传统安排教学,采取适合当地国风民情的教学方法。

教法的当地化就是教学模式当地化，首先需要推进教师当地化。一方面，中国教师可以参与泰国本土汉语教师培训，培训内容、体系和方法，应该科学化规范化，帮助当地汉语教师成为"种子教师"，带动初级汉语学习者学习；另一方面，中国派去的教师要向当地教师学习，更加充分地利用当地的语言资源、文化资源，借鉴参照当地教师的教学工作、教学评测和教育管理。参与当地语言教师和研究者用汉语对译、编写专业词汇词典，参与组织职业化汉语测试考核。

教法的当地化，还可以利用当地媒体传播，关注当地汉语的华人社区变异，结合当地语言生活进行汉语教学。例如有关天气预报词语的教学，适度地用汉语翻译和转述当地的报纸、电视中的天气预报，把天气预报词语用来作为见面寒暄、师生问好的方式，在使用中熟悉，在使用中调整，逐步贴近汉语表达习惯。

教法的当地化，应该注意将中国特色的教学内容，以体验、吸引兴趣的方式慢慢渗透。例如，有关天气的中国古典诗词的介绍，需要配合影视节目、文艺演出等方式进行，而不是单一的课堂灌输。2004年开始，泰国教育部就将汉语列入高考的外语考试科目，汉语进入泰国的主流教育体系，再加上政府的大力推动，名校和名人在学习汉语上的引领，如诗琳通公主一直坚持学习汉语。现在选择参加汉语高考的泰国学生越来越多，汉语成了这部分学习者的硬性需要。"中医汉语""武术汉语"等"中国特色"鲜明的课程，首先是可以吸引当地人兴趣，可作为中华文化教学的补充，同时结合泰国当地的文史哲、政治、法律、理科、工科、医学等专业的"专业汉语"，应用于商务、经贸、外交、军事、媒体、公司、航空、旅游、酒店等业务的"业务汉语"教学需求都在逐年增加，专门用途汉语实用性很强，越来越向中级汉语教学和初级汉语教学渗透，专门用途汉语教学可以适应当地民众需求循序渐进地展开，所需教学量要与当地的学制、学时相匹配，注意语言教学服务的当地化。

教法的当地化需要我们关注当地学习者的语言学习习惯，特别是自主学习方式。泰国的汉语教学历史悠久，从当下泰国汉语教学情况看，汉语教学当地化已经进入中小学，李宇明《海外汉语学习者低龄化的思考》（《世界汉语教学》2018年第3期）指出，少年儿童凭兴趣习得语言，最易建立语感和语言感情，甚至产生跨文化认同。汉语教育进入泰国中小学，是一种深层的本土化。中国教师感觉泰国中小学生天性活泼，又比较"慢性子"，学习态度较为散漫，所以不太适合大批量抄写生词、背诵课文的教法。派往泰国的中国教师领会和掌握泰国汉语教学特定的"教学汉语""教师汉语"的研究是急需。

"泰国一年中只有三个月热，其他九个月，很热！"这是一个有名的笑话，体现了泰国人对炎热天气的乐观态度，泰国人不把"多雨""洪水"看作"水灾"，对灾难性天气也充满感恩之情，这大概与佛教思想的影响有关吧。对于泰国的汉语学习者来说，中华文化是一个兴趣盎然、值得探索深入的领域，而对于在泰国语境中从事汉语教学工作的教师来说，应该是中华文化教学资源的提供者、是探究型汉语学习的辅助者与合作伙伴，因为在双导向教学意识下，教师也可以反思中国人对汉语文化的理解，形成更加立体的中华文化认知。

参考文献

[1] 李宇明，施春宏. 汉语国际教育"当地化"的若干思考 [J]. 中国语文，2017（2）.

[2] 陈保亚. 语势：汉语国际化的语言条件———语言接触中的通用语形成过程分析 [J]. 语言战略研究，2016（2）.

[3] 董淑慧. 汉语教材编写的本土化特征———基于《汉语教科书》（1954）与通用性教材、"一本多版"的比较 [J]. 海外华文教育，2014（1）.

[4] 郭熙关于华文教学当地化的若干问题 [J]. 世界汉语教学，2008（2）.

[5] 郭熙. 华文教学概论 [M]. 北京：商务印书馆，2007.

[6] 洪历建. "国际汉语"：作为"国际性语言"的汉语如何发展 [J]. 华东师范大学学报（哲学社会科学版），2014（6）.

[7] 李泉. 汉语教材的"国别化"问题探讨 [J]. 世界汉语教学，2015

(4).

[8] 李泉. 国际汉语教学的语言文字标准问题 [J]. 语言教学与研究, 2015 (5).

[9] 李如龙. 论汉语国际教育的国别化 [J]. 语言教学与研究, 2012 (5).

[10] (泰) 李泰盛. 泰国华文特有词语使用状况 [J]. 云南民族大学学报 (哲学社会科学版), 2009, 26 (2).

[11] 李宇明. "一带一路"需要语言铺路 [N]. 人民日报, 2015 – 09 – 22 (07).

[12] 李宇明. 全球华语大辞典 [M]. 北京: 商务印书馆, 2016.

[13] 陆俭明. 汉语国际传播中的几个问题 [J]. 华文教学与研究, 2013 (3).

[14] 施春宏. 从泰式华文的用词特征看华文社区词问题 [J]. 语文研究, 2015 (2).

[15] 王若江. 由法国"字本位"汉语教材引发的思考 [J]. 世界汉语教学, 2000 (3).

[16] 王若江. 对法国汉语教材的再认识 [J]. 汉语学习, 2004 (6).

[17] 吴映辉, 央青, 梁宇, 等. 泰国汉语传播模式值得世界借鉴——泰国汉语快速传播模式及其对汉语国际传播的启示 [J]. 汉语国际传播研究, 2012 (1).

[18] 邢福义, 汪国胜. 全球华语语法研究的基本构想 [J]. 云南师范大学学报 (哲学社会科学版), 2012 (6).

[19] 于锦恩. 民国时期华文教材语言资源的当地化 [J]. 渤海大学学报 (哲学社会科学版), 2011 (6).

[20] 于锦恩. 民国时期华文教育本土化探析———以国语文教材的编写为视角 [J]. 华侨华人历史研究, 2014 (3).

[21] 张英. 日本汉语教材及分析 [J]. 汉语学习, 2001 (3).

[22] 赵金铭. 何为国际汉语教育"国际化""本土化" [J]. 云南师范大学学报 (对外汉语教学与研究版), 2014 (2).

美国 CBI 汉语教学模式浅析*

魏　来　杨玉玲

本文首先对 CBI 的理论及其在美国汉语教学中的应用进行了介绍，并以实际教学案例的形式进行呈现，建立了对 CBI 教学理念的整体认知，同时分析其优缺点，提出对国内汉语作为第二语言或外语教学领域的启发。

一、引言

"基于内容的教学"（content-based Instruction，CBI），作为一种教学理念，在英语等印欧语作为第二语言或外语教学领域早已被广泛应用，且研究成果也比较丰硕，从课程设置到教学过程，从评估标准到教师培训等都均已有较全面的涉及。但遗憾的是在汉语作为第二语言或外语的教学领域至今并没有引起真正的关注。那么什么是 CBI？其理论基础、特点、在实际应用中的优缺点是什么？在汉语教学中的应用如何？我们如何"拿来"为汉语教学提供新思路？本文拟就 CBI 在美国汉语教学的应用为研究对象，希望对国内对外汉语教学领域有所启发。

二、CBI 及其相关理论

（一）何谓"基于内容的教学"

"基于内容的教学"也称基于内容的语言教学（content-based language teaching），是指将特定内容与语言教学目标相结合的一种教学理念（Brinton,

---

* 本文作者魏来、杨玉玲，美国 Middlebury College；北京语言大学。

Snow & Wesche，1989）①，即通过内容来学习目标语言（Richards & Rodgers，2001）②。CBI 中的"内容"是指用于目标语言教学或学习目的的题材（subject matter）③（Brinton, Snow & Wesche, 1989），这种内容不一定是学术性的，可以是任何主题（theme）、话题（topic）或对学习者来说感兴趣或重要的非语言问题（Genesee, 1994）④。它可以是某一学科内容，也可以是某部时下流行的电影。因此，更准确地说，CBI 是在学习活动中将学习题材与语言通过多样且系统性的方式进行联结的一种教学理念（Davison & Williams, 2001）⑤。

（二）CBI 理论基础

CBI 教学理念最早源于 20 世纪 60 年代加拿大的沉浸式教学，由 Widdowson 最早提出语言与学科教学是可以相互结合的，20 世纪 80 年代，Mohan1986 年发表的《语言与内容》使其逐渐兴起⑥。CBI 强调学习者在交流或学术环境中能够与真实的、语境化的、语言上具有一定挑战性的材料进行互动（Richards & Rodgers, 2001）⑦，其理论基础包括 Krashen 的可理解性输

---

① Brinton, D. M., Snow, M. A., & Wesche, M. (1989). *Content-based second language instruction.* New York：NY：Newbury House.

② Richards, J., & Rodgers, T. (2001). *Approaches and methods in language teaching.* New York：Cambridge University Press.

③ 对 subject matter 翻译成中文"题材"，参考：姚小平. 研读索绪尔——《普通语言学教程》（第三度讲授）中的 langue、langage、parole［J］. 外语教学与研究（外国语文双月刊），2003，35（5）.

④ Genesee, F. (1994). *Integrating language and content：Lessons from immersion.* National Center for Research on Cultural Diversity and Second Language Learning：Educational Practice Reports, No. 11. Washington, DC：Center for Applied Linguistics. Retrieved from http：//www. carla. umn. edu/cobaltt/modules/principles/Genesee1994/READING1/genesee1994. htm

⑤ Davison, C., & Williams, A. (2001). Integrating language and content：Unresolved issues. In B. Mohan, C. Leung, & C. Davison (Eds.), *English as second language in the mainstream：Teaching, learning and identity* (pp. 51–70). Harlow, UK：Longman.

⑥ 徐婧. 国内外 CBI 教学法研究综述［J］. 剑南文学（经典教苑），2012（7）.

⑦ Richards, J., & Rodgers, T. (2001). *Approaches and methods in language teaching.* New York：Cambridge University Press.

入假说(comprehensible input hypothesis)、Swain 的输出假说(output hypothesis)、Cummins 的双层技能模型(two-tiered skill model)①和建构主义(constructivism)。

　　Krashen(1985)②可理解性输入假说认为只有向学习者输入略高于其现有语言水平的第二语言时,学习者才能更好地习得该语言。同时 Krashen(1991)③也提出用目的语教授学科知识,在获得学科知识的同时习得语言。这符合 CBI 在教学中强调学习的内容是真实且有意义的,在语言上有一定的挑战性。

　　在实际应用中,只有可理解性的输入如听和读是不够的,准确的输出如说和写对于二语学习者来说也是至关重要的,Swain(1985)④的输出假说强调学习者在学习二语时应关注语言的输出,尤其是在内容学习的活动中关注那些相关的与上下文相适应的语言形式。而 CBI 是将听、说、读、写技能整合在一起,在真实的环境中像习得母语那样学习第二语言或外语。

　　双层技能模型认为学习者在语言学习过程中应发展两种能力,也就是基本的人际交往技能(basic interpersonal communication skills,BICS)和认知学术语言能力(cognitive academic language proficiency,CALP)。Cummins(1981)⑤认为学习者在传统的课堂中很难获得学术语言能力,这就为学生进入学术语言环境造成了一定困难。要想获得这种能力,需要为学习者加入更加复杂的多学科内容。因此,CBI 在教授语言的同时也为学生提供了一个可以过渡到学术语言环境当中学科内容学习的缓冲带,使学生在进入学术语言环境前提前掌握一定的学术语言能力。

　　20 世纪 90 年代,认知学习理论之一的建构主义得到人们的关注和推崇,

---

① Heo, Y. (2006). Content-Based Instruction. *TESL Working Paper Series*.
② Krashen, S. (1985). *Input Hypothesis: Issues and Implications*. New York: Longman.
③ Krashen, S. (1991). Sheltered subject matter teaching. *Cross Currents*, 18 (2), 183–189.
④ Swain, M. (1985). Communicative competence: Some roles of comprehensible input and comprehensible output in its development. In S. Gass, & C. Madden (Eds.), Input in second language acquisition (pp. 235–253). Rowley, MA: Newbury House.
⑤ Kasper, L. (2000). *Content-based college ESL instruction*. Mahwah, NJ: Lawrence Erlbaum.

建构主义认为有意义的学习就要经历情境，强调创设有利于学生对所学内容深入理解的情境。而CBI教学正好满足语言学习对这种情境的要求，并且更强调真实情境的重要性。正如美国教育心理学家奥苏贝尔所提出的有意义的学习是"新知识与学习者认知结构中已有的适当观念建立非人为的和实质性的联系"，是使"新知识与学习者原有知识网络中的符号、表象、概念、命题建立联系"①的过程。

（三）CBI的课程设置

1. 教学目标

Gibbons（2002）②提到，CBI的教学总体目标有三个：一是帮助学习者有意义有目的地使用语言；二是通过语言学习构建知识，培养学习者对主题和学习任务的理解；三是学习语言时，关注语言的形式。即学习者通过语言这种媒介学习新知识，同时又能关注所使用的语言本身。内容和语言在CBI教学中是相互配合相互协作的，那么在CBI的课程设置中教师就要根据学习者的需求同时设定语言目标和内容目标。在学科作为必须内容的教学中，其语言教学目标则是用来服务学科内容所需的专业词汇、语言知识等，这些语言知识能够帮助学习者成功掌握学科内容。在内容与语言兼容的教学中，教学目标并不一定要求学习者成功掌握学习内容。根据内容要求的不同，教师可以整合语言和内容分别制订出符合目标学生需要的教学目标。内容语言整合教学概念框架如图1所示。

2. 教学模式

那么根据CBI的教学目标以及学习者的语言水平、授课环境、考核内容等的不同可以将CBI的教学模式③分为以下四种：主题模式（theme – based approach）、保护模式（sheltered – content courses）、辅助模式（adjunct courses）和专题模式（language for special purposes）。

---

① 皮连生. 学与教的心理学［M］. 上海：华东师范大学出版社，1997：112.
② Gibbons, P. (2002). *Scaffolding language, scaffolding learning*: Teaching second language learners in the mainstream classroom. Portsmouth, NH: Heinemann.
③ 戴庆宁，吕晔. CBI教学理念及其教学模式［J］. 国外外语教学（FLTA），2004（4）；王士先. CBI——专业英语阅读教学的方向［J］. 外语界，1994（2）.

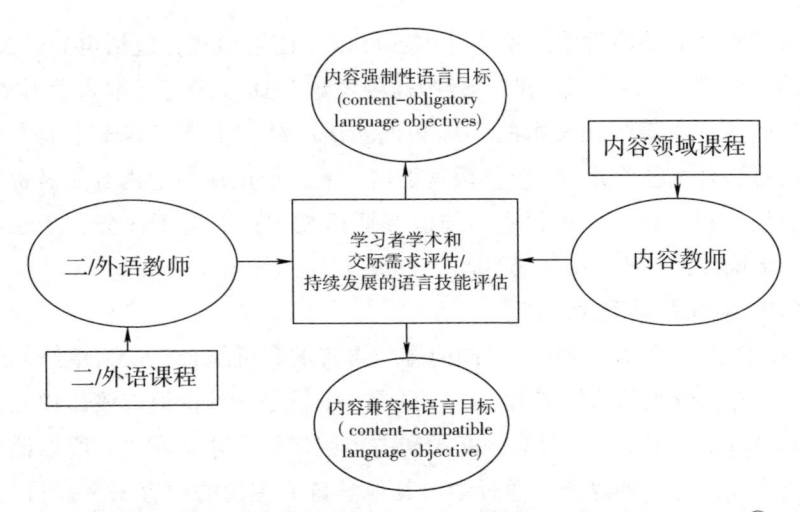

图1　内容语言整合教学概念框架（Snow, Met & Genesee, 1989）①

"主题模式"由语言教师根据学习者的兴趣需要选取适当的主题内容进行教学，适用于任何语言水平的学生，能够提高学生的学习兴趣，重点考核学生的语言水平；"保护模式"由专业课教师授课，非母语学习者与母语学习者分开讲授专业课内容，专业课教师根据非母语学习者的特点适当放慢语速，并用相对简单的语言来讲授专业知识，学生在专业课的学习中自然学习语言，在这里主要考核的是专业的学科知识而非语言的掌握程度；"辅助模式"是由专业课教师和语言教师分别开设相同内容的课程，专业课教师重在讲授专业课内容，而语言教师重在补充学习专业课所需要的语言知识，专业课和语言都是此模式的考核内容；"专题模式"主要是针对某一特定团体或职业的人群开设的语言课程，选取与该团体或职业相关的内容，用于培养特殊岗位的专门人才，教师既可以是某一领域的专家也可以是语言教师，以专业测试来评估学习者。

根据以上教学模式，在沉浸式教学环境中，CBI课程的内容是学生在K-12或大学环境中需要学习的学科，如数学、科学、社会学等。在传统的

---

① 图片翻译转写自Snow, M., M., & Genesee, F. (1989). A Conceptual Framework for the Integration of Language and Content in Second/Foreign Language Instruction [J]. *TESOL Quarterly*, 23 (2): 201-217.

以语言为驱动的外语教学环境中,内容可以是任何形式,包括电影、文化、文学等。在设计 CBI 的课程时,教师需要考虑"通过研究文本来学习语言;将学生的注意力集中在文本的基础知识和话语结构上;培养学生的学习策略;通过综合主题单元关注整体语言发展;通过使用从其他内容领域提取的文本、任务和主题来发展语言、技能和话语能力;着重于任务、主题的发展"(Crandall, 1999, p. 606)①。

(四) CBI 教学理念的特点

CBI 作为一种教学理念,强调内容与语言的有机结合,认为单纯的语言学习不能提高学生的认知能力。语言只是一个符号,其价值应该体现在它所承载的内容上。语言这个外壳,必须和内容密切结合才有意义,所以该理念把目的语仅作为一种媒介,通过学习其他学科或主题的内容来掌握目的语。正如对 CBI 起到推广作用的 Mohan (1986) 指出在传统课堂中,内容学习和语言学习经常被分别独立对待,"在主题课堂的学习中我们忽视了语言作为学习媒介的作用;在语言学习中,我们又忽略了内容是用来交际的事实"。②

CBI 为所授的目标语言提供了丰富的语境以及相关的话语和语用特征(Snow, 2014)③。CBI 教学是在课程设置中寻求语言教学与内容教学的平衡,强调运用(using)语言而非简单说(talking)语言本身,这并不意味着 CBI 教学不重视语言本身,而是将语言形式放在有意义的内容或背景下进行教学(Tedic & Cammarata, 2010)④,且该内容应始终符合学习者的认知水平。

---

① Crandall, J. (1999). Content-based instruction (CBI). *Concise encyclopedia of educational linguistics*. Oxford, UK: Cambridge University Press.

② Snow, M., Met, M., & Genesee, F. (1989). A Conceptual Framework for the Integration of Language and Content in Second/Foreign Language Instruction. *TESOL Quarterly*, 23 (2), 201–217.

③ Snow, M. A. (2014). Content-based and immersion models of second/foreign language teaching. In M. Celce-Murcia, D. M., Brinton, & M. A. Snow (4th Ed.), *Teaching English as a second or foreign language* (pp. 438–454). Boston: National Geographic Learning.

④ Tedick, D. J., & Cammarata, L. (2010). Implementing content-based instruction: The CoBaLTT framework and resource center. In J. Davis (Ed.) *World Language Teacher Education: Transitions and Challenges in the 21st Century* (pp. 243–273). Greenwich, CT: Information Age Publishing.

CBI 教学中最重要的一点是强调使用真实的语言，避免使用人工编出来的语言。CBI 教学理念主张语言学习和内容、学科知识密切结合，但这里所谓的学科内容并非一定是学术上的学科内容，可以是任何学生感兴趣的话题。所以基于 CBI 的语言教学就会采用一些真实语料（authentic text）进行教学，可以避免传统语言教学采用人为编写的语言教材进行教学的弊端。

由于 CBI 采用的是真实的语料，所谓真实语料就是母语者使用的语言形式，能反映这种语言的自然形式和所处文化与情境的适当性（Villegas Rogers，Medley，1988）①。因此，CBI 教学融合听、说、读、写四项技能，同时适合任何阶段的语言学习者。

三、美国 CBI 汉语教学现状

（一）CBI 在汉语作为第二语言或外语教学中的应用

CBI 是 20 世纪 80 年代兴起的一种语言教学理念，该理念一经问世，即受到第二语言教学界的关注，尤其是在英语或其他印欧语教学中已被广泛尝试或采用，给语言教学带来了新的思路和途径。随着 CBI 在美国的兴起，近些年，美国汉语教学界也开始逐渐关注 CBI 这种教学理念。根据我们的了解，尤其是在加州，以明德大学蒙特雷国际研究学院（Middlebury Institute of International Studies at Monterey）为代表，该校以语言教学而闻名，受到该校 ESL 教学理念的影响，汉语教师将 CBI 也逐渐施用在本校研究生的汉语教学中。在我们参观过的旧金山中美国际学校（CAIS），同样也采用了 CBI 这一教学理念，它是美国第一所中英双语沉浸式学校，学生需要用中英两种语言来学习社会学、数学、艺术等核心课程。在 2017 年我们参加的加州中文教师协会上，我们关注到美国西海岸的教师在报告中更加关注 CBI，而东岸的教师大多数仍以传统或主流语言教学报告为主。在 2019 年的北美中文教师协会上，我们发现相较以往有越来越多的报告内容提到了真实语料和以主题内容为导向的教学。

---

① Villegas Rogers, C., & Medley, Jr., F. W. (1988). Language with a purpose: Using authentic materials in the foreign language classroom. *Foreign Language Annals*, 21, 467–478.

（二）CBI 汉语教学案例分析

相较于美国 CBI 越来越受到汉语教学界关注的情势，国内对外汉语教学界尚未给予足够的关注和重视。在国内，最早向国人介绍 CBI 概念的是王士先在 1994 年发表的文章《CBI——专业英语阅读教学的方向》①，自此，国内英语教学界才开始有 CBI 方面的应用研究。然而国内汉语教学界至今对 CBI 教学理念仍知之甚少。那么如何具体地实施 CBI 教学理念？Stoller 和 Grabe（1997）② 提出 CBI 实践的 6T 法，包括主题（theme）、语篇（text）、话题（topic）、线索（thread）、任务（task）和过渡（transition），即在确定一定的主题的情况下，选取与主题相关的适当话题，以语篇内容为展开方式，通过设置多样化的任务来了解语篇，再用适当的过渡来逐层加深学生的理解。我们以美国 CBI 汉语教学实际案例来进行分析和说明，通过更直观的方式来介绍 CBI 在汉语教学中的实际运用情况。

1. 需求分析（needs assessment）

该教学案例是 2016 年我们设计的主题单元实验教学案例，为补充传统汉语课堂而设计，目标学生是位于华盛顿州塔科马市的 Foss IB World School，该校共有 14 名高中学生学习中文，全部是初级汉语水平且没有任何中文背景（non–heritage）的学生。因此，为了更好地设计出符合学生需要的课程，我们首先通过问卷调查的形式对学生进行需求分析。

通过调查分析，我们了解到其中 10 名学生认为介绍中国的生活和中国的文化传统对他们来说很重要，除此之外学生们希望将来能够在中国生活或工作，Hilles 和 Lynch（1997）③ 认为，在课堂中介绍文化内容对初学者来说无疑是有趣和有帮助的，且文化内容可以让初学者在陌生语言环境中感到舒适，由此我们确定了此次教学的主题是"入乡随俗"。

---

① 王士先. CBI——专业英语阅读教学的方向 [J]. 外语界，1994（2）.
② Stoller, F. L., and Grabe, W. (1997). A six–t's approach to content–based instruction. In M. A. Snow, & D. M. Brinton (Eds.), *The Content–based Classroom*: *Perspectives on Integrating Language and Content* (pp. 78–94). NY: Longman.
③ Hilles, S., & Lynch, D. (1997). Culture as content. In M. A. Snow & D. M. Brinton (Eds.), *The content–based classroom*: *Perspectives on integrating language and content* (pp. 371–376). White Plains, NY: Longman.

在谈到学生认为中国文化中哪一部分最有趣的问题时，学生普遍选择的都是中国的"饮食文化"，因此在教学内容的设计上我们选取了跟中国饮食文化和礼仪相关的真实语料和话题。例如，第一课是"餐桌文化"，第二课是吃饭要不要发出声音，第三课是中国的面子问题在吃文化当中的表现。

　　一些学生希望课堂是一种合作式的环境，有一位乐于帮助学生的老师，基于此，在设计任务时，我们强调使用搭架子（scaffolding）和形成性评估（formative assessment）工具，并且提供机会给学生进行小组讨论。除此之外，学生认为读写中文对他们来说是最困难的，因此我们在设计时通过搭架子的方式来降低学生的畏难情绪，用过渡性（transition）的任务来让学生逐渐加深对内容的理解。最终我们设计了一个为时两个月共7课的以"入乡随俗"为主题的单元课程。我们以第一课教案《中国的餐桌文化》为例说明CBI的具体实施情况。

2. 教学目标

　　SIOP（Sheltered Instruction Observation Protocol）[1] 模型从几个方面描述了如何具体实施CBI，其特征包括：明确描述了如何设定语言和内容目标，规定了内容选取要适合学生的年龄和教育背景，使用具有挑战性的补充材料，采用有意义的活动，等等。因此，我们根据SIOP模型来设计我们的教案，CBI最大的特点就是基于内容和语言，我们在教学设计中明确两方面内容：一是内容目标（content objectives），二是语言目标（language objectives）。在第一课《中国的餐桌文化》中，教学目标如表1所示。

---

[1] Echevarria, J., Vogt, M., & Short, D. J. （2010）. Lesson preparation. *Making Content Comprehensible for Elementary English Learners: the SIOP Model* （pp. 24–53）. Boston: Pearson.

表 1　教学目标

内容目标	语言目标
学生能够： 识别基本的中国餐桌文化。(C1) 解释美国与中国餐桌文化的不同。(C2)	学生能够： 1. 使用比较结构来对比中美餐桌文化的差异（如说话声量、座次位置、吃冷热食物），比较结构为 　● A 比 B + adj.（A compared to B is more adj.） 　(L1) 2. 使用流行的俚语和短语来改变故事并表演，如： 词语： 哥们、逗比、微博、牛、狗仔队、囧 句型结构： 　● A 比 B + adj.（A compared to B is more adj.） 　● 从 place1 到 place2，需要 time（From place1 to place2, Subject needs［amount］time） 　● 边 verb1 边 verb2（Do A at the same time as B） 　(L2)

从表 1 中我们可以看出，语言目标与内容目标是紧密相关的，语言目标能够帮助学生完成内容目标，在完成内容目标的同时也要使用相应的语言目标内容。

3. 教学实施

教学实施过程分为热身活动（pre – activities）、过程活动（during activities）、结束活动（post activities）三个部分。教学步骤如表 2 所示。

表 2　教学步骤

热身活动：描述	时间	目标
1. 教师提供活动单 A（略）给学生，然后让学生描述图片的内容并比较每行中的图片。根据学生的答案，教师给出相应的反馈	10 分钟	C1，L1
2. 在活动单 A 的第三行，教师解释用餐时使用声量的不同的文化原因。在中国的餐桌上使用较大的声量是用来活跃餐桌气氛，从而缩短人与人之间的社会距离	5 分钟	C1

续表

过程活动：描述	时间	目标
1. 教师向学生提问，"你在生活中遇到的最令人难以置信的事情是什么？"（英文）作为"过渡"来引出真实的视频故事（略），该视频与中国的餐桌文化有关	5分钟	活动框架，C2
2. 教师提供学生活动单B（略），并给学生时间预览与故事相关的目标单词和句子结构。学生可以与同学或老师讨论目标语言的含义	15分钟	L2
3. 教师向学生展示关于一个中国男人和一个美国男人的一段难以置信的真实故事短片。这段视频很有趣且与中国餐桌文化有关	4分钟	C2
4. 教师问学生视频中的马特在中国餐桌文化中发现了哪些不同。教师将学生分成5组（每组至少有一名相对较高语言水平的学生），学生在他们的小组中讨论。讨论期间，教师鼓励学生相互协商	6分钟	C2，L2
5. 学生将他们的发现汇报给教师	6分钟	C2，L2
6. 教师解释视频中的语言难点。教师将学生分成4组，让学生改编这个故事并画成卡通画，使用目标语言解释他们的卡通画	17分钟	C2，L2
结束活动：描述	时间	目标
1. 学生将他们改编的故事表演出来	12分钟	C2，L2
2. 教师布置作业：写一篇文章，内容是可能在餐桌文化方面遇到的文化冲突，要求使用目标词和句子结构。如果学生想要阅读整个故事，可以参考附件（略）	12分钟	C2，L2

从表2中我们能够发现活动的设置是由浅入深的，从热身活动到过程活动再到结束活动，同时围绕中国餐桌文化这个线索来进行，且每一个活动都与之前设定的内容和语言目标相对应。

4. 教学评估

在教学评估中，我们采用的是形成性评估（formative assessment）和总结性评估（summative assessment）两种方式。总结性评估的标准我们同样从内容和语言两个方面进行测评，如表3所示（原英文完整版略）。

表3 评估标准（rubric）

	充分展示 3	符合预期 2	接近预期 1	不满足预期 0
内容				
组织	略	略	略	略
完整度	略	略	略	略
文化分析和灵敏度	略	略	略	略
语言				
准确度	略	略	略	略
流利度	略	略	略	略
词汇	略	略	略	略

综上，我们可以看出，CBI从教学目标到过程实施，从教学评估到评估标准都是从内容和语言两方面入手，选取真实的语料（包括图片、视频、文章等），通过搭架子和过渡性任务来让学生了解所学内容。

四、美国CBI汉语教学优缺点及其国内汉语教学的启发

CBI在沉浸式语言环境中、在英语作为第二语言或外语的教学中，甚至在一些传统的外语教学法背景下都表明是一种很有效的教学理念。在汉语这种区别于印欧语系的语言教学应用中，有其独特的优点与吸引力，同时在实际应用中也存在一些问题，以下我们将从CBI汉语教学的优缺点及其启示方面进行逐一探析。

（一）CBI汉语教学的优点

1. 促进自主学习

在CBI教学中，学生学习的是自己感兴趣的主题，通过拓展自己的知识

"顺带"拓展自己的语言能力,可谓"一箭双雕",这大大提升了学生的学习动力,学生能够使用语言这种工具来探索他们感兴趣的领域内容。学习不再拘泥于传统的词汇、语言形式、语法结构等内容学习和操练,而是可以在任何内容领域自由探索。

2. 快速融入母语者文化

学习的内容材料是真实的,真正的母语者使用的语料,这大大避免了学习人造语言带来的弊端,使学生使用的语言更加地道,能够真正"在什么场合说什么话",避免造成句子语法正确而语用失误的尴尬情况。

3. 提升学科内容的掌握程度

在学术环境中,CBI能够提升学生用第二语言或外语来学习学科内容的熟悉度和深度。像一部分来华的留学生学习汉语教学,他们需要跟母语学生一起上专业课,那么在中外文的脑部切换中会有一定的时间和距离,CBI能够使留学生用汉语更好地掌握专业的学科知识。

4. 听、说、读、写全面发展

在CBI教学中,学习内容比较集中,大量真实语料像图片、视频、文本等的运用以及各种基于内容和语言目标的活动设计能够充分锻炼学生的听、说、读、写技能,这也与我们习得母语情况类似,学生能够在轻松愉悦的环境中自然掌握语言技能。

5. 拓宽国际视野与认知

CBI能够使学生了解到不同于母语的文化和内容。CBI符合学生真正学习第二语言或外语的目的,即透过语言来了解它背后的价值观、它的文化内涵、它对说这种语言的群体的思维方式和认知方式等方面的影响,从而培养学生的国际视野、同理心和世界公民角色。

(二) CBI 汉语教学的问题

CBI教学理念固然有其合理的地方,但也并非放之四海而皆准,在具体实践中也还有不少问题需要注意。

1. 教学内容的选择

如何选择和学生水平相当的主题与话题,特别是低水平语言教学中如何处理学生词汇有限和所选材料难度不匹配的问题,如何在兴趣爱好不同的一个班级里找到共同的学科知识话题等，这些都需要进一步探索总结。在外语读物中早已有分级阅读的概念，国内近几年也逐渐开始关注分级阅读的研究，尤其是儿童分级阅读的研究，像国内首个儿童青少年分级阅读研究中心——南方分级阅读研究中心①，在2009年发布了两套儿童分级阅读科学标准体系。可见CBI在汉语内容的选取上仍然存在很大的挑战，目前基本凭借授课教师对学生的了解来选取相应的内容材料。

2. 教学准备工作量

在CBI教学中，教师需要同时考虑内容和语言目标的具体落地步骤，教师需要选取适合学生语言水平的材料，同时还要考虑适用的语言形式、词语表达、语法结构等，这无疑给教师的备课工作带来了负担与挑战，需要教师花费更多的时间来准备课堂内容。

3. 母语的过度使用

由于CBI教学课堂中强调内容，用不明显的方式教授语言，因此在讨论第二语言或外语教学材料时难免会用到学生的母语，在学生语言水平较低的课堂容易造成学生母语过度使用的情况，这就要求教师把控好母语使用度，同时通过多样化的搭架子的手段和由浅入深的过渡性任务来帮助学生减少畏难情绪，顺利掌握内容，增强学习的自信心。

4. 学生对语言形式产生困惑

由于CBI教学是透过内容学习语言，用不明显的方式教授语言，这就给学生在学习语言时带来困惑，学生不清楚语言结构的具体使用方式，容易产出错误句式。在作答问题时容易直接摘抄原文，教师在设计课堂任务时可以让学生用目标语言总结内容大意，并对重点的语言结构适当指出。

（三）给国内汉语教学的启示

关于内容与语言关系的阐释，Mohan（1986）② 曾说"所有内容的学习

---

① 杨志明，吴本文. 中文分级阅读及其形成性评价［J］. 教育测量与评价，2017（6）.

② Grabe, W & Stoller, F. L. （1997）. Content-based instruction: Research foundations. Stephen B. Stryker & Betty Low Leaver (eds) 1997. In *Content-Based Instruction in Foreign Language Education: Models and Methods*. Washington D. C.: Georgetown.

都是语言的学习，但并不是所有语言的学习都是内容的学习，因为语言课堂往往使内容学习变得琐碎而平凡"，而 CBI 恰恰整合了语言与内容在教学中的角色和地位。我们传统的汉语教学模式单一，教材仅被作为语言教学的附属产品，而 CBI 教学恰恰相反，强调语言只是一种获取知识的工具。借鉴 CBI 教学理念可以丰富我们的教学模式，培养出适合社会需要的各种专业人才，特别是预科教育的重要性和艰巨性被日渐关注的当下，对 CBI 教学理念的关注和借鉴就显得尤为重要，可以为我们的汉语教学提供新视角、新思路。

对汉语教师提出了新挑战，CBI 教学理念要求语言教师应该是复合型熟悉多领域的人才，这将对语言教师赋予新的使命，这不仅是新的机遇，更是新的挑战。这就要求汉语教师要不断接受新事物，关心不同领域的新话题，增强教学原动力。

对教材也提出了新要求，目前的汉语教材很难直接应用 CBI 教学理念，这就需要阅读研究领域的专家与汉语教师通力合作，开发出适合不同等级语言水平的真实材料，同时也需要汉语教师具有敏锐的洞察力，能够及时发掘真实、有用、有意义、有价值的材料来为汉语教学服务。

基于以上我们分析有关 CBI 教学的优缺点，在我们将其"拿来"为汉语教学服务时，仍然要有选择性地结合汉语本身的特点，结合适合自己学生的教学法来开展教学。

美国杜克大学在华项目（DSIC）教学案例研究*

张子晗

1966 年美国明德学院（Middlebury College）在暑假期间开办了中文暑校，这对于国际汉语教学界来说都有着重要的意义及影响。明德暑校采用的以沉浸式、集中强化管理为特点的语言教学及管理模式因其开创性和独特性被汉语教学界称为"明德模式"。目前在中国存在的许多暑期中文学习项目如 PIB（Princeton in Beijing，北京师范大学与美国普林斯顿大学合办）、CET（CET Academic Program，华盛顿 CET 在中国的对外汉语培训机构）、DSIC（Duke Study in China，对外经济贸易大学与美国杜克大学合办）等都体现了对明德模式的继承和发展。笔者有幸在 2018 年 6 月至 8 月作为中文教师全程参与了 DSIC 的教学活动，将在本文中以 DSIC 项目为例对美国在华中文项目的教学及管理模式进行一定的梳理，并在分析教学案例的基础上提出自己的相关思考与建议。

一、美国杜克大学暑期在华项目简介

（一）总体情况

"美国杜克大学暑期在华项目（DSIC）"是由美国杜克大学主办的一个具有集中强化性质的美国在华汉语学习项目。在众多在华汉语学习项目中，杜克大学暑期在华项目起步较早，发展比较成熟。1982 年至 2013 年期间，

---

* 本文作者张子晗，北京外国语大学，中国语言文学学院。

DISC 曾与南京大学、浙江大学、云南师范大学、北京首都师范大学等不同高校合作举办过学期项目。自 2014 年起，DSIC 专注于拓展位于北京的对外经济贸易大学的暑期语言文化强化培养项目。

DSIC 暑期项目的时间是每年 6 月初至 8 月初。在 8 个星期里，学生在语言沉浸式教学环境中学习相当于两个学期的汉语课程量。

（二）教学对象

该项目的学生主要来自美国的杜克大学、耶鲁大学及其他美国著名大学。在过去的 30 多年中，共有来自美国 60 多个院校的 1400 多名学生参加过项目。该项目对参与学生的综合要求较高，想要参加的学生需要通过申请、学校筛选、负责人网上面试等一系列流程。由于不同学校的政策各不相同，除了部分学生能够获得学校或有关机构提供的奖学金之外，其他学生都要自行承担项目的各种费用，价格不菲。另外，学生在项目获得的最终成绩与其在校的成绩以及学分直接相关，这些因素都使得项目学生能够保持较高水平的学习动机。

（三）教师队伍

该项目的教师团队主要由在美国有关大学任教的华人教师以及中国国内的在读研究生组成。美国方面的资深教师一般担任年级负责人，除了负责学生的统筹管理、分级测试、班级管理等工作之外，还负责以讲解课本和语言点为主要内容的大班课，班级容量在 6～12 人；中国国内的在读研究生则需在报名之后经过项目负责人及教师的筛选及面试，并且参加为期一周的岗前培训学习课程，最终通过考核的人员则主要负责项目的操练课、讨论课、一对一小班课。除了一对一之外，其他小班课的班级容量控制在 3～5 人。项目各年级都采用集体备课的方式，充分发挥集体的智慧，确保各个小班之间的进度一致。

（四）课程设置

1. 主体课程

DSIC 项目主体课程表如表 1 所示，大班课、小班课、一对一三种形式相互配合，共同服务于学生的语言学习。其中，同一年级的小班每周都会随机分配，由该年级的小班课老师轮流上课，尽量确保生生之间、师生之间的接触机会均等。

表 1　DSIC 项目主体课程表

时间	课程	主要内容	负责教师
8：00—9：10	大班课	听写，串讲课文内容及语言点	美方教师
9：20—10：10	操练课（小班课）	通过问答形式对大班课所学的句型句式进行操练	中方教师
10：20—11：10	讨论课（小班课）	针对课文中的现象或话题引导学生利用所学语言点展开讨论，鼓励学生思考和自由表达	中方教师
11：30—12：10	一对一	继续讨论上节课的相关话题，交流最近学习和生活中出现的问题，鼓励学生自由表达	中、美方教师

2. 辅助课程

DSIC 项目辅助课程表如表 2 所示，在主题课程之外为学生提供了更多选择，在增强整体课程的趣味性、激发学生对中国及中华文化的兴趣、帮助学生维持学习动机方面有着重要的作用，是紧张的课程之余必不可少的调剂品。另外，2017 年新开设的商务实习体验课程也很好地适应了高年级学生的语言水平，在提高其语言交际水平及应用能力方面有重要的意义。

表 2　DSIC 项目辅助课程表

时间	课程形式	主要内容	负责教师
每周一次	电影欣赏课	以年级为单位集体欣赏中文原声电影（英文字幕），电影题材一般与所学课文或中国文化相关	年级教师集体商定将要观看的电影
每周五	电影讨论课	由教师组织学生对已经观看的电影进行讨论，鼓励学生对电影体现的中国社会现象或观点进行深入思考、自由表达	年级教师轮流负责
每周五	文化体验课	由教师组织开展相关的中华才艺兴趣选修课，如剪纸、太极拳、画脸谱、书法等，由学生自由选择	所有教师自主报名组织
第二学期（仅限四年级）	商务实习	报名实习项目的四年级学生去合作的中国公司进行为期四周的商务实习，深入体验中国的社会生活	项目总负责人及年级教师

3. 课外活动

DSIC 项目课外活动表如表 3 所示，具有较强的轻松性和自由性，留给学生一定的选择空间，这些课下的相关活动也很好地和课上的内容联系起来，形成课上课下语言学习的"双轨制"，降低学生在高强度的学习中的情感过滤，最终服务于学生中文水平的提高。

表3　DSIC 项目课外活动表

时间	活动形式	主要内容	负责人员
每周两到三次，每次1小时	语伴活动	和中国学生担任的语伴用中文交流课程相关的内容，除此之外可自由进行课外交流活动	由项目方聘请的中国大学生
每周五	中文桌子	各年级的学生和老师一起在中国的饭店吃饭，交流学习和生活的情况	各年级所有教师
每周末	短途旅行	参观北京周边的人文或自然景点，增进对北京和中国的了解	总负责人和各年级值班教师
第五周	长途旅行	去中国的另一个城市（近几年是西安）参观旅游，增进对中国历史及文化的了解	总负责人及各年级负责人
第八周	联欢晚会	由各年级共同排练演出节目，并且接受学生的主动报名	全体教师

（五）使用教材

DSIC 项目会根据各年级的不同语言水平选用不同的教材，如表 4 所示，但这些教材都有一个共同的特点：教材中的语言点与中国的社会和文化紧密结合。这不仅体现了美国与社会现实紧密结合的教育文化特色，在一定程度上也有助于增进学生对目的语国家社会和目的语文化的了解与认同，有助于目的语的学习。

表 4　DSIC 项目各年级教材

年级	使用教材
二年级	《新的中国》《中文听说读写 2》
三年级	《社会生活百态》《事事关心》
四年级	《文化纵横观》《商务汉语》

另外值得注意的是，DSIC 项目在使用教材时并非完全遵循所选用教材的进度安排，而是会根据教学的实际需求进行适当的调整，有时也会选取表 4 所列教材之外的文章作为课文进行讲解，但这些课文也基本和教材一样，具有与中国的社会和文化紧密结合的特点。

（六）教学理念与教学方法

在总体的教学风格上，DSIC 项目具有不同于国内对外汉语教学的鲜明特点。从教学内容来看，DSIC 项目在把学习汉语知识、提升汉语综合能力作为核心教学目标的同时，也十分重视引导学生了解中国的社会和文化。这从 DSIC 项目选取的教材以文化现象为出发点和话题进行语言教学的编写思路上就可见一斑。

从教学方法来看，听说法是 DSIC 项目的核心教学法。在课堂教学中，该项目强调听说，重视操练，将句型训练作为操练的核心，提倡有错必纠，通过"语言誓约"严格控制母语的使用，创建"沉浸式"的语言学习环境。

从教学目标来看，虽然听说法十分重视学生的语言知识和语言能力，强调机械性操练对语言学习的作用，但是 DSIC 项目的核心目标是培养学生运用目的语进行真实、自然的交际的能力。DSIC 项目精心为每个学生提供的中国语伴、每周一次的中文桌子到每周一次的出游、采访中国人的实践作业，都体现了 DSIC 项目对为学生提供真实交际机会的重视。

（七）评价及管理机制

1. 对学生的评价及管理

前文已经提到，学生在 DSIC 项目获得的成绩与其在校期间的学习成绩及学分有着直接关系，因此 DSIC 项目在对学生的成绩评价方面有着较为完善严谨的制度。学生在 DSIC 项目获得的成绩基本可以分为测试成绩和平时成绩两部分。

测试成绩包括项目刚开始时的分班测试及基于 OPI 的口语测试成绩、每周的周测成绩、期中测试、期末测试以及项目最后的结课测试。需要说明的是，这些测试都包含书面测试和口语测试两部分内容，除了分班测试的口语测试以 OPI 测试标准为基准之外，其余的口语测试都采取个人口头展示的形式。另外，四年级学生作为高水平的汉语学习者在项目结束之后还需要完成 800 字左右的期末作文，并制作与自己的实习经历相关的视频，作为测试成绩的组成部分。

平时成绩则主要基于学生在平时的学习生活中的表现，具体考核项目包括大班课的听写成绩、出勤率、课后作业成绩以及每周的语言实践报告成绩。其中，学生每周都要完成的语言实践报告是 DSIC 项目中的特色考核形式，要求学生针对固定的话题（通常和课文主题相关）去采访校园里及周边的中国人，收集并总结他们的看法，最后形成自己的观点，这样的作业形式在提升学生的口语交际及书面表达能力方面都有突出的积极意义。

另外值得一提的是，关于"语言誓约"的完成，DSIC 项目也有严格的惩罚标准：如果学生被发现说英文一次，则需要和项目负责人谈话；两次则扣除相应的平时成绩；三次或三次以上则面临最终成绩降级甚至中断项目的严重后果。

2. 对教师的评价及管理

DSIC 项目对教师的评价及管理主要分为两种形式：一种是教师听课互评，另一种则是学生反馈。评价的结果会影响到每位教师在项目最后得到的奖金。

第一种方式是教师互评。DSIC 项目进行期间，项目的总负责人以及年级负责老师会随机选择教师进行听课，并在听课后给出意见和建议，帮助任课教师及时认识到自身存在的问题并迅速改正。此外，项目还会采取录课的方式为任课教师留下珍贵的课堂档案，方便教师课后自己进行反思评价。

第二种评价方式则是学生的反馈。DSIC 项目会在期中及期末组织学生进行两次教师评价，要求学生匿名给出对任课教师的评分以及意见建议。这也是任课教师了解学生看法、改进教学的重要窗口。

二、案例分析

【案例一：无法忽视的民族优越感】

DSIC 项目的老师在小班课上通常会通过向学生抛出贴近其生活的问题来调动学生回答问题的积极性，引导学生自由思考，促使其运用所学语言点进行自由表达。有一名学生在回答"为什么美国社会存在……现象？""为什么美国政府要……做？"等诸如此类的问题时，总是把"因为美国是世界上最发达的国家"作为论据。他这种不自觉的反复强调在一定程度上造成了授课教师的反感。

【分析及对策】

这位同学的回答本身其实并没有任何问题。美国的确是世界上最发达的国家，一名公民对祖国具有自豪感也是无可厚非的。但是他对这一点反复强调的行为并不符合中国社会"谦虚""内敛"的交际风格，再加上中美两国关系具有的政治色彩，使中国授课教师产生了反感情绪。作为一名国际汉语教师，在遇到这样的"真情流露"时，最重要的就是站在对方的文化立场上去分析和理解学生行为的合理性，从而克服自身的消极情绪，体现教师的专业性，确保教学活动的正常进行。

【案例一："耿直"的学生】

笔者负责的四年级是 DSIC 项目中语言水平最高的班级，在为期八个星期的课程安排中，四年级在后四个星期的学习内容是难度较大、专业性较强的商务汉语。班上除了学过经济学、政治学的少数学生能够真正理解课文中出现的经济学原理之外，其他学生都处于跟不上的状态。在一节商务汉语的操练课上，笔者向一位程度较差的学生提问"为什么会出现这样的情况"，这个问题的答案能够直接在书中找到，但是该学生却一直回答"我不知道"，笔者在引导过几次之后，这名同学直接回答："我真的不知道，我来这里就是来学习为什么的，不是让你来问我为什么的。"课堂氛围一下变得尴尬起来。

【分析及对策】

出现这样的课堂非预设事件的直接原因是项目本身的课程设置存在不合理之处。让毫无相关知识背景的学生学习商务汉语不仅不符合学生的实际语言水平，而且也不符合大多数学生的学习动机，从而造成打击学生学习的兴趣和信心的消极后果。此外，在 DSIC 项目中的小班课上，"为什么……"类问题是出现频率最高的，这种提问方式固然可以引发学生的自主思考，帮助学生整合所学语言点、本课课文内容和实际生活，但是过多使用之后便会产生学生有厌烦心理、简单按照"套路"答题的消极影响。

出现这类事件的根本原因仍旧在于中美客观存在的文化差异。从权利距离上来看，中国社会的权利距离较大，师生之间存在所谓的"师道尊严"，学生应该对教师有极大的尊重，像案例中学生的直接质疑不太可能出现在中国本土的课堂上。但是美国社会的权利距离较小，教师甚至被视为学生的"服务者"，因此学生在课上直接向教师提出质疑的现象在美国课堂上并不罕见。另外，根据美国文化人类学家爱德华·T. 霍尔在《超越文化》一书中提出的观点，中国属于典型的"高语境"国家，人与人在交往中更多依赖具体的语境表义，在表达上具有曲折、婉转的特点，而美国属于"低语境"国家，往往直接依赖语言表义，在表达上具有直接、直白的特点。案例中美国学生的表达方式就体现了美国人的"耿直"，而这种"耿直"正是中国人不熟悉、不习惯的。

面对这样的情况，教师首先要调动自己关于中美文化差异的知识储备，明确中美在交际风格上的差异，不必对此过于敏感认真。在课上可以运用教学机智，大方承认"不好意思，最近老师确实成了'十万个为什么'，为什么太多了，老师也想知道为什么会有这么多为什么"，化解略微尴尬的课堂气氛。在课下要及时反思，分析不足，认真备课，丰富课堂提问的方式，减少学生的厌烦心理，调动学生的积极性。同时教师也要注意建设良好的师生关系，在平时的日常交往中与学生建立和谐融洽的互动关系，这也可以很好地避免课堂冲突的发生。

【案例二：不同种族的不同观点】

在一节以"文化挪用"为主题的讨论课上，笔者准备了前一段时间在美国社交网络上关注度很高的事件作为案例。这个事件讲的是一名美国的白人女高中生在社交网络上发布了自己穿着中国传统的旗袍去参加毕业舞会的照片，结果引来了美国华裔群体的集体反对。很多华裔的观点是"在不了解、不理解我们的传统文化的情况下，其他种族尤其白人没有资格穿着我们的旗袍招摇过市"。在课上讨论时，班上的华裔学生与大多数华裔保持一致，而班上的白人同学则认为华裔在这个事件中有些"小题大做"。有意思的是，在对待这件事情的观点上，中国国内的主流观点则和班上的白人同学保持一致。

【分析及对策】

关于"文化挪用"，百度给出的解释是"本意近似于文化剽窃，就是将本不属于本地的异域或其他民族的文化资源借用过来，从而对本地的文化形成影响，也创造出新的文化产品和现象"。《剑桥词典》给出的解释则是"使用不属于自己的文化，尤其是在并不理解或尊重该文化的情况下"(the act of taking or using things from a culture that is not your own, especially without showing that you understand or respect this culture)。维基百科称，"文化挪用"通常被看作对当代文化有害，是对原始、少数文化的知识产权的侵犯，尤其针对土著文化和殖民统治下的文化。不过，当多种文化发生碰撞时，"文化挪用"又是无法避免的，对象包括其他文化的传统、时尚、象征、语言和音乐等。关于"文化挪用"的争议一直存在。反对者能够举出很多错误的例子，尤其是当被挪用的对象是少数民族文化或者被认为是主流文化之下的文化，往往伴随着压迫和剥削。①

美国是一个多种族的移民国家，种族问题是美国社会不能回避的突出问题。美国历史上黑人和白人的冲突以及黑人群体为了争取自己的平等权益做了何种努力我们或多或少都有所了解，但是当今美国社会中的华人种族却仿佛没有很高的"存在感"，在一定程度上一直处于被忽视的状态。原本笔者

---

① https：//baijiahao.baidu.com/s? id=1599362973378858520&wfr=spider&for=pc

对"旗袍事件"中美国华人群体的做法很不理解,但是班上一位华裔同学的说明却帮助笔者对美国的华人群体有了更多了解,也理解了他们的愤怒。这位华裔学生是这样说的:"老师,中国人不会生气是因为中国人穿着自己的旗袍去毕业晚会不会被别人批评,白人觉得无所谓是因为他们也有穿着任何衣服去任何场合的权利,华人这么生气这么愤怒是因为同样是穿着旗袍去参加毕业晚会,如果这个人是华人,就很可能会受到白人的批评。"他的解释一直在提醒笔者,在面对异文化内部的分歧冲突时,不能以自己仅有的了解先入为主,随意发表观点,而应该在充分了解事实、充分尊重异文化的基础上形成评论。

【案例三:突然的"出柜"】

在以"恋爱观和婚姻观"为主题的讨论课上,一位男同学在发表自己观点的时候说:"我想要谈10年以上的恋爱才结婚,结婚以后再生小孩。"班上的另一位同学问他:"你们已经谈了那么久的恋爱,结婚不结婚有什么不一样吗?"这位男同学回答:"因为我和他都是男生,如果我们不结婚就没有办法要小孩。"笔者在刚听到的时候以为这位同学说的是假设的情况,没想到下课之后这位同学叫住笔者说:"老师,我刚才直接告诉您我是一名同性恋,这样您会不会觉得我很不礼貌?"这让笔者一时间有些惊讶。

【分析及对策】

同性恋问题在世界范围内可能都属于一个比较敏感的话题。在美国的历史上,同性恋群体一度受到歧视甚至迫害,但是经过同性恋群体多年的反抗和争取,美国社会对同性恋的接受程度越来越高,近年美国境内已经完全实现了同性婚姻合法化。而在中国社会中,人们对同性恋现象虽然越来越了解、越来越关注、越来越接受,但是该现象仍旧属于非主流的"亚文化",其地位不能和美国社会相比。

笔者在听到学生的突然坦白之后的第一反应是惊讶,紧接着便是被学生信任的感动。面对学生此类的坦白,我们首先应该注意不能表现出过度的惊讶和紧张,这样的表现反而会容易引起学生的误解,误认为教师对同性恋现象存在歧视和恐惧心理。其次要及时给予学生回应,表示自己接收到了学生的信息，可以借此机会说明在中国国内人们对同性恋现象看法的改变。另外，也要注意在今后的教学和相处中保持常态，不能对相关学生采取任何"特殊对待"。最后，国际汉语教师应该加强对工作国的基本国情的学习和了解，增加必要的知识储备，拓宽自己的视野，树立包容、开放的跨文化交际理念，提高自身的跨文化交际能力。

三、问题及建议

杜克大学在华暑期项目作为明德模式在中国本土发展的主要代表，其系统的教学和管理模式对于国内外的汉语教学界来说都有极其重要的借鉴意义。然而笔者在该项目工作的过程中也发现了一些不可忽视的问题并产生了一些思考和建议。

（一）DSIC 项目对于中国教师的培训时间过短

通过面试的中国教师在正式上课之前一般会参加为期一周的培训，在培训的过程中，中国教师通过听讲座、备课、试讲等方式在短时间内增进自己对 DSIC 项目基本的教学管理模式的理解并迅速提升自己的课堂教学水平。在培训的过程中还伴随着对中文教师第二轮、第三轮的筛选，只有进步最快、最优秀的中文教师才能获得最终参与 DSIC 项目的资格。一周的培训时间固然可以在较短的时间内达到较明显的改进效果，体现了极高的培训效率，同时培训时紧凑的节奏也有助于中文教师提前习惯项目正式开始后的工作节奏。但是一周的时间毕竟过于紧张，DSIC 项目对于中方教师的培训只能局限在一些宏观、表面的内容上，几乎没有留给中方教师反思、进步的时间和空间。这样的安排就会导致中方教师无法在上岗时达到最佳的工作状态，将大量的精力浪费在了本应该在前期准备阶段完成的反思和提高上。笔者认为 DSIC 项目应该适当借鉴其他暑期中文项目的培训模式，拉长对中方教师的培训时间，以达到最优的教学效果。

（二）DSIC 项目的课堂教学方式过于单一，给学生的课业负担过重

一般来说，DSIC 项目的操练课和讨论课要求教师以板书为主要的教学辅助方式，在课上主要采取问答法引导学生说出目标的语言点或者看法。经过笔者的观察总结，这样单一的教学方式在持续四周之后就会引起学生的厌倦

和不满，正如上文的案例三一样，甚至会带来课堂上师生的直接冲突。笔者认为 DSIC 项目应该适当地放松对操练课和讨论课的限制，积极探求新的课堂教学方式，持续激发学生的学习动力。

另外，集中式、强化式的管理是 DSIC 项目最为突出的特点，但是过于繁重的课业负担也会导致学生的消极罢工，甚至使管理教师不得不放低要求，这固然对学生的成绩有利，但是却严重损害了学生对教师的信任度。因此，DSIC 项目的负责教师也应该在制定考核标准以及布置作业时切实考虑到学生的学习水平和学习时间，让作业充分发挥促学作用，不给学生布置"不可能完成的任务"。

（三）讨论课的教学目标过于理想化

讨论课是 DSIC 项目主体课程的重要组成部分，要求教师针对课文学到的话题或现象引导学生进行讨论和自由表达，该课程想要达到的理想目标是让学生在表达中再一次运用所学的语言点，引导学生在表达中注重语言的内容以及形式。然而在实际的操作中讨论课却遇到了许多问题。首先是对于低年级的学生来说，他们过低的中文水平无法支撑其观点的表达，最多只能重复操练课上说过的句子，让讨论课成为另一节"操练课"。其次对于高年级的学生来说，他们本身就不愿意一再机械地重复语言点，并且他们的观点和看法也不可能被所学的有限的知识点限制，往往会随意发挥，偏离本课重点内容。笔者认为关于讨论课的具体操作方式还有许多细节需要进一步探讨，DSIC 项目应该根据不同学生的语言水平调整讨论课的教学目标，让讨论课能够真正发挥出其应有的作用。

俄罗斯高考汉语样卷笔试卷分析*

王宇鹏

俄罗斯是我国最大的邻国，也是我国在经济、政治、文化多方面的战略合作伙伴。随着双方交流的不断加深，汉语教育在俄也进一步推广。迄今为止，在全俄罗斯境内已经建立了19所孔子学院和5所孔子课堂，以及若干汉语教学点。2016年10月，俄罗斯教育科学督查署新闻中心宣布，自2017年秋季开始，汉语将作为俄罗斯国家统一考试（大学入学考试）和会考的外语考核科目。① 这标志着汉语教学在俄罗斯的发展进入了新的阶段，对于孔子学院的教学来说，机遇与挑战并存。我们不妨从2019年3月公布的"俄罗斯高考"汉语样卷中分析未来孔子学院教学的方向。本文将从俄罗斯高考概况、俄罗斯高考汉语样卷分析、孔子学院教学方向转变三方面进行阐述，为今后孔子学院转变教学方向提供一些建议。

一、俄罗斯高考概况

（一）俄罗斯高考简述

俄罗斯高考全名：Еди́ный госуда́рственный экза́мен，简称为ЕГЭ，是俄罗斯联邦中学的集中考试，也是学校的期末考试和大学的入学考试。直到

---

* 本文作者王宇鹏，俄罗斯国立职业示范大学广播孔子课堂，俄罗斯叶卡捷琳堡市，620002。

① 余自洁. 汉语将成文俄罗斯高考外语科目 [J]. 世界教育信息，2016（11）：128.

2013年，其还担任过中等职业学习的入学考试，但被新的教育法所废除。①其主要考试学科为俄语、数学、外语、物理、化学、生物学、地理、文学、历史、社会研究和计算机科学。等同为我国的高等教育水平考试，也就是"高考"。

（二）外语学科在俄罗斯高考中所占比重

同我国的外语学科在高考中的重要地位不同，在俄罗斯高考中，外语学科并非必选科目。通常，俄罗斯高考考生需要根据自己想要报考的学科选择四门学科进行考试。其中，数学和俄语是必考科目。根据自己选择的学科要求不同，其他两个非必选科目也不同。举个例子，如果考生A想考入莫斯科国立大学的国际政治关系系，需要选择的学科为数学、俄语、外语、社会研究这四个学科，而不必选择像地理、文学等学科。同理，如果考生想考入英语系，则英语是必考科目。目前在俄罗斯高考中外语所占比例没有中国所占比重大。相对于人人都应该学习的英语，选择汉语进行考试的考生在俄罗斯比例较低。随着俄罗斯高考改革的推进，目前的制度也将逐渐改变。预计在4年后，即2023年的高考中，俄语、数学、历史、英语（外语），将作为必考科目出现在高考中，届时汉语作为英语的替代外语的作用将逐步体现出来。将汉语作为高考科目的考生的数量也会越来越多。

（三）俄罗斯高考中汉语出现及未来发展方向

目前，俄罗斯高考的外语学科可选语种较多，分别为英语、法语、西班牙语、德语。随着俄教育部的文件公布，以及阿穆尔州的考试试点的启用，2020年将在全俄罗斯境内的高考中加入汉语学科。据不完全统计，自1997年以来，俄罗斯汉语学习者的数量从开始的约5000人，到2007年的约1.7万人，激增到2017年的5.6万人。② 随着两国合作的加深，汉语出现在俄罗斯人日常生活中的现象也越来越频繁。中俄关系也处于历史上的高水平，这也让更多的俄罗斯家长选择让孩子学习汉语。

---

① Единый государственный экзамен, https://ru.wikipedia.org/wiki/%Единый_государственный_экзамен。
② 汉语将纳入俄罗斯"高考"！《该学汉语了》央视新闻 2019 年 4 月 13 日, https://mp.weixin.qq.com/s/vZVAHn－zc7gbqsX95ZjMmA。

作为世界上使用人数最多的语言,以及俄罗斯最大的战略合作国家的官方语言,汉语教育在俄罗斯的发展潜力仍然巨大。在不断扩大的孔子学院教学规模的背后,对于汉语的广泛接受才是汉语影响力扩大的最好证明。因此汉语教育在俄罗斯的前景充满希望。

二、俄罗斯高考汉语样卷的试卷分析

(一)试卷设计依据分析

汉语考试对教学活动有直接的影响。一方面,考试的结果可以直接反映出前一阶段教学的成果;另一方面,基于考试的分析,能够为接下来的教学活动提供参照和数据,对教学调整有积极作用。高考中汉语科目的考核目标是为进入国际关系、国际经济、汉语系等学科的高中毕业生。目前在全俄普通高中开设汉语学科的学校并不多,而且教材不统一,因此难以给出规范的、符合大部分学生水平的试卷设计。但相信在不久的将来,随着越来越多的普通高中加入汉语课程,以及新汉语教材的使用,定然会使汉语考试逐渐规范化,试卷的设计也会逐渐科学化。

(二)设计与教材的关系

在孔子学院(课堂)日常的教学活动中,测验考试是不可缺少的一部分。遵循"教什么学什么考什么"的原则进行试卷的设计。但本次样卷中在设计时,由于一些原因,没有办法同目前的孔子学院(课堂)所使用的教材进行相对应的钩连。但随着考试制度和考试大纲的逐步规范,相信未来命题人会明确试卷和对应教材的关系,从而为孔子学院(课堂)的日常教学工作提供明确的方向。

(三)难易度的掌握

我们在对试题进行分析的时候,要对与试题有关的各个方面进行定量和定性分析。如试卷的题型、试题所测的语言知识点或语言能力成分、试题的难度、试题的区分度、选择题干扰项的干扰度、试题的结构、试题的指令等[①],进行汉语考试试卷的设计,需要综合考察整体试卷的难易度,以便使

---

① 方绪军. 汉语测试与评估 [M]. 上海:复旦大学出版社,2013:174.

学生能够有针对性地进行备考及复习。从整体性上来看，试题需要具有一部分难度较高的题型，以此加大学生成绩的区分度，但考虑到大部分学生的水平，也需要一些符合或者低于考试大纲要求难度的题目，也就是所谓的"送分题"。命题和审题人员在编制与审查试题时往往会估计一道试题的难易程度，考生拿到试题或经过作答也会感知试题的难易程度，教师拿到一套试题或试卷也能基本把握试题的难易程度。①

（四）考题分数分布

本次样卷中，全部试题总计60分。其中40分为选择题部分，选择题部分包括听力（14道）、阅读（13道）及语法（13道），每道题1分；20分为写作部分，其中第一部分的写作8分，第二部分的写作12分。本次样卷对于各个考查部分的分配较为平均，由于写作部分的难度较大，因此所占分数的比重也较大。总体上来说符合试卷分数分布的平均性和侧重性的原则。

（五）试题的主要分析

1. 听力环节

听力环节总计有三道大题。听完每段材料后有30秒的时间作答，之后会再次读一遍该材料，第二次结束后有30秒的时间检查试题内容。听力材料及问题如下。

> **Сейчас мы готовы начать.**
> 半年前我去了一趟广州，我很喜欢这座位于中国南部的城市。我看，广州是很特殊的城市。广州很大，也非常漂亮，是世界最有名的港口城市之一。广州人口没有北京人口多，有1404.35万人。广州是中国第三大城。这几十年，广州发展得非常快，增加了不少高楼、现代化建筑物，广州比过去变得更漂亮了。中国人把广州叫花城。广州的好玩儿的地方非常多，如花城广场、广州塔、圣心大教堂。广州市花是木棉花。广州的商场世界最有名，因为广州东西质量很好，价格也不太贵，广州人做衣服做得真好。广州人喜欢说广州话、客家话。年轻人普通话说得也很流利。我在广州认识了很多中国朋友，还学习了很多汉语口语。在广州只住了两个月，但了解了中国的文化和广州的特色。
>
> У Вас есть 30 секунд для выполнения заданий. (Пауза 30 секунд.)
> Сейчас Вы услышите текст еще один раз. (Повтор.)
> Время на выполнение заданий закончилось.
> У Вас есть 30 секунд, чтобы проверить свои ответы. (Пауза 30 секунд.)

---

① 方绪军. 汉语测试与评估［M］. 上海：复旦大学出版社，2013：175.

1. 广州的商业非常发达。
   1) 对   2) 不对   3) 没说
   Ответ: ☐

2. 这半年，广州发展得非常快。
   1) 对   2) 不对   3) 没说
   Ответ: ☐

3. 中国人把广州叫绿色的城市。
   1) 对   2) 不对   3) 没说
   Ответ: ☐

4. 这几十年外国人对中国文化很感兴趣。
   1) 对   2) 不对   3) 没说
   Ответ: ☐

5. 说话的人在广州住了半年。
   1) 对   2) 不对   3) 没说
   Ответ: ☐

6. 广州的年轻人不会说普通话。
   1) 对   2) 不对   3) 没说
   Ответ: ☐

7. 说话的人在广州提高了汉语口语水平。
   1) 对   2) 不对   3) 没说
   Ответ: ☐

Сейчас мы готовы начать.

王教授在北京语言学院工作，他很喜欢旅游。星期三他刚从英国回北京，上海的一个学院请他去上课。这个星期五他去上海了，给那儿的学生上英国文学课，他课上得非常好，学生都很喜欢他的课。上海是一个大城市，这两年发展很快。上海的商场很多，商场的东西也非常好。上海人做的衣服很有名。他去参观了很多有名的地方，买了不少衣服，还买了很多明信片。他的儿子在上海工作，是中国银行的工作人员。星期六儿子请他去吃饭，那个餐厅上海菜做得很好，也不太贵。他在上海玩得非常好，吃得也很好，住得也可以。一个星期过得真快。

У Вас есть 30 секунд для выполнения заданий. (Пауза 30 секунд.)
Сейчас Вы услышите текст еще один раз. (Повтор.)
Время на выполнение заданий закончилось.
У Вас есть 30 секунд, чтобы проверить свои ответы. (Пауза 30 секунд.)

8 王教授星期几去上海了？
    1) 星期三
    2) 星期五
    3) 星期六
Ответ: ☐

9 王教授给上海的学生讲什么课？
    1) 介绍上海作家的课
    2) 中国文学课
    3) 英国文学课
Ответ: ☐

10 王教授的儿子做什么工作？
    1) 商场的工作人员
    2) 银行的工作人员
    3) 餐厅的工作人员
Ответ: ☐

11 王教授在上海玩儿得怎么样？
    1) 非常好
    2) 不错
    3) 不太好

Сейчас мы готовы начать.

什么是书法？大家都知道，书法就是写字的艺术。每个上过学的人都会写汉字，但是很少人写得好看。原来写字写得好可不容易，那是练出来的。一幅漂亮的字就像一幅好画，看起来很美。使人感动。令人奇怪的是练书法还可以健身。这一点儿也不假，书法家都身体好。北京的书法家孙先生活到102岁，他说自己身体健康的秘诀就是练习书法，他认为写字跟练气功差不多，需要精心、安静，是使身心得到平衡的好方法。不管春夏秋冬，他每天都要写两千多个字。现在住在上海的一个书法家已经103岁了。他仍然每天喜欢写字。中国从古代就有很多人练习书法，今天随着人们生活和文化水平的提高，练书法的人也越来越少了。如果你喜欢书法作品，也许你也会迷上书法的。

У Вас есть 30 секунд для выполнения заданий. (Пауза 30 секунд.)
Сейчас Вы услышите текст еще один раз. (Повтор.)
Время на выполнение заданий закончилось.
У Вас есть 30 секунд, чтобы проверить свои ответы. (Пауза 30 секунд.)

12. 每个上过学的人都会写好看的汉字。
1) 对　　　　2) 不对　　　　3) 没说
Ответ: ☐

13. 孙先生说，他自己生活到102岁是因为从事书法。
1) 对　　　　2) 不对　　　　3) 没说
Ответ: ☐

14. 现在住在上海的书法家从早到晚都在写字。
1) 对　　　　2) 不对　　　　3) 没说
Ответ: ☐

分析：听力材料分为三个部分。每个部分约为250字，每10秒约为15个字，语速适中。但由于该题目的特殊性，读完第一遍材料中没有任何停顿，30秒后则开始读第二遍。该答题顺序和传统HSK听力考试中的一段对话一个选择题的设置不同。因此难度有较大的提高。但可能由于编写者觉得难度过高，因此改变了选择题的设置，14道选择题中有10道属于判断题的选项，因此降低了一部分的难度。但这导致听力部分的难度琢磨不清，一方面和我方日常教学不同，另一方面则让试卷的设计难易度产生问题。值得注意的是，第三部分的听力材料出现在《新实用汉语课本》第二册（2014版北京语言大学出版社）第15课"阅读和复述"部分，14~15页。可以看出出卷人对于当今俄罗斯汉语学习者的教材有一定的了解。

2. 阅读部分分析

阅读第一部分的材料及选项如下。

　　昨天是张大力女儿的生日，他买了一条很漂亮的项链做礼物。他知道女儿喜欢看京剧，所以还买了两张晚上的票。

　　他们在饭馆吃了饭以后，就去看戏。回家的时候，已经很晚了。天气不好，开始下雪了，路上的人也少了。他们骑着自行车往右拐，一个人从旁边走出来，问他们："请问，这里有没有派出所？"张大力告诉他："没有，派出所离这儿很远。"那个人又问："现在哪儿可以叫一辆警车来？"张大力回答说："可以打110电话。"

　　"你有没有手机？"那个人又问。张大力说："没有。"

　　张大力正在想那个人为什么要问他这些问题，突然，那个人拿出刀来了。张大力说："你忘了问一个问题了。我告诉你，这儿虽然没有警察局，可是有一个老警察，他抓过九十八个像你这样的人，马上要抓第九十九个。"

　　"老警察在哪儿？"那个人问。"在这儿！我就是！"

　　那个人吓坏了，手里的刀也掉在地上。他被张大力送到了警察局。

| 15 | 张大力的女儿很漂亮。

　　1) 对　　　　2) 不对　　　3) 没说
　　Ответ: ☐

| 16 | 张大力的女儿很喜欢看京剧。

　　1) 对　　　　2) 不对　　　3) 没说
　　Ответ: ☐

| 17 | 张大力和他女儿看完戏就去饭馆吃饭。

　　1) 对　　　　2) 不对　　　3) 没说
　　Ответ: ☐

| 18 | 张大力不会骑自行车。

　　1) 对　　　　2) 不对　　　3) 没说
　　Ответ: ☐

| 19 | 张大力抓了第九十九个犯人。

　　1) 对　　　　2) 不对　　　3) 没说
　　Ответ: ☐

分析：本段文章选自《新实用汉语课本》第二册 第25课 "阅读与复

述"部分《张大力的故事》237~238 页。所需要了解的汉字水平在 HSK 三级左右。选项设置上采用了判断式的选项。难度较低。

阅读第二部分材料及选项如下。

中国的气功是一种独特的治病健身方法。近些年，练气功的人越来越多。不少外国人也对气功产生了兴趣。

来中国留学以前，在圣彼得堡安德烈就听过广播里的介绍，看过一些关于气功方面的文章。到中国的大连以后，他听朋友说，学校每天早上都有一些人在操场练气功。一天早上，他来到操场。看见操场上有三四十个人在一位老人的带领下，正在练气功。他想这个人一定就是老师了。他在一边认真地看着，45分钟后，大家练完了，人们陆续走了。安德烈走到老师面前说："您好，老师。我是俄罗斯人，叫安德烈，我很喜欢中国的气功，想跟您学习。您看可以吗？"老师看看他，说："练气功要坚持，连一门课都不可以逃。你能做到吗？""能做到"，安德烈高兴地回答。"好！那从明天开始，跟大家一起练。不会的地方，我教你。""是，老师。我一定每天都准时来。"

从那天开始，每天早上，在操场上总能看到安德烈在认真地练气功。一年以后，他已经练得不错，参加北京的比赛得了第四名，但自己觉得还要多多练习。

20 安德烈什么时候对气功有兴趣？
    1) 在中国留学的时候
    2) 到中国来以前
    3) 刚到大连
  Ответ:☐

21 安德烈怎么知道他们的学校有练气功的人？
    1) 他的老师告诉他
    2) 他操场练气功的人告诉他
    3) 他朋友告诉他
  Ответ:☐

22 安德烈来到操场的时候，看见了多少练气功的人？
    1) 不到 30 个人
    2) 30~40 个人
    3) 40 多个人
  Ответ:☐

23 操场的人练多长时间的气功？
　　1) 不到三十分钟
　　2) 三四十分钟
　　3) 四十多分钟
Ответ: □

24 安德烈跟谁学气功？
　　1) 老师
　　2) 朋友

分析：本段材料同10余年前在俄罗斯流行的"气功"有关。这个词语对于大部分母语非汉语的学生是陌生的。因此学生需要结合一定的答题技巧才能在材料中找到正确答案。该段材料涉及的汉字与第一部分的材料相比提高了难度。整体难度约在HSK四级。

第三部分的阅读材料及选项如下。

　　我自己是农村长大的，但是我觉得孩子最好在城市长大。对孩子来说，城市的生活要比农村好得多。和农村比较，城市有更好的学校、医院，更方便的交通，能让孩子更多地了解外面的世界。
　　对父母和孩子来说，健康和教育是两件最重要的事情。首先，一些设施和条件很好的医院都在城市。如果在农村生病了，有时候没有好医院可以去。其次，城市的生活水平一般比农村的高，教育一般也比较好。
　　孩子生活在城市，在城市长大，可以通过电视、网络获得各个方面的信息，能比较多地了解外面的世界，对他们的未来发展非常有利。
　　最后，城市的交通很方便，如果带孩子出去，可以坐地铁、出租车等。住在农村的孩子去哪儿都不会那么方便。

25 孩子在城市长大和在农村长大比较起来，
　　说话的人认为：
　　　　1) 孩子在城市长大比在农村更好
　　　　2) 孩子在农村长大比在城市更好
　　　　3) 孩子在城市长大跟在农村长大一样好
Ответ: □

26 城市和农村比较起来，说话人认为，城市的：

    1) 交通比农村的方便

    2) 医院比农村的差

    3) 教育水平和农村的一样高

Ответ: ☐

27 说话人认为，说到住在城市孩子的未来，最有好处是什么？

    1) 可以坐地铁

    2) 可以上学

    3) 可以上网收到各种各样的信息

Ответ: ☐

分析：第三部分阅读材料相对于前两部分的难度有了明显提升。学生需要对"比较句"有良好的理解才能读懂问题。并且出现了"教育水平""未来发展""设施条件"等难度较高的词语。因此学生需要有大量的词汇量才能读懂该篇文章并做出正确的选择。该题难度较大。

阅读部分整体分析：同 HSK 考试中一段短材料两道问题的阅读部分不同，俄罗斯高考汉语样卷中的阅读部分篇幅较长，选项相对较少，但难度依然很高。类似中国中学语文考试的试题类型。这种长篇幅的题型，直接提高了整体的难度水平，学生需要在接收信息、筛选信息过后正确分析出选项所指出的问题，并解答。阅读是日常教学中较少进行的部分，原因是阅读需要耗费较多的时间，对直接提高学生汉语水平的能力不如语法题带来的提高。因此想要提高学生的阅读水平，需要在日常教学中增加学生的汉语词汇量。这是今后工作值得注意的一点。

3. 语法部分分析（题干已翻译成中文）

（1）请选择下面词语的正确声调。

有时候。

1) 2-3-0　2) 3-2-4　3) 3-2-4　4) 2-3-0　5) 3-2-0

正确答案：5) 3-2-0

分析：有时候，这个词语出现在《新实用汉语课本》（2014 版 北京语言大学出版社）第二册中，难度较低，需要注意的是，有的学生会忽略最后的轻声部分。

（2）给下面的句子选择合适的量词。

母狗生了三（　）小狗。

1）个　2）件　3）本　4）张　5）只

正确答案：只

分析：量词是学生在接触汉语的初级阶段就会学习到的部分，作为接触的量词一般为个、只、件、口、张等。此处的小狗一词出现在《新实用汉语课本》第一册（2014版　北京语言大学出版社）中。难度较低。

（3）请选出下面不属于"交通工具"一类的物品。

1）飞机　2）船　3）地铁　4）手套　5）自行车

正确答案：4）手套

分析：此题考查的是学生对于词语交通工具的理解，以及词汇量的掌握。上述词语中飞机、船、自行车、地铁在《新实用汉语课本》第二册。手套可以通过排除法选出。难度较低。

（4）我的女朋友饺子包得（　）别人好。

1）比　2）跟　3）离　4）从　5）为

正确答案：1）比

分析：此题考查学生对于比字句的掌握情况。比较句在《新实用汉语课本》第二册（2014版　北京语言大学出版社）17课65页语法部分出现。此处为复杂比较句，有一定难度。

（5）根据下面的汉语数字的说法选择阿拉伯数字。

五千四百一十五万零一十六

1）54105016　2）54150106　3）54150016　4）54510016

正确答案：3）

分析：此题考查学生对于万以上的计数法的掌握能力。此考点出现在《新实用汉语课本》第三册（2014版　北京语言大学出版社）第31课81页语法部分。难度较大。因为同时要掌握好汉字的读写法同相对应的数字。数字在语言中属于较难的部分，需要同学习的数学相结合。此外需要注意题目中零的具体位置。

(6) 选择合适的介词。

他没去（　　）非洲。

1）了　2）着　3）过

正确答案：3）过

分析：此题考查学生对于着、了、过三个介词所表示的意义和时间不同的区分。需要将三个介词完全掌握才能明白其中不同的含义。这里需要理解为表示经历。选择 C 过。

(7) 选择合适的结构助词。

小孩儿一看见熊猫就高高兴兴（　　）跳起来了。

1）的　2）得　3）地

正确答案：3）地

分析：此题考查学生对于结构助词的、得、地的用法。此语法部分出现在《新实用汉语课本》第三册（2014 版 北京语言大学出版社）第 32 课 99~100 页语法部分。学生需要了解的、得、地，在句子中出现的不同位置，并且加以区分。难度较大。

(8) 选择合适的词语填空。

这种橘子太酸了，不要（　　）买了。

1）再　2）才　3）就　4）又　5）还

正确答案：1）再

分析：此题考查助词的用法。学生需要了解各个助词所表示的含义。如"再"表示动作的重复，"才"表示动作在短时间内完成。这里的五个选项中，"再"和"还"具有一定的混淆程度。学生需区分好两者不同的用法。此题难度较大。

(9) 选择合适的词语填空。

他学（　　）了骑自行车没有？

1）完　2）会　3）好　4）住　5）错

正确答案：2）会

分析：此题考查学生对于结果补语的掌握情况。这里的不同词语在做补语时表示的含义不同，如"完"表示事情完结，如吃完饭、看完电影。"会"

表示掌握技能，如学会看书、学会跳舞；"好"表示事情完成，如写好了作业、做好了饭。"错"表示动作的目的没有达到。选项中的各个词语不难，但是此处需要作为结果补语带入句子，难度较大。

（10）选择合适的词组填空。

今天作业不多，晚上她做（　　）。

1）得起　2）不完　3）得完　4）不下

正确答案：3）得完

分析：此题考查学生对于可能补语的掌握情况。该语法部分出现在《新实用汉语课本》第三册（2014版　北京语言大学出版社）第33课118页的语法部分。此处需要了解可能补语，"得"和"不"分别表示事情可能（不可能），以及"起""完""下"的不同搭配。难度较大。

（11）选择合适的词组填空。

老师从外面走（　　）了。

1）起来　2）得下　3）得来　4）进来

正确答案：4）进来

分析：此题考查学生对趋向补语和可能补语的用法。其中趋向补语的用法出现在《新实用汉语课本》第二册（2014版　北京语言大学出版社）第16课语法部分40~41页，可能补语的用法出现在《新实用汉语课本》第三册（2014版北京语言大学出版社）118页。此处需要了解选择动作"走"的补语。将四个词语一一带入可以选择"进来"。

（12）选出下面没有错误的句子。

1）她汉语说的跟中国人一样。

2）她汉语说得跟中国人一样。

3）她跟中国人的一样说汉语。

4）她汉语说得给中国人一样。

正确答案：2）她汉语说得跟中国人一样。

分析：此题考查学生对情态补语和"跟……一样"固定词组的用法。情态补语出现在《新实用汉语课本》第二册第15课的语法部分中。"跟……一样"出现在《新实用汉语课本》第二册（2014版　北京语言大学出版社）第

19 课 108 页的语法部分中。需要注意的是情态补语所选择的助词是"得"。难度较大。

（13）选择合适的关联词。

（　　）要准备考试，（　　）我不能参加今天的舞会。

1）因为……，所以……

2）虽然……，但是……

3）要是……，就……

4）除了……以外，……

正确答案：1）因为……，所以……

分析：此题考查学生对于关联词的掌握。其中难度最大的关联词是"除了……以外，……"学生需要读懂前后句的逻辑关系。此处前一句是后一句的原因，因此选择1）。

语法部分试卷分析：本次考试中语法部分涉及的难度在 HSK 三级到 HSK 四级的水平。根据所选择的考查内容来看，补语所占的结构较大。同时值得注意的是，如果学生按照教师要求，学习完《新实用汉语课本》第三册（2014 版 北京语言大学出版社）的全部内容后即可以作答。从总体情况来说，出现了考查的重合点，在第 8 题和第 9 题都出现了可能补语的考查。从整体考查点分布情况来看，涉及以下的语法知识。

（1）汉字的声调（1 道）。

（2）量词的掌握（1 道）。

（3）名词的掌握（1 道）。

（4）比较句的掌握（1 道）。

（5）万以上的计数法（1 道）。

（6）结构助词的用法（2 道）。

（7）补语的用法（4 道）。

（8）关联词的用法（1 道）。

从上述总结看来，本次考试涉及的语法点覆盖范围较广，从基础的声调到相对复杂的补语的用法都包含在内，符合试卷设计的广泛性。但是由于选择没有涉及一些困难的语法，如把字句、被字句的掌握之类，从而无法拉开整体的差距，降低了整卷难度。同时由于考查补语用法的题目几乎占了全部试题的三分之一。考点设置过于集中。

4. 写作部分分析

写作部分共有两个部分，以下是试题分析。

第一部分题目如下。

请你给别人介绍一下你的生日，需要回答以下问题。

（1）你的生日是几月几日？

（2）跟谁一起过生日？

（3）客人送给你什么礼物？

（4）在哪儿过的？

（5）玩儿得怎么样？做什么，谈什么，吃什么，喝什么？

回答应在130~160字。以生日我过得非常快乐为结尾。

分析：本篇作文属于给材料的命题作文。学生需要回答下面的问题，并且将每个问题用自己的话流畅衔接起来才能得高分。值得注意的是，此篇作文的要求是130~160字，而HSK五级的作文部分要求只有80字左右。因此该篇写作部分的难度大大超过HSK五级的难度。

第二部分题目如下。（已翻译成中文）

请你回答这个问题：人们为什么学外语？请写出三个原因，字数在140~180字，并使用下面的计划。

（1）论点。

（2）主要内容，人们为什么这么做？

原因一

原因二

原因三

（3）总结论点。

分析：本篇作文类似国内英语四六级考试的写作部分，都是给出一个论点，之后分成全文三部分的结构。其中议论部分常常需要提供三个原因。本篇字数要求为140~180字，几乎达到了HSK五级要求的两倍字数。对学生论述，以及行文格式的要求较高。

写作篇总体分析：写作作为考查学生语言综合能力的重要部分，一直是困扰众多汉语学习者的难题，也是汉语教育工作者的难题。从此篇样卷的写作部分我们可以看出，出题者并没有考虑到实际的情况，忽视了试卷难度的调节。写作部分两篇文章都远超 HSK 五级的难度水平。对于学生来说是巨大的困难，并且同语法部分的难度呈现出明显的链接不畅。不符合试卷设计的原则。

三、对孔子学院今后教学方向转变的建议

（一）加强日常教学中写作所占的比重

从样卷的分析中，我们可以明显地看出，对于要求学生短时间内写出两篇 150 字左右的小论文，确实对水平在 HSK 四级左右的学生来说，是个不小的挑战。原因如下：①在日常孔子学院汉语教学上，抛开专门的 HSK 辅导课，日常写作的比重不能说很大，在 HSK 五级的考试中才会出现小论文写作，而且考试要求的字数仅仅为 80 字左右。这同高考样卷中字数标准 130～160、140～180 相距较大。这也对学生所掌握的词汇量是一个巨大的挑战。同时，由于对外汉语写作教学相对于其他如听力、口语教学起步需要的起点高，加之目前没有相对成熟的理论体系，几乎全部的写作都依赖教师的个人教学水平。②由于汉字区别于字母文字的特点，想要达到 HSK 四级水平需要掌握 1200 个汉字，达到 HSK 五级水平则需要掌握 2500 个汉字。认识使用这么多汉字对于学生已经是较大的困难，更不用说要熟练书写一篇 150 字左右的小作文。此等难度可想而知。

因此十分有必要从根本上加强学生的写作能力。教师可以根据学生的水平在日常课程中多布置如日记、便条、信件、看图作文等练习。并在日常学习生活中多给学生积累常用的词语和写作句子、写作格式等知识。这方面是日常汉语教学中需要尽快弥补的不足之处。

（二）将日常课程中的汉语综合课逐渐转变为语法课、口语课、听说课等

在多数俄罗斯孔子学院（课堂）的课程设计中，汉语综合课一直是主要课程，需要教师自己根据课程的进度来确定某节课是侧重听力多一些，抑或

是口语训练多一些。这种方式的好处是可以随机应变,灵活掌握课程节奏及时间。但缺点也比较明显:一是考验教师的个人能力,经验不足的教师很容易使课程设计混乱,导致学生的接受能力受到影响。二是学生在课程中有时候无法了解课程重点的侧重,因此可能会导致教与学的脱节,从而影响教学进度。

因此,如果在相当长的一段时间内将一直以来的汉语综合课转为针对不同学生、不同需求的口语课、听说课、写作课等课程,对于教师和学生都能产生积极的影响。一方面教师可以根据具体的课程及理论充分准备好课程;另一方面学生也能根据自己的需求选择课程,更加符合人性化的原则。同时也更能激发学生学习的积极性。

但是这种教学方式也存在一定弊端。一是容易导致学生在听说读写方面的不同步,如一个学生的口语听说方面很不错,但是书写方面的能力却没有能够和极高的听说能力相匹配,这同我们常说的偏科类似,不利于汉语水平的全面提高,在一定时期也会互相限制听说读写各个方面的提高。二是课程改革难以落实,孔子学院(课堂)的性质通常为中外学校合作,外方院校同时也面临着诸如招生、当地法律法规等问题的制约,同时观念不同也可能导致改革推行的受阻。所以这仍然是一个任重而道远的问题。

(三)丰富教材的类型,根据学生需求选择教材

俄罗斯境内的多数孔子学院(课堂),或其他教学机构,目前所使用的汉语教材,多数仍为由北京语言大学出版社出版,刘珣主编,2006年8月第一版的《新实用汉语课本》(俄文版)。作为对外汉语的经典教材,《新实用汉语课本》是一本集课文、生词、会话、语音练习、汉字、语法、写作、阅读、文化知识于一身的优秀教材。教材区别于以往线性教材,注重螺旋式上升、循环重现的结构,同时将功能性放在突出的位置,真正地对外汉语教材做出了改变。但是由于这本教材是中加合作编写的,所有的内容也是从英语翻译成俄语,因此有一些翻译会有失偏颇,导致学生难以理解,同时由于没有同国家国情相结合,会导致学生对于某些文化方面的认识不够深刻。这本教材出版于2006年,迄今已经有13年的历史,一些生词或文化早已不符合现在汉语的实际。因此适当选取新的中俄合编的教材是一个很好的解决

方案。

根据学生的需求选择教材符合因材施教的教学本质。在汉语加入俄罗斯高考的大环境下，全新的中俄编写的教材《Время учить китайский язык》《该学汉语了》可能是一个不错的新选择。作为主编的亚历山德拉·西佐娃表示：因为中国一直在变化，中国变化太快，所以我们应该反映这些变化的影响。比如说"自拍"，还有一些在网络上常常用到的词汇，我们学习汉语的时候没有用过这些东西，也没有说过这些话，因为当时还没有出现这些事物。① 目前《该学汉语了》系列教材已经被俄罗斯教育部列入中小学推荐教材。

教材是汉语教学的重要环节，优秀的教材能够给学生带来极好的沉浸式汉语体验，激发学习兴趣。因此，编写或使用与时俱进突破创新的新汉语教材也是我们面对汉语加入俄罗斯高考这一现状优秀的解决方法。

结语：从目前公布的俄罗斯高考汉语试卷的分析来看，尽管此次汉语样卷的设计存在难度分配不均，以及考点过于集中等问题，学生如果想取得不错的成绩，需要至少达到HSK五级的水平。但从目前孔子学院（课堂）的教学情况来看，这不是在短时间之内能够达到的水平。因此这次的样卷只能给以后的日常教学提供一个大方向，即加强听、说、写作在日常教学中所占的比重，并且培养学生良好的学习习惯。这也是笔者分析此次样卷后最大的直观感受。

汉语教学这些年在俄罗斯的发展取得了很好的成绩，未来的发展前景也充满希望和挑战，但由于一些政策限制等原因，总体上仍然任重而道远。这也需要站在汉语教学最前线的汉语教师（志愿者）、孔子学院（课堂）、国家汉办的不懈努力。相信在不久的将来，随着汉语加入俄罗斯高考，定然会有越来越多的汉语学习者出现，汉语教育也一定会绽放在俄罗斯的每一个角落。

---

① 汉语将纳入俄罗斯"高考"！《该学汉语了》央视新闻 2019 年 4 月 13 日 https：//mp．weixin．qq．com/s/vZVAHn－zc7gbqsX95ZjMmA

意大利卡利亚里国立住读高中汉语教学案例分析*

陈思婷

一、绪论

（一）意大利汉语教学概况

意大利的汉语教学有较长的历史，早在 1732 年，意大利神父马国贤（Matteo Ripa）就在那波里创立了"中文学院"，这也是西方第一所汉语学校。① 随着近年来"汉语热"的不断升温，截至 2018 年 12 月 31 日，意大利已有 12 所孔子学院，39 所孔子课堂，且在汉语教学方面也取得了令人瞩目的成绩。② 以罗马大学孔子学院为例，自 2006 年成立以来，已陆续开设了 6 所各具特色的孔子课堂，不断完善课程体系，开设了 9 个级别的成人汉语课、精品华文班、儿童汉语、旅游汉语等特色课程，在 HSK、YCT 和 BCT 等考试方面也形成一套系统化的管理与考试程序，积极开展品牌文化活动，打造"孔子学院名片"，并搭建信息化资源平台。③ 此外，在米兰大学、那不勒斯大学和威尼斯大学等也都建立了孔子学院，这些无疑都极大地推动了汉语教学在意大利的发展。

随着汉语教学在意大利的不断发展，汉语教学也不断深入基础教育，越

---

* 本文作者陈思婷，北京外国语大学，中国语言文学学院，北京海淀，100089。
① 马西尼. 意大利汉语教学与研究概况 [J]. 世界汉语教学，2009（2）.
② 资料来自孔子学院总部/国家汉办官网。
③ 资料来自罗马大学孔子学院官网。

来越多的中小学开设汉语的兴趣班、选修课或必修课。2016年9月，意大利教育部颁布了《意大利高中汉语教学大纲》，这也是意大利第一部国家汉语教学大纲，对指导和规范意大利高中汉语教学有十分重要的意义，同时也代表了汉语教育被正式纳入意大利国民教育体系，使汉语教育紧跟基础教育不断健康发展。①

（二）卡利亚里国立住读高中汉语教学情况概要

1. 学校情况

卡利亚里国立住读高中（Convitto Nazionale Vittorio Emanuele II di Cagliari）成立于1681年，坐落于意大利撒丁岛大区的首府卡利亚里。该校于2015年11月2日与意大利罗马大学孔子学院下设卡利亚里孔子课堂合作，是撒丁岛上首个与卡利亚里孔子课堂合作的高中教学点，也是撒丁岛大区首个将汉语必修课纳入课程体系的高中。现任校长保罗先生（Paolo Rossetti）非常支持汉语教学，他认为学生们学习汉语与中国文化能使学生更加开放与包容，于他们而言既是机遇也是挑战。

2. 汉语教学情况

卡利亚里国立住读高中在罗马大学孔子学院、卡利亚里孔子课堂和罗马国立住读学校的支持与帮助下创立了国际理科高中，采用中意合作的教学模式为学生们开设汉语必修课，每周有六个课时，课时量甚至超过学生主修课的课时量。此外，每周还有一个课时的地理历史课，由中方教师教授。

从2018年10月起由一名意方教师和笔者一起带高中一年级的初级汉语班的学生学习汉语，中意教师的课时量比为2∶1。意方教师硕士学历，有3年的中国学习经历，能熟练运用意大利语、英语和汉语，有丰富的语言教学经验。中方教师为汉语国际教育专业硕士在读，主要使用汉语（零基础阶段也辅助英语）教学。意方教师主要负责讲解语法、汉字处理与课文的翻译，中方教师负责生词复习与汉语口语的练习。使用教材是由罗马大学孔子学院外方教授马西尼（Federico Masini）主编的《我们说汉语》（《Parliamo Cinese》）系列教材的第一册以及《汉字》（《Introduzione alla scrittura

---

① 金志刚，史官圣.《意大利高中汉语教学大纲》分析与应用 [J]. 云南师范大学学报，2018，16（3）.

cinese》),对应 HSK1~2 级。学生最终的考核标准主要由任课老师来定,最终总成绩包括他们的平时成绩、单元测试成绩与期末测试成绩。

二、汉语教学案例与分析

本文将主要结合作者的亲身教学实践,选取 5 个典型的案例进行描述与分析。由于我们的教学对象是中学生,较大的问题集中在课堂管理与教学,因此本文主要侧重课堂管理与汉语教学这两个方面,希望能对教学进行反思总结,改善今后的教学,也给新手教师一些借鉴。

(一) 课堂管理案例

课堂管理是教师为了实现既定教学目标,采取有效的教学组织形式、创造愉快的教学情境、建立良好的教学秩序的过程。① 对于处于非目的语国家的学生来说,汉语课堂教学是学生直接接触汉语、学习和掌握语言技能的最直接途径。案例中的学生年龄在 13~14 岁,刚步入青春期,也刚从小学进入中学,在课堂纪律上还常有些问题。因此,为了顺利开展课堂教学活动,提高课堂教学效率,需要教师进行必要的课堂管理,建立良好的课堂秩序。

案例一:课堂问题行为

我们高一初级汉语班的学生共有 26 个,学生性格各异,但大都比较热情,对汉语学习也很积极。然而对于刚刚由"放养"式的小学进入中学的他们来说,适应新的规定还需要一段时间。学生在小学阶段的课堂相对自由些,一开始上课,学生常有上课出来扔垃圾,跑到教室后开窗透气,坐在窗边边晒太阳边上课等行为,一般这个时候,意方老师都会较为严厉地制止,并告诉学生这样做是不可以的,学生也会意识到,一般不会再犯,但偶尔也会无意识地违反规则,老师们稍加提醒也就可以了。

一次上课,我发现一个学生在低头专心致志地倒腾什么。当时我们正在读课文,我边接着带学生读课文,边走到他前面,把手伸给他。学生有些紧张和羞愧地看着我,不愿意交出来,我对他比了个口形,再伸伸手,他只能

---

① 姚美美. 对外汉语新手教师课堂管理实践性知识研究 [D]. 北京:北京外国语大学硕士学位论文, 2014.

把手里的一个小纸团交给我,我看出他的担心,给他指指课文读到的段落,冲他笑笑,学生的情绪才稍微缓和下来,开始和大家一起读课文。下课后他来找我,但也不说话,我把他的纸团还给他,告诉他没关系,但是我们下次不可以上课玩了,他也不太好意思地点点头。

另一个比较大的问题就是上课上厕所。刚开始上课时,有一次一个学生告诉我,说他很想上厕所,我说那你快去快回。下课后意方老师告诉我,她和学生约定过,上课不允许上厕所,那个学生知道如果问她一定不让,所以才问陈老师。我告诉意方老师我以为那个学生下课贪玩忘记了,觉得不是故意的,所以让他去了,但是我很赞同她和学生的这个约定,这次我不清楚,但下次会注意,既然是规定就应该执行好。有一次快下课时,学生问我可不可以上厕所,我告诉他,我们上课的规定是不可以上厕所的,你可以再坚持一下吗?学生也点点头,表示可以。后来的汉语课上,学生就几乎没有出现过这个状况了。

对于学生问题行为的管理,意方老师在一开始就非常重视,有时甚至愿意用不少课堂时间和学生强调规则,虽然前期可能会牺牲一部分时间,但对今后的教学却是非常重要的。而作为新手教师的我来说,在一开始,管理学生课堂行为的意识很薄弱,对学生问题行为的管理不够,是在意方教师的影响下逐渐重视起来的。

第一个案例,集中展示了学生们课堂的问题行为。学生的课堂问题行为是学生在课堂中发生的、违反课堂规则、程度不等地妨碍及干扰课堂教学活动正常进行或影响教学效率的行为。[1] 对于课堂问题行为不同的学者有不同的分类,例如Wickman把破坏课堂秩序、不守纪律和不道德等方面的行为归纳为扰乱性的问题行为;把退缩、神经过敏等方面的行为归纳为心理问题行为。[2] 孙煜明将中小学生在课堂上的问题行为分为外向型问题行为和内向型问题行为。[3] 此外,学生课堂问题行为成因也比较复杂,受到物理环境、心

---

[1] 彭丽. 对外汉语课堂问题行为考察 [M]. 北京:北京语言大学,2008.
[2] 威克曼(Wickman, EX). 课堂问题行为类型 [M] // 王巧英,吴焊. 问题行为. 上海:上海教育出版社,2004:3.
[3] 孙煜明. 试谈儿童的问题行为 [J]. 南京师范大学学报(社会科学版),1982 (4).

理环境、家庭因素与社会环境的影响。① 案例中,学生的一些行为,比如出来扔垃圾、上课要上厕所等,受到社会环境的影响。因为在当地的小学,课堂一般是比较轻松自由的,所以学生们刚刚进入中学,对课堂规则意识比较淡薄。另一些行为,比如跑到教室后开窗透气、坐在窗边边晒太阳边上课等,既受到物理环境影响,有时也和学生的心理有关,成因更复杂。

对待学生的问题行为,一方面教师要引起足够重视,从而为高效的课堂教学创造基础;另一方面也需要正确认识学生的这些问题行为,考虑到他们的心理等各方面因素,合理处理。

案例二:课堂纪律问题

学生的课堂纪律问题在第一学期也是各科老师相当发愁的问题。但一开始我没有意识到这个问题,我的汉语课上总是带大家做一些交际性练习或是游戏,需要学生比较活跃,加上有意方老师在场,并没有出现过大的问题,偶尔有学生和同桌说话,我就走到他们身边,或是点他们起来回答问题。但对需要学生安静下来听语法讲解的意方老师来说,纪律就成了一个很大的问题,课上如果常有学生讲话需要老师出声制止,这非常影响教学。

没过多久,各科老师就商量,调整了学生的座位,拆开了特别爱说话的几个学生,把上课容易分心,或是比较调皮爱引起老师注意的学生安排在第一排。刚调完座位各科老师上课也算轻松了许多,但好景不长,大概是学生们彼此熟悉了,大家上课又开始蠢蠢欲动了。

有一次,意方老师有事请了一周的假,汉语课便由我和一位意方负责教学管理的老师来上。第一节课上,我们主要复习词语和简单的句型,于是我采用了一个猜词的小游戏,分组竞赛,学生们的热情很高。虽然比平时的课堂热闹很多,但大家说的大都是汉语,所以复习的效果也还不错,一堂课下来也还可以。但第二节需要介绍新内容和进行交际练习的课就不尽如人意了,意方负责老师多次大声提醒学生要注意纪律,但学生还是经常出现纪律问题。开始我会点说话的学生回答问题,或是走到学生身边敲敲桌子提醒,

---

① 彭丽. 对外汉语课堂问题行为考察 [M]. 北京:北京语言大学,2008.

但说话的学生一多就很难有效果了。于是有时我会停下讲课，一些学生也会主动制止说话的学生，我会告诉学生什么时候安静下来我们什么时候上课，或是告诉大家如果我们能安静下来上完新内容才有时间做小游戏。这样的方法能让学生安静下来，但如果常发生这种情况会很影响教学。

对待纪律问题，我知道事先预防与事后控制很重要，但课前我们也立过课堂纪律的规定，学生仍常出现纪律问题。课下我和意方老师谈这个问题，意方老师对学生的课堂纪律问题抓得很严，学生上课的确安静了，可是不那么活跃了。她说学生觉得她太严厉，所以不太喜欢她，她也挺无奈的。而我则担心自己太严厉，增加大家口语课的焦虑感，所以转而去调整教学环节设计，调整教学节奏，对学生不那么严厉，虽然课堂挺活跃，但也常有因纪律问题影响教学效率的情况。因此，我们各自做出调整，意方老师对待纪律问题依旧严格，但也将原本的生词教学换成了小组游戏的模式，而我上课时也会对学生的纪律问题更严厉些，不能管得太松。这个学期以来，一方面老师们调整了自己的教学与管理方式；另一方面学生们也逐渐适应了课堂规定，班上的纪律情况也好了很多。

成年人的汉语教学中，纪律问题较少出现，更多的是学生过于沉默。然而随着海外汉语教学的不断基础化，学生的群体不只是成人，也常常是青少年或是儿童。因而，课堂纪律问题也成了汉语教师们需要面对的新挑战。案例中，学生们有较严重的外向型问题行为，干扰到了课堂秩序。教师们事先立过规定、调整过学生的座位、课上严厉制止或是提醒，仍存在纪律问题。

学生的纪律问题通常会受到多方面因素的影响，比如学生的年龄、性格、性别，教室的环境等都会影响到课堂纪律，但有的时候教师的一些行为也会影响课堂纪律，比如管理不当、对课堂纪律不够重视、原先立好的课堂规定执行力度不够，或是教学没有根据学生的特点合理安排好教学节奏、教学组织不当等。总之，在海外的中学汉语教学中，教师们需要更加重视课堂管理，有足够的课堂管理上的认识，才能事先做好预防，出现问题后能积极调整，创造良好的课堂教学环境。

（二）汉语教学案例

案例三：老师，汉字第一个字要大写吗？——汉字教学

上汉字课之前一节课上，我给学生专门介绍了汉字，当作一个文化专题，通过图片简单梳理汉字演变的历史。由于之前有学生问过我，汉语第一个字要不要大写的问题，所以我觉得有必要告诉学生汉语和英语是两个不同的语言体系。我给学生展示了几个象形文字，让学生们猜意思，然后引导学生，你们看这个汉字的形状可以想到意思，然后才是发音，这样的文字属于"表意文字"，但是意大利的文字，我们看到就可以读出来，然后再想到意思，属于"表音文字"。它们是两种不一样的文字，所以使用习惯上也会有很多不一样的地方，大家需要慢慢地去发现。学生们听得特别认真，边听边记下。接着，我又告诉学生，也不是所有的汉字都是可以猜到意思的，在甲骨文阶段，大部分的文字是可以猜到意思的，后来慢慢地发生了变化，比较难猜，需要我们去学、去记。

汉字部分的教学大多是意方老师教授的，平时复习时我会选一些有意思的词和学生介绍，比如学"木"的时候，我通过画图的形式顺便给学生介绍了"林""森"以及"果"。有一次在介绍"乒乓"这个词时，我加上了"丘"和"兵"两个字。我问学生，你们知道"皮卡丘"是怎么走路的吗？是"皮卡乒、皮卡乓、皮卡乒、皮卡乓……"学生都笑了，纷纷模仿，并主动把黑板上的字都写下来，记得也特别清楚。

但这些字都是少数，大部分的时候，汉字的学习还是需要学生下功夫的。而这部分大都是我们意方老师的功劳，对汉字的教学她在初级阶段就抓得很严。在我上课之前，意方老师已经讲解了汉字的笔顺，介绍了一些简单的汉字，学生们甚至能记住每一个笔顺的读法。每节课课前学生都需要提前预习，课下学生需要完成汉字田字格的作业（汉字写 10 次，标上拼音和意大利语翻译）和一份汉字的笔顺与笔序的作业，还要制作生词卡片。每次作业我们都会给学生星星（五颗星星换一个熊猫贴纸，五个熊猫贴纸换一个小礼物），上课会玩举卡片的小游戏，后期改为小组赛的游戏模式，单元测试里也一定有汉字书写题和笔顺笔序题。课上意方老师会介绍这个汉字的读音、意思、笔顺笔序、构造，展示繁体字写法以及用法。我们很少课上让学生听写，除了考试中有涉及，大部分留给学生自学，但上课也会经常通过各种方式去重现这些词，或是在其他的练习里涉及这些词的书写。同时，课上会定期举行汉字的小竞赛，例如通过部件联想汉字、汉字的字谜、汉字五子棋和一些趣味动图猜汉字等，学生的兴致会很高。学生在前期重视汉字，并养成了良好的习惯后，学习汉字对他们来说就不再是一个难的问题了。除了课文里的词汇外，学生们经常还会主动去学习一些课外的词，也常常在课后拉着汉语老师或是他们的课后辅导老师（也在学习汉语）复习学过的汉字，让老师说汉字，他们比赛在黑板上写汉字。

汉字教学是汉语作为第二语言教学与其他语言教学的一个非常大的区别，赵金铭先生认为："要突破汉字教学的瓶颈，首先应澄清对汉字的误解，建立科学的汉字观。汉字本身是一个完整的科学系统。"[1] 案例中的学生会产生汉字是否需要首个字大写的困惑，是不熟悉表意系统文字的使用习惯所引起的。教师需要认识到学生们在学习汉字时存在的思维误区，在汉字教学中将汉字作为一个独立的系统来进行教学。案例中的汉字教学重视到了这一点，比如中方老师为学生们介绍汉字的演变，让学生了解汉字属于表意系统的文字，与表音系统的文字有很大区别。意方老师讲解汉字时也会全面地介绍汉字的读音、意思、笔顺笔序、汉字构造、繁体字写法和用法等。

此外，基础阶段的汉字教学是在为学生的汉语学习打下坚实的地基。一方面，教师需要重视汉字教学，强调汉字学习的重要性，帮助学生在初期克服汉字的问题。同时，可以合理利用竞赛等奖励机制鼓励学生，培养学生汉字学习的兴趣。让学生觉得汉字是有趣的文字，而不是很难的文字。另一方面，教学中需要足够重视学生汉字学习习惯的培养，例如写汉字前要重视笔顺、笔序，通过部件联想方式去复习学过的汉字等。

案例四：口语课上如何增加学生的开口率

今天这节汉语课要操练的是邀请朋友。在讲解完语言点后，我带着学生们一起读了一遍对话，提供替换的词汇后再带读了两次，然后给学生5分钟

---

[1] 赵金铭. 汉语作为第二语言教学：理念与模式[J]. 世界汉语教学，2008（1）.

的时间，两人一组进行对话练习，等一会儿请学生来模拟对话。部分学生会认真地和同伴进行练习，也会主动问老师自己不会的问题，但我也发现每当做这样的练习时，我将注意力都放在解决学生的问题上，常忽略了一些浑水摸鱼的学生。当我走到这些学生身边时会发现他们还没开始练习，一直在和同伴用意大利语聊天，看到我时他们才开始练习。我开始有意识地关注这些学生，经常到他们身边观察进展，在展示环节多请这些学生回答。但我也意识到，这样远远不够，虽然一直注意教学公平，但我过去的确会无意识地更关注活跃的学生，对于内向些的学生关注少了些。与此同时，我是否也应该在口语练习的形式上做一些改变呢？

于是第二节课复习时，我给学生每人发了一张小卡片（图1），每个学生选择时间表中的一个时间，写下自己要做什么，打算去哪儿做这件事，然后尝试邀请朋友，填写和谁做这一栏。同时，如果伙伴邀请自己，那个时间点自己如果没有安排，就可以完成这一行的信息。让学生以4人小组为单位，询问并填写表格。学生觉得很新奇，积极性明显高了许多，但对规则似乎还有一些问题，一些英语水平较好的学生会给小组成员解释怎么做，但有的小组的同学都处于不明白要怎么做的状态，我只能过去和学生们再解释一遍，意方老师也会帮我和学生解释。

时间表 (shíjiānbiǎo, Schedule)			
时间	要做什么？	去哪儿？	和谁？
今天			
明天 早上			
晚上			

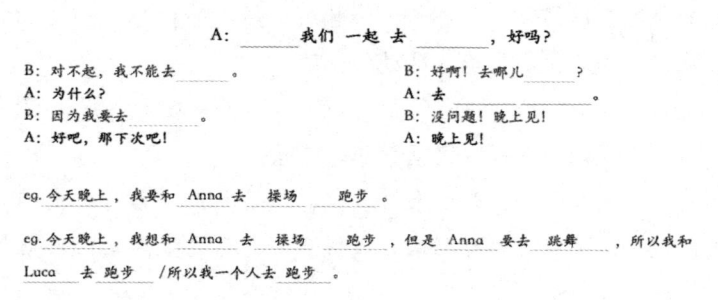

A: _____ 我们 一起 去 _____，好吗？

B: 对不起，我不能去 _____。
A: 为什么？
B: 因为我要去 _____。
A: 好吧，那下次吧！

B: 好啊！去哪儿 _____？
A: 去 _____。
B: 没问题！晚上见！
A: 晚上见！

eg. 今天晚上，我要和 Anna 去 操场 跑步。

eg. 今天晚上，我想和 Anna 去 操场 跑步，但是 Anna 要去 跳舞，所以我和 Luca 去 跑步 /所以我一个人去 跑步。

图1 口语课操练任务卡片

原本的意图是利用时间差,提高学生开口率,表格下方第一段内容是给学生的交际练习一些帮助的,第二部分内容则是给出完成任务后汇报的模式。虽然学生们拿到表格后都很积极,一些平时不爱开口的学生也加入对话里,观察要如何完成表格,最后完成得也不错。但课下反思时,我也发现这个任务设置得复杂了些,可以再稍简化一些。其实在之前的教学中,我也常采用游戏或是竞赛的方式,但不是所有的语言点都适合,大多数时候小组对话练习的形式还是一个增加学生开口率的很好的方法,需要教师花些心思多变换一些形式。

汉语口语课的目标是提高学生使用汉语进行交际的能力,这是一种更为综合的能力。在教学实践中,为了保证口语课的操练质量以及学生的开口率,需要针对不同教学对象的学习风格与每节课不同的教学目标调整操练的方式。案例中,教师通过给学生汉语交际任务来引导学生完成语言操练的任务。这里的汉语交际任务是以母语为非汉语的学习者为对象,进行汉语教学的任务活动。这些教学任务应当符合交际实际、符合汉语交际任务特点、适于学生学习,同时适于教学。在设计汉语交际任务时,需要考虑任务的语言要素、任务活动的形式、任务涉及的范畴和话题特征、完成任务的途径和背景提示。①

案例中设计的任务分了三个部分,先要求学生完成部分表格,再让学生通过交际的形式完成剩下的部分,完成表格后再向全班汇报。任务的确考虑到了难度,通过给教学支架的形式降低任务难度。但在任务的目标上不够明确,规则上稍显复杂了些。任务的目的是操练向朋友邀约这一话题,学生真正进行操练的是第二环节和第三环节,因此可以适当简化第一环节的时间表填写,可以减少时间段,或是给出活动的选项。

案例五:一份说唱作业——汉语教学与音乐

把汉语和音乐结合起来,最初来自学生的一份作业。当时我们刚开始学汉语,一次,班上两个男生单元测试完成得不好,意方老师给他们留了读课

---

① 马箭飞. 任务式大纲与汉语交际任务 [J]. 语言教学与研究, 2002 (4).

文的作业，结果学生把课文改编成了一段说唱，歌词是"你好吗？我很好，你呢？怎么样？还不错。十九八七六五四三二一。"几乎用上了他们当时学过的所有汉语，但是歌词设计和伴奏的制作全部是学生自己完成的，非常有创意。意方老师很开心地和我分享这份作业，我们觉得既然学生对音乐有热情，而且班上很多学生都爱玩乐器，也很有天赋，今后可以多介绍一些简单的汉语歌曲。但在初级阶段，如何选择适合的音乐也是我们比较纠结的。

一直到新年的时候，我们教学生们唱《新年好》的歌，这首歌里的生词不太多，曲调大家也很熟悉。我把歌词写在黑板上，先让学生听了一遍歌曲，然后带着大家读一次歌词，再试着一句一句地教学生唱，学生就基本没有什么问题了，接下来合唱了几遍后，大家就决定分声部合唱了。孔子课堂的春节晚会时，我们给大家留了上台表演的任务，没有强制要求都参加，但学生们大都比较积极，有的学生还自己电子合成了歌曲的伴奏，最后上台展示得也很不错。

第二学期，随着学生汉语水平的提高，他们能学的汉语歌曲也越来越多。课上时间有限，我们只能尽可能截取一些和课堂内容相关的歌曲或是歌曲片段展示给学生。比如有一次意方老师看到我在地理历史课前给学生们发的朝代表，于是在上课时介绍了《朝代歌》，学生们也觉得很有趣。当时我们觉得学生玩过闹过就忘了，毕竟对当时的学生来说这些朝代的汉字还是挺难的，但出乎意料的是当我下节课问学生上节课我们讲了哪个朝代时，学生们就开始唱起了《朝代歌》，哼一半就记起来了。

有次上课，在强调声调的重要性时，我给学生展示了一首相关的歌曲。歌曲的名字是《对不起，我的中文不好》，歌曲MV开头讲了一个留学生因为汉语声调的问题闹的一个笑话，把"我要水饺"说成了"我要睡觉"，学生们觉得很逗。由于歌词重复多，简单易学，课上我给学生解释了一遍，又完整听了一遍，学生就能跟着唱了。下课了有学生就自己唱了起来，有的则来问歌曲的链接。第二节课上课前，学生们还把歌词里不会的汉字打印了出来，标出拼音、意思和笔顺。

早在17世纪，语言学家们就注意到了语言与音乐的关系，Rousseau曾提出"语言起源于人类的歌唱能力"的观点。① 音乐在英语作为第二语言的教学中有很多成功的例子，也有较广泛的应用，例如，Kristin Lems 提出"音乐在英语作为第二语言的教学中，可以对听力、理解、表达、写作等方面的技巧都有提升作用，也能够明显提高词汇量和文化背景知识。"② 而在汉语作为第二语言教学领域，音乐教学的应用也逐渐受到重视。学者们认为音乐在对外汉语教学中的作用主要有：①激发学习兴趣；②增强记忆能力、舒缓情绪，缓解焦虑。例如盛炎通过实验证明，有音乐伴奏的课文讲解比无音乐伴奏的课文讲解的效果要高出 2.17~2.50 倍③；③帮助汉语要素的学习。例如，蒋以亮通过实验发现音乐的训练对汉语的声调和韵母的发音都有帮助，把音乐引进语音教学课堂对优化教学过程起了积极作用。④

案例中，我们不难看出音乐对学生汉语学习兴趣的影响，学生会主动将课文变成说唱形式，主动合成《新年好》的歌词，在学《对不起，我的中文不好》后课下主动学习歌词。与此同时，我们也发现，通过歌曲的形式，学生记忆的效果更高。

但是对教师而言需要注意在教学中合理运用：①要关注到趣味性；②考虑学生的汉语水平，控制歌曲的难度。歌词的难易程度，是否有重复、曲调的难易等。③考虑学生的年龄与性格，了解学生喜欢的歌曲风格。对中学生而言，虽然一些儿歌很适合他们的学习水平，但学生的兴趣可能一般，部分学生会觉得显得自己幼稚，大部分学生比较喜欢说唱或嘻哈音乐，也有的学生对古风歌曲更感兴趣。

三、教学反思及建议

结合以上的教学案例与分析，以及案例发生的地域情况与学生情况，我们对教学中的一些情况进行反思，并提出一些建议。

---

① Rousseau, J. J. On the Origin of Languages [M]. University of Chicago Press, 1852/1966.
② Kristin Lems. Using music in the Adult ESL Classroom [M]. National – Louis University, 2001.
③ 盛炎. 语言教学原理 [M]. 重庆：重庆出版社, 1990 (138).
④ 蒋以亮. 音乐与对外汉语的语音教学 [J]. 汉语学习, 1999 (3).

（一）汉语教学

结合以上案例的分析，在课堂教学上，有以下几点建议。

1. 重视课堂管理，合理处理学生的问题行为，维持良好的课堂纪律。

教师要有课堂管理意识，事先早预防与事后合理控制。而早预防，不只是创设适合学习的教学环境、制定课堂规则，更是要充分了解学生，了解学生可能出现的问题行为以及问题行为的成因。当面对学生出现的不同程度的问题行为时能够合理处理，通过鼓励、有意忽视、突然沉默、变换语调、眼神示意、手势提醒或是直接提醒等方式，以最小限度干预课堂教学的方式解决。既要执行好课堂规则，也要考虑到学生的心理因素。创造良好的课堂教学环境，从而保证汉语课堂教学活动能更高效地进行。

2. 汉字教学中要将汉字作为一个系统进行教学，重视学生汉字学习习惯的培养

对非汉字圈的学生来说，相较学习其他语言，学习汉语时汉字是一个非常大的问题，但又是不得不克服的问题。教师在学生学习汉语的初级阶段就应当足够重视，要将汉字作为一个系统进行教学，建立学生科学的汉字观。同时要帮助学生养成良好的汉字学习习惯，在初级阶段就抓好笔顺笔序。

3. 汉语口语教学中，重视教学环节设计

汉语口语教学中，为了提高学生的开口率，保证口语课的操练质量，需要根据不同的口语教学阶段的不同目标，结合不同教学对象的学习风格设计教学环节，把握好教学节奏。通过安排游戏、创设交际情境或设置交际任务等多种方式调整操练的形式，调动学生积极性。

4. 关注汉语教学的趣味性，通过多种方式激发学生的学习动机

兴趣是最好的老师，要让学生觉得汉语不是很难的语言，而是一种很有趣的语言。教学中，我们发现建立奖惩制度，给学生星星、小贴纸的形式鼓励中学生课堂发言以及提高作业质量都有不错的效果，能很大程度提高中学生学习汉语的动机。当然除了这些外部动机外，还需要汉语教师们充分了解学生，将趣味性融入汉语教学，让学生真正喜爱汉语。例如，将音乐与汉语教学结合、开展相关的文化活动、提供一些影视资源或是利用社交媒体等多样的形式激发学生的学习动机。

（二）教学模式

中意教师合作教学的模式是目前意大利汉语教学较为通行的教学模式，也普遍在小学和中学汉语教学中使用。朱勇、孙岩提出这种教学模式存在的问题主要集中在教学任务的分工和语法问题的讲解上，此外还存在中意教师课时按1∶2分配在中高级汉语教学中不太合适等情况。① 在笔者的教学实践中，也遇到过此类问题，教学前期，给学生分配的作业和意方教师已给的作业有冲突、教学安排不明确或是双方教学进度不一致等，一开始的确需要课后很多的时间商量课堂规则、奖惩制度、教学安排、作业分配等问题，但这些问题在与意方教师沟通后问题就不大了，教学中配合也有更有默契。意方老师备课或是批改作业时有语法问题，我们会在whats up上随时沟通，笔者在上地理历史课时，一些不容易理解的内容，意方老师也常留下来帮笔者给学生翻译，或是帮笔者改课件里的翻译。

因此我们认为，在中意教师合作教学的模式中，教学任务分工、语法问题讲解等问题可以通过沟通解决，但这也需要双方教师牺牲课下时间进行积极沟通、相互理解，对双方教师都是一种挑战；中意教师的课时分配问题在中高级阶段的汉语教学中需要根据具体情况合理调整；还需要制定更为明确科学的教学进度安排和教学任务的分工以提高双方教师的合作效率。

（三）教学资源

根据作者的了解，目前在意大利的中学中使用的汉语教材主要是《意大利人学汉语》和《我们说汉语》，二者都是非常优秀的国别化汉语教材，前者是较早些的教材，更适合大学授课，对于中学生的汉语必修课而言一些进度稍有些慢；后者是较新的教材，是由罗马大学孔子学院中意教师合作编写的意大利第一部高中汉语教材，配有在线电子书及音视频材料、课后练习册及教师用书。目前卡利亚里的中学汉语教学中也都开始使用该教材，但除此之外的其他一些专门的听力、口语、阅读等教材较少。

除教材外，一些教学读物也比较匮乏，除了孔子学院的杂志外，学生能够获得的读物很有限。虽然目前国家汉办会定期为各个孔子学院提供教学资

---

① 朱勇，孙岩. 意大利汉语教育的现状、问题与对策［J］. 云南师范大学学报，2014（4）.

源方面的资金支持,在孔子学院与课堂也都建有中文的阅览室,解决了很大的问题。但一些优秀的汉语读物仍存在缺少意大利语翻译的问题。对于不是与孔子学院合作的当地中学而言,这些资源更是匮乏。

网络资源方面,中学生对汉语的影视作品与音乐的兴趣较高,但这方面的最大问题还是在意大利语的翻译上。同时,中学生使用网络社交媒体比较普遍,instagram上也有不少汉语学习的账号,这些对学生而言都是不错的汉语学习材料。

因此,在教学资源方面,国别化的本土汉语教材及一些非主干的教材还有待开发,一些教学读物和影视资源还需要更多的翻译。同时,我们也建议通过网站或是网盘的形式,将教师们的电子教学资源共享,比如教师们制作的汉字描红或田字格、适用于教学的歌曲、补充的阅读材料、语言学习的网站及教学案例等。此外,可以在中学建立汉语角或是中文的阅览室等,共享更多汉语学习资源。

以上是笔者结合案例以及教学实践进行的分析和总结,实际教学中的情况更为复杂,文中的案例和总结的方面也有限,对意大利中学汉语教学体系、教师培养等方面的问题也未提及,仅记录了笔者在教学中遇到的几个较为典型的案例以及教学中面对的相对重要的几个方面,希望给学科发展与新手教师的教学提供一些参考。

目前,在意大利越来越多的中学将汉语纳入必修课。我们一方面看到了汉语教学的基础化对汉语作为第二语言教学学科发展的促进作用,另一方面也迎来了教学体系、教学资源等各方面的全新挑战。希望在今后的教学与研究中,能够逐渐解决意大利中学汉语教学中存在的问题,使意大利的汉语教学能够更持续健康地发展。

奥地利汉语教学现状与维也纳大学孔子学院的发展*

牛之童

一、奥地利概况

奥地利，全名奥地利共和国，是位于中欧的内陆国家。地处东西欧的交汇，西与德、法、意、瑞等西欧各国接壤，东与捷克、斯洛伐克、匈牙利、斯洛文尼亚等东欧各国毗邻，自古以来就是从"东方"到欧洲的桥头堡，因此也受到欧洲大陆东西两地之深刻影响，多种文化在此交融与碰撞。作为日耳曼国家的奥地利，根据其联邦宪法规定，官方语言为奥地利德语。奥地利德语同瑞士德语、列支敦士登德语和意大利南蒂罗尔德语一样，属于德语的地域变体。

历史上，奥地利闻名于哈布斯堡统治下的神圣罗马帝国。在此期间奥地利不仅仅在政治上达到了国家发展的顶峰，更是孕育出了灿烂的文化，此时期的代表就是帝国的核心和首都——维也纳。维也纳被中国人熟知源于其"音乐之都"的美名，海顿、莫扎特、舒伯特、贝多芬、施特劳斯家族等音乐家皆成名于此。现今的维也纳已然成了第二次世界大战后欧洲多元、开放，古典与现代相和谐，最适宜居住与发展的代表城市。据调查，目前维也纳有超过百分之四十的家庭在家庭内部使用德语以外的语言进行日常交流，其文化与民族多元的现状由此可见一斑。

---

* 本文作者牛之童，北京外国语大学，中国语言与文化学院，北京海淀，100089。

雍容华贵的金色大厅、雄伟的阿尔卑斯山区和群星闪耀的众多艺术文化名宿,共同构成了奥地利在中国人心目中的第一印象。奥地利已然成为中国人奔赴欧洲旅游的一个胜地。2018年,奥地利再次创造了中国(包括中国香港)游客数量的新纪录。2018年,共有97.3万名中国游客来到奥地利。与2017年相比,增长了8%。在过去10年里,奥地利接待的中国游客数量增长了6倍。

二、奥地利汉语教学发展

(一)起步阶段——前孔子学院时期(20世纪90年代末—2006年)

1. 针对未成年人的汉语教学

奥地利作为中欧国家,地处传统移民核心西欧国家和冷战后新兴的华人移民国家东欧南欧诸国,与比利时、瑞士和北欧五国合称华人移民的"半边缘"国家。

自第二次世界大战后以来,奥地利华人移民数量相对较少,且所做工作以经营中餐厅为主,也有部分从事较为低端的服务业和制造业。自2000年以来,华人移民的教育水平显著提高,来此留学并工作的移民越来越多。随着奥地利的华人人数逐渐壮大,汉语学习的需求首先在华人社区中产生。①

出于此,在20世纪90年代,陆续有奥地利当地华人开办华人学校,学生以华裔未成年人为主,由此诞生奥地利第一批汉语教学机构。其中规模较大的有维也纳中文教育中心、维也纳中文学校、林茨中文学校和萨尔茨堡中文学校等。其中,维也纳中文教育中心是开办时间较长,且目前规模仍然较大的一所教学机构。其于1997年成立,主要针对在维也纳生活的华人的子女,至今已有超过800名学生、30余名教师。除了汉语语言班外,还有诸如国画班、中国舞班、书法班、太极拳班、象棋班等兴趣班。其中语言班每周上课两个小时,兴趣班每周上课一个小时。

除语言机构外,自2005年奥地利教育部将汉语列为其中学语言选修课,但是目前奥地利全国开设汉语课的中学寥寥无几,学生人数不等,一般在10

---

① 郭俭. 奥地利华人的移民历史和社群分布[J]. 华人华侨历史研究,2012(4).

人左右。因此在此时期虽然世界上诸多国家"汉语热"渐显雏形，然而就奥地利而言，学习汉语人数虽在数量上的确呈上升趋势，但是同日韩美等国相差甚远，甚至还远不如同属欧洲的英法德等国。

2. 针对成年人的汉语教学

针对成年人的汉语教育，代表是维也纳大学东亚学系汉学专业（"汉学系"）。自1973年汉学系建立以来，其一直是全奥地利影响力最大、最专业的汉语教学单位，是奥地利唯一设置汉语硕士专业的大学。维也纳大学汉语专业本科共6个学期，前4个学期课程主要包括汉语听、说、读、写等分科课程，以及汉语综合课、汉语语言学课程。到三年级时要学习古代汉语。

除此之外，维也纳大学语言中心是属于维也纳大学的语言培训机构，主要针对大学外的社会人士，培养其汉语的应用能力。另外，联合国维也纳总部和其工业发展组织代表处都开设了语言培训中心，其中有一个汉语班。①

（二）发展阶段——孔子学院成立后（2007年至今）

1. 维也纳大学孔子学院的成立

2005年2月18日，欧洲首家孔子学院瑞典斯德哥尔摩大学孔子学院正式成立，接着，比利时、德国等国相继开始设立孔子学院，欧洲产生了一股设立孔子学院的"热潮"。2006年是中奥建交和奥中友好协会成立35周年，奥地利联邦政府同时确立2006年为奥地利的中国年，中奥两国人民期盼加强双方在经济文化等各领域的交流。与此同时，2006年3月16日，维也纳大学汉学系与奥地利汉语教学协会共同主办了"奥地利中学汉语教学研讨会"，主旨是研究奥地利中学汉语教学的现状，探讨汉语成为高中会考外语科目的可能性。借此契机，2006年9月25日，国家汉办、北京外国语大学、维也纳大学共同合作建立了奥地利的第一家孔子学院——维也纳大学孔子学院。②

维也纳大学孔子学院于2007年开始正式运营。在孔子学院成立之初，一切教学与文化活动还处于探索阶段。教学方面，只开设了两门文化课程：书

---

① 曾祥喜. 奥地利汉语教学现状与发展——以维也纳地区为例 [D]. 汉语国际教育标准与多元化教学——第九届国际汉语教学研讨会，2018-12-15.
② 戴瑶. 维也纳大学孔子学院发展及现状调查研究 [D]. 北京外国语大学硕士论文，2014.

法课和太极拳课；文化活动方面，孔子学院在创立首年举办了不少文化活动，其中代表性的活动是与维也纳大学东亚研究院合作举办的"汉语桥"中文比赛。通过课程的逐渐完善与文化活动中的大力宣传，维也纳大学孔子学院逐步扩大在奥地利维也纳地区的影响力，越来越多的本地人接触并了解到了孔子学院。

2. 维也纳大学孔子学院的发展

（1）管理层面上的发展

自2009年起，维也纳大学孔子学院第一任中方院长，北京外国语大学德语系讲师王静女士正式赴任。中外双方院长开始共同管理孔子学院的事务。不同于其他国家所开办的国际性语言机构，如歌德学院、英国文化协会、法国语言联盟和塞万提斯学院等，中国的孔子学院采取国家汉办、外方大学和中方大学三家机构合办的独特方式，采取中、外两位院长合作管理的模式。这是孔子学院的一大特色，既很好地协调了外方工作人员和中方汉语教师与志愿者的关系，又能将中外双方优秀的教学、管理经验相结合，优势互补，非常有助于孔子学院的良好发展。

自此，维也纳大学孔子学院开始逐渐完善各项规章制度，包括人事、财务、工作等，保证了孔子学院今后各项工作的稳步开展。

随着维也纳大学孔子学院规模的逐步扩大，2011年6月，其将办公及教学区域正式迁至维也纳大学语言中心办公楼。语言中心作为面向全维也纳地区的语言培训机构，位于市中心的繁华街道旁，交通便利。孔子学院的搬迁使其拥有更加方便、开放的办公环境。另外，图书阅览室藏书数量显著增加，并对图书、影音资料的管理更加规范，全部进行编号归类，使书籍的借还更加方便。现在，孔子学院包括一间图书馆、一间秘书处、一间会议室、两间教室和一间活动室，相较学院建立之初有了跨越式的发展。

维也纳大学孔子学院自成立至2009年，教师队伍全部由本土汉语教师构成。2010年开始，孔子学院从四川外国语学院附中招募第一名公派汉语教师，并在2011年招募了两名北京外国语大学德语系的学生作为汉语教师志愿者，之后孔子学院的师资队伍便开始不断壮大。2012年开始从国内高校汉语国际教育硕士专业学生中招募志愿者，多数志愿者来自孔子学院的中方合作院校——北京外国语大学。同时孔子学院也从其他高校中招募部分德语专业或汉语国际专业的学生,作为志愿者来协助各项工作。截至 2019 年 5 月,维也纳大学孔子学院有 3 名公派汉语教师、4 名汉语教师志愿者、2 名外方秘书、3 名兼职教师以及中方、外方院长各一名。

(2) 教学层面上的发展

根据《欧洲语言共同参考框架:学习、教学、评估》,2009 年开始,维也纳大学孔子学院将汉语课程共分为 A1、A2、B1、B2、C1、C2 六大等级,具体不同等级学习者应具备的语言能力说明如表 1 所示。在此六大等级中,根据教材中具体的课程设置和实际需要,又将六个等级中的前三级和后三级分别拆分成两个小级与四个小级。即从 A1-1 到 B1-2 共六级,以及从 B2-1 到 C2-4 共十二级。每周的课程设置为一周一次,一次课三课时,均为晚课。另外,自 2010 年开始孔子学院的汉语课程成绩证书已经纳入奥地利各大学学分体系,达到 75% 以上出勤率并通过期末考试的学生,即可获得孔子学院所颁发的成绩证书,证书上写明了听说读写四项语言基本技能的成绩。凭此证书可获得奥地利地区各大学中的 ECTS 学分。其中,A 级证书可获得 2 个学分,B、C 级证书可获得 3 个学分。

表 1　欧洲共同语言能力量表①

等级	说明
A1:入门级	能理解并运用每天熟悉、与自己喜好有关且具体的表达方式和非常基础的语句,可以介绍或询问、回答自己或他人有关个人的信息,如居住地、人际关系、所有物,对于他人缓慢而清晰的对谈,只能以简单的方式产生反应
A2:初级	能理解在最贴近自己的环境中经常被使用的表达方式或语句,例如非常基本的个人和家庭资料、购物、区域地理和就业,能与人沟通简单而例行性的工作,这类工作通常只需要简单而直接的日常信息。另外,这个等级的学习者,能够用粗浅的词语描述自身背景,以及最贴近自己的环境之中的事物

---

① 欧洲理事会文化合作教育委员会. 欧洲语言共同参考框架:学习、教学、评估 [M]. 北京:外语教学与研究出版社,2008.

续表

等级	说明
B1：中级	能对自己在工作、学习环境、休闲环境等遇到的熟悉事物做出理解，能在该语言使用地区旅游时应付各种可能的状况，也可以对于自己感兴趣或熟知的事物提出简单的相关资讯。另外还能够描述经验、事件、梦境、愿望和雄心大志，并能对自己的意见或计划做出简略的解释
B2：中高级	能理解复杂文章段落的具体和抽象主旨，包括技巧地讨论自己专门的领域，可自然而流畅地和该语言的母语使用者进行例行互动。可以针对广泛的主题说出清晰、细节性的文字，并且可对于一个议题提出解释与利弊分析或是各式各样的想法
C1：高级	能理解包括要求、长篇文章或意义含蓄的广泛信息，自然而流畅地表达，而没有明显的词穷状况发生，懂得弹性并有效率地运用语言在社交、学术、专业目的之上，对于复杂的主题能产生清晰且架构良好、细节性的文字，展现收放自如的组织形式、连结和精巧的策略
C2：精通级	能够轻易理解任何收到的信息，并且针对不同书面或口语来源做出大纲、重新架构不同的论点，提出的表达，自然而非常流畅，紧紧地抓住语言最惟妙惟肖的部分，更能在较为复杂的场合辨别专业上细微的意涵

除了上述学期课以外，维也纳大学孔子学院还开设了很多类型的课程，以满足不同学习者的需要。包括一对一、寒暑期强化班课、汉语体验课、HSK考前辅导课、儿童汉语学期课和少年汉语学期课。其中寒暑期的强化班是主要针对维也纳当地高校的在校生开办的短期集中强化课程，在一个月的时间内每周三次课、每次课四个课时；汉语体验课是孔子学院每月为对学习汉语感兴趣的人们提供的试听课程，希望借此机会让学生有一个了解汉语的机会，并且能够对孔子学院的教学模式有所熟悉；在每学期HSK即汉语水平考试之前，孔子学院会开设一个考前辅导课，按照考试等级和考试项目划分，包括HSK一、二、三级的听说辅导课和读写辅导课，向学生介绍考试的答题技巧；儿童班和少年班是孔子学院特别开设的、针对非华裔未成年汉语学习者的学期课，上课时间在下午，时间为一个半小时。儿童班和少年班的开设也反映出在维也纳地区，非华裔未成年人的汉语学习者逐渐增多，产生

了学习汉语的需求。

除了上述课程以外，维也纳大学孔子学院还和奥地利当地其他汉语教学机构开展合作，其中既包括公立学校，也包括私立教学机构。2009年6月，维也纳大学孔子学院与奥地利国防大学、奥地利外交学院和维也纳科技大学合作。11月，与维也纳第四国立中学展开合作。这四所学校都是维也纳的公立学校，与其展开合作很好地扩大了孔子学院在维也纳以及奥地利的知名度。另外，孔子学院的教师还兼任维也纳大学汉学系口语课、听说课、阅读课、综合课等课型的教学任务。自2011年开始，孔子学院将合作领域拓宽至私立学校和企业，包括莫杜尔旅游大学、维也纳国际学校和多瑙国际小学等。另外还有奥地利其他地区的汉语学校，包括萨尔茨堡中文学校、林茨中文学校以及艾森施塔特语言学校等，这些地区虽和维也纳相距遥远，需要坐数小时的大巴甚至火车，但是仍对汉语教师有着强烈的需求，中文的影响力在奥地利逐渐扩大这一现象可见一斑。

（3）文化活动层面上的发展

孔子学院除了为汉语爱好者提供一个学习汉语的平台以外，弘扬与传播中华优秀文化也是其重要的责任。对多数汉语学习者来说，学习汉语的初衷往往是折服于灿烂悠久的中国文化，在学习语言的同时尽可能多地接触中国文化、了解中国的历史与现状也是他们强烈的愿望。维也纳大学孔子学院在文化活动与推广方面，同样取得了大量杰出的成果。

自2006年维也纳大学成立以来，便积极进行文化活动与推广，拓展同奥地利各界的交流与合作，包括政府部门、各语言文化协会与教学机构、汉语学术研究协会、本地企业等，与之合作举办各类文化活动。此外，孔子学院也积极与国家汉办、国内各院校与机构开展各项合作，承办国内单位在奥地利地区的各项文化活动。根据戴瑶（2014）的总结，维也纳大学孔子学院的文化活动可以分为以下几类（表2）。

表 2　维也纳大学孔子学院文化活动分类①

文化讲座	邀请海内外知名教授、专家或者艺术家来孔子学院为观众开展关于中国文化的讲座，介绍中国民间艺术、建筑、宗教、中外交流等方面的历史和发展。如卡明斯基教授的"中国民间艺术"系列讲座、"做客帕尔菲皇宫"系列讲座等
学术研讨	与各国的相关汉语教学机构举行汉语教学研讨会；邀请海内外知名学者参与研讨会；组织举办与汉语教学、孔子学院管理有关的大型会议。如第二届德语地区孔子学院汉语教学管理研讨会、欧洲地区部分孔子学院联席会议等
作品展览	邀请中国、奥地利等国著名的艺术家举办艺术作品展览，如画展、照片展、书法作品展以及中国传统艺术如剪纸、皮影等展览；还有邀请中国著名的作家举行读书会，如莫言、余华、欧阳江河、杨炼等作家的读书会
文艺演出	中奥等国的艺术团体举行音乐、舞蹈、戏剧、诗歌朗诵等类型的文化演出。比如与维也纳著名乐团共同主办的"我的信念坚定不移"音乐会暨诗歌鉴赏会，由奥地利知名歌剧演唱家、舞蹈家等联袂举行的"丝绸之路"音乐会，以及各类中国民乐演奏会，如由邓小梅国际乐团演奏的二胡音乐会等。并多次协助国家汉办巡演团成功举办多场文艺演出
主题活动	每年举行的春节招待会、孔子学院开放日、全球汉语日、世界大学生和中学生"汉语桥"比赛的奥地利赛区预选赛、与维也纳大学合作的电影节等活动。比如"影像中的多彩中国"电影节、一年一度的孔子学院汉语日等活动
其他活动	不定期地与中奥两国各界、联合国举行不同类型的招待会、代表团访问等活动。比如举行中国法研究会年会与会者招待会、参加联合国"世界和平日"庆祝活动，还有每年一次的组织奥地利中小学生前往中国参加夏令营的活动等

　　除了举办文化活动以外，维也纳大学孔子学院还开设了日常的文化讲习课，向当地人介绍包括书法、国画、剪纸、太极拳、茶艺等中国传统艺术。起初孔子学院将文化课程作为一门学期课长期开设，每周一次，共两个课时。但是文化学期课并没有受到学生们的欢迎，多数学生慢慢放弃了此课程。因此，开设长期文化课的想法未能成行。由此改为文化讲习班，在每学期中不定期举办，类似讲座形式，可自由报名参加。文化讲习课的开办基本取决于教师资源，如有汉语教师或志愿者擅长某项传统文化，即可开办相关

---

① 戴瑶. 维也纳大学孔子学院发展及现状调查研究［D］. 北京：外国语大学硕士论文，2014.

的讲习班。由于汉语教师以及志愿者的不断更替，因此讲习班的具体内容并不固定。

三、奥地利汉语发展面临的机遇和挑战

（一）学习汉语的热情日渐高涨但仍和"汉语热"相差甚远

近年来随着经济的高速发展，中国在各项国际事务中占有日渐重要的地位，且中国的发展仍保持相对地高速发展之势。因此，相比于21世纪初所宣扬的全世界"汉语热"，现阶段西方世界对汉语的热情真正具有了高涨的动机。笔者多数学生，尤其是能坚持到中高级阶段的学生，学习汉语的动机相较于过去有一个明显的变化：从热爱中国独特的文化、热爱汉语到认为汉语是一门在未来一定会越来越重要、越来越有影响力的语言。笔者认为，所谓"功利"的学习目的才是真正保证语言学习成为长期地、大范围地、保持认真态度地被学习者学习的语言。笔者作为现任教于维也纳大学孔子学院的志愿者，在和多位学生的交谈中了解到，不论初级、中级或高级的学生，都认为中文今后会变成一门很重要的语言。多数汉语学习者相信，学习中文会对今后的工作或生活有所帮助，虽然这不是他们学习汉语的唯一目的，但是确实是最能够激励他们坚持下去的重要动机之一。

因此，随着中国在欧洲的影响慢慢扩大，奥地利的汉语学习者数量显著提升，其中孔子学院的发展最能够体现这点。汉语学习者不仅仅限于奥地利华裔未成年人，越来越多的奥地利非华裔成年人甚至非华裔的未成年人都对中文学习产生了强烈的兴趣和需求。这不得不说是奥地利汉语教学的机遇。

但是，汉语在奥地利的现状远远称不上是"汉语热"。相对于美日韩等国，汉语教学在欧洲的发展尚显不足。据胡金定（2014）统计，1997年日本高考中心把汉语列入外语考试科目。考生可以在日本的大学统一高考时选择汉语科目。现在，日本有786所大学，开设专业汉语课程的大学近40所。大部分的大学和短期大学均开设汉语第二外语课程。在校大学生和短期大学生选修汉语的超过200万人。①

---

① 胡金定. 日本的汉语教育现状［J］. 言语と文化，2014（18）.

根据美国明尼苏达大学语言习得中心的统计，2009年7月17日全美有679所大专院校设有汉语课程。2002年美国有34153人在大学学习汉语。2006年增加到51582人。2009年7月17日全美有287所中小学设有汉语课程。根据"今日美国"（USA Today）2007年11月19日的报道，当时全美有3万~5万人在中小学学习汉语。①

反观奥地利汉语教育，其汉语学习者人数甚至远不如欧洲的法国、英国。据China Daily报道，2014年12月，法国汉语总督学白乐桑先生表示，在法国的外语学习者中，汉语学习者人数从第9名跃升至第5名。法国初中将学习汉语作为外语的学生已经超过50%，对于法国学生来说汉语已经成为"王牌"。现在法国约有630所中学开展汉语课，学习汉语的人数约为10万。而英国已将汉语纳入国民教育体系，是欧洲建立孔子学院和孔子课堂数量最多的国家之一。英国政府提出2020年汉语学习人数要达到40万。据中国驻英国使馆教育处统计数据，截至目前，英国已经建立29所孔子学院148个孔子课堂，累计注册学习中文的学生16万余人。奥地利的汉语学习者大多是华裔未成年人，非华裔的汉语学习者主要出自维也纳与格拉茨两所孔子学院与维也纳大学汉学系，而维也纳大学孔子学院2019年春季学期招生报名人数还不足150人，汉学系每年拿到汉语专业学士学位的毕业生更是尚不过百，远不如日本学系，尚未形成一支传播推广汉语语言文化的力量。由此可以看出，从人数上来说，奥地利汉语教学仍有较大的发展空间。

不过，笔者个人认为汉语在奥地利的发展受其独特的文化和国情所决定，汉语本身相对欧语来说也是一门较为弱势的语言，润物细无声地传播与影响方式从汉语教学的长期发展来看不一定是件坏事。正如维也纳大学孔子学院奥方院长李夏德（2014）所说，孔子学院在短短10年里取得了西方语言机构需要几十年甚至上百年取得的成就，赶上了它们的规模，而很多人担心这是不是发展得太快了，需要慢一些。②

---

① Yao, Tao-chung; Yao, Kuang-tien. Chinese Studies in North America: Research and Resources [M]. Zhonghua shu ju, 2010: 773-784.
② 李夏德. 孔子学院与跨文化交流——以维也纳大学孔子学院为例 [J]. 世界汉语教学学会通讯, 2014（4）.

（二）汉语教师团队日渐壮大并走向专业化但人数短缺、不稳定以及质量难以保证仍是常态

自奥地利第一所汉语教学机构开办以来，当地的多数教师都是由本地不同领域的华人或华侨兼职担任，这点也是由学习汉语的学生以华裔未成年人为主而决定的。这些教师从未有过专业的汉语本体知识与汉语教学培训，因其母语是汉语且热爱教学而从事此行业的工作。维也纳大学汉学系的汉语教师，一部分是汉学系毕业的本土教师，其专业是汉学而不是汉语，在授课方面可能相对缺乏实用性和趣味性。直到孔子学院出现，才陆续有中国国内汉语国际教育专业出身的教师承担教学职责。在这一过程中，我们能够看到，奥地利的汉语教师队伍在不断向专业化、职业化发展。维也纳大学孔子学院是维也纳大学和北京外国语大学两校合办的汉语教学机构，而北京外国语大学在甄选其合作孔子学院的公派汉语教师、志愿者时，对本校师生有极大的倾向性。因此，维也纳大学孔子学院的汉语教师和志愿者基本上都是出自北京外国语大学汉语国际教育硕士专业的在读学生、北京外国语大学孔子学院处的全职老师以及北京外国语大学各院系的讲师。他们都是非常专业化的汉语教师，在专业上、学历水平上都是非常过硬的。尤其是相较于其他多数孔子学院而言，维也纳大学的孔子学院教师不仅仅是只经过了国家汉办组织的出国前短期培训的非教师工作者或非汉语教育专业的学生。因此，维也纳大学孔子学院的课程质量能够得到保证，且多数教师都深受当地学生们的喜爱。在孔子学院的带动下，维也纳周边地区甚至是奥地利的其他城市也得到了国家汉办越来越高的重视，从需要维也纳大学孔子学院的志愿者去"支援"其汉语课程，到现在也能够分配到属于本机构的公派志愿者。

然而，奥地利的汉语教师现状仍然不容乐观。首先，当地的华人学校与汉语教学机构的学生仍占汉语学习者的多数，这些学生的教师仍以相对非专业的兼职汉语教师为主。除了在未成年华裔学生占绝对多数的华人学校或国际学校以外，在其他公立机构也是如此。笔者在此举一例，笔者接触过林茨大学的一位汉语教师，该教师的学生以林茨大学法律学、经济学等专业大学生为主，另有对国际交换生额外开设的汉语班等。教学目的主要是让学生在学习汉语的一学年中通过 HSK 二级考试。但是她并不是汉语教育专业的毕业

生,也不是大学的全职教师。她过去的全职工作是林茨钢厂的工程师,退休后在林茨大学担任兼职汉语教师。同样也因对汉语教师的需求不稳定,林茨大学并没有和这位汉语教师签订长期的工作合同,而是按照一年的周期不断续签合同。由此可见,虽然奥地利的汉语教师多数仍然是非专业教师,但是多数教育机构或部门并没有对汉语教师的水平以及专业知识有过高的要求,并未打算提供相应的薪酬和就业保障。从而形成了现在奥地利汉语专业教师缺乏的现状。这种看似合理的情况越来越受到挑战,原因在于汉语学习者的数量在不断增加,相应的,对汉语教师质量的要求也在不断上升。就如同在国内的英语培训机构,如果外教中只有英语母语者而没有真正的英语教师,虽然仍然能够勉强接受,但是已经越来越无法满足国内英语学习者对英语学习的要求。

另外,虽然孔子学院拥有相对专业的教师队伍,但是目前仍存在一个较严重的问题,即教师更替过于频繁。由于北京外国语大学的规定,作为北京外国语大学汉语国际教育在读硕士的志愿者任期只有一年。教师的频繁更换,导致学生需要熟悉并适应不同教师的教学风格。尤其是一对一学生,教师的高流动性是影响这些学生汉语学习动机的一个重要外部因素。毕竟讲课和出售商品不同,师生之间需要经历相互适应的过程后才能更好地保证课程质量,更换得到学生认可的教师往往导致学生也同时退课。而对于公派教师来说,孔子学院的教学经历对其职称评级和职业发展并没有明显的优势,因此他们也很难将投身海外孔子学院的汉语教学当成长期的事业。这点从孔子学院对于教学研讨的重视远逊于对举办文化活动的重视程度也可见一斑。不重视教研导致一个较为严重的问题就是教师只能通过每周平均不到十个课时的教学实战逐渐积累教学经验,其能力是线性增长的。而通过教研,共同交流并总结教学经验和技巧,将此与真实的课堂教学相结合,才能使教师的能力达到指数增长。当然这点也受限于孔子学院本身传播中国语言文化的定位,而不仅仅是一个以盈利为主的语言教育机构。

(三)欧洲国家对外来文化理性、开放的态度虽占主流但仍存在保守势力对中国语言文化传播和推广有所排斥

自第一所孔子学院成立并发展壮大开始,包括外国媒体、社团在内的各

类组织机构都有对孔子学院以及其所认为的孔子学院背后的"中国政府"有着深深的怀疑和排斥。在为数不少的国家尤其是西方国家眼里,中国是一夜之间从一个贫穷落后的国家走在了全球政治经济的聚光灯下的,而中文作为一门"弱势语言",在世界主流的西方文化国家中遍地开花,取得了其他类似语言机构近百年取得的成绩,在此情形下注定会吸引不少组织或个人的注意与研究。近年来,西方国家尤其是北美地区开始掀起一阵强大的反孔子学院热潮,这其中既有中西方对所谓学术自由的不同看法,也有西方对"中国威胁论"的天然恐惧,同时这种论调也被境外的反华势力大加利用。其导致的结果就是少量的孔子学院被关停或面临被关停的风险,以及孔子学院受到了不同程度的污名化。

2012年5月17日,美国国务院向全美的孔子学院发布公告称,目前在美国持有J-1签证的孔子学院中国教师必须在6月30日离境,并不会得到签证续签,必须回到中国再申请相应的交流项目签证。后经双方的交涉和磋商,美国国务院承诺采取灵活态度,妥善解决中国教师的签证问题,不需要进行资质认证。

2013年12月17日,加拿大的一个教师工会组织:加拿大大学教师协会在网站上刊文,呼吁加拿大各高校终止与孔子学院的合作。

2014年9月25日,芝加哥大学宣布中止与孔子学院继续合作;10月1日,宾州州立大学宣布将在年底中止与孔子学院长达5年的合作;10月29日,多伦多教育局终止与孔子学院继续合作。

2017年12月27日,美国《纽约时报》发布评论《中国伸向西方的手伸得太长了》,文章认为"受政府支持的"孔子学院影响美国高校的学术自由。

而笔者所在的奥地利地区近年来右翼民族主义势力抬头,于2017年组成了西欧国家中现在唯一一个极右派联合政府,该政府针对西欧当下面临的移民和安全问题有着不同的见解。右派政府的上台可以看出奥地利国民对保守主义的倾向,而事实上据笔者在当地的生活中了解,奥地利虽与德国同为日耳曼民族国家,但是奥地利人却相对更保守,更加有民族主义倾向。移民奥地利远比移民德国困难得多。

与此相对的是,维也纳是一座开放的城市,也是继纽约和日内瓦之后的第三座联合国驻地城市。维也纳是奥地利左派的大本营，1919年至今，除了被纳粹吞并期间，维也纳一直由奥地利社会民主党以绝对多数当选执政，始终是奥地利社会民主党人担任维也纳市长。在维也纳能明显感受到开放的文化与教育环境，维也纳大学孔子学院在维也纳地区也并未受到太多的排斥，多数年轻人以及教育水平较高的人对孔子学院仍持开放态度。维也纳大学孔子学院在其发展进度、发展目标、宣传手段上都非常审慎，自2006年成立至今，一步一个脚印，平稳而扎实地前行。维也纳大学孔子学院外方院长李夏德教授不仅仅是一位精通汉语的人，他1974—1975年就在北京接触并学习中国文化，还在中国下过乡。见证了中国从改革开放前夕至今一步步的发展道路，懂得如何将传播中国文化与奥地利当地的实际情况相结合。他曾在采访中说：其实越多地介绍中国，就有越多的外国人到中国来，他们亲眼看到中国的发展，就可以自己判断中国在短短二三十年内的巨大的经济发展和社会变化对国外是一种威胁还是一个机会。我认为来过中国，特别是与中国有合作的人会发现这是一个机会，这个对话不仅是对一方有意义，对两方都特别重要。维也纳大学孔子学院的目标是建成一所全面的中国语言文化交流机构，通过设置当地人民群众喜闻乐见的汉语课程以及开展丰富多彩的文化活动，增强孔子学院在当地的影响力，促进其良性发展。让奥地利民众逐渐认识到一个博大、多样、成长、变化的中国。①

在奥地利维也纳大学孔子学院一年的工作和生活经验，让笔者对汉语教学与中国文化传播在奥地利的未来十分乐观。相信在中外双方以及各界汉语教学工作者的共同努力和奉献下，假以时日，汉语教学真正能够形成适应当地的成熟发展模式，汉语会成为奥地利地区一门真正极具竞争力的外语。

---

① 李夏德. 孔子学院与跨文化交流——以维也纳大学孔子学院为例 [J]. 世界汉语教学学会通讯，2014（4）.

多元智能理论在英国少儿汉语
课堂活动中的应用*

闫丽红

一、英国少儿汉语教学概况介绍

英国实施12年义务教育，规定5~16岁的孩子必须接受学校教育。其中在英格兰地区的教育可分为以下阶段：3~4岁为学前教育，5~16岁为义务教育阶段（5~11岁为小学教育，11~16岁为初中教育），16~18岁为高中教育，18岁以上为高等教育和终身教育。

2003年，英国颁布了《每个孩子都重要》的绿皮书①，以充分发展和实现每一个孩子的潜力为目标，力图缩小孩子们的发展差距。《每个孩子都重要》法案强调个性化学习，认为每个学生都有不同的学习方式，这就需要学校改进教学方式，来满足学生的不同需求。

此外英国教育部门非常重视学生的利益，提倡"有教无类"。在国家教育大纲的基础上，还开设了多种语言课程，包括汉语、法语等语言。在英国，很多学校都是以尝试性的汉语课程开始，希望首先能建立起学生对汉语的学习兴趣。在汉语教学中，以学生为出发点，更多地考虑学习者的接受能力和程度。因此，在汉语课的课程设置、内容甄选、教授方法等方面，会注重学习者和学习环境这两个学习过程中的主要因素，而对汉语本身的规律和

---

* 本文作者闫丽红，北京第二外国语学院，汉语学院，北京，100024。
① The Chief Secretary to the Treasury. Every child matters. The Stationery Office Limited, 2003.

特点则不是非常重视。

笔者任教于伦敦一所公立小学，学生背景多元化，学校教学范围包括Nursery、Year1到Year6，学生从Year1开始接受汉语教育。该校学生是按照年龄分班，学生从5岁就开始进入小学学习，所以Year6学生的年龄大多为10岁，相当于国内的小学四年级学生。

学校非常重视保护学生的权益，重视核心价值观的培养。校领导重视学生的阅读能力培养，在学校所在的系统评估中，该校的英语和数学表现优秀。汉语课为该校唯一的外语课，并且最近开始重视汉语教学的标准化，重视学生的汉字书写，希望通过学习，学生能够用汉语在实际交际中表达，并且可以书写一定的拼音和汉字。

结合课堂教学实践，就笔者所在的小学来说，笔者总结出英国少儿具有如下特点。

（1）自信、乐观，发言踊跃。汉语即使说不对，也不会觉得很丢人，会主动请教老师。

（2）活泼好动，注意力集中时间短。

（3）对游戏感兴趣，喜欢尝试新鲜事物与竞争。

（4）爱说话，有小动作，纪律感不强，需有本地教师协助管理。

（5）节奏感强，善于歌舞，乐于表现自己。

从英国少儿的特点中不难看出，学生活泼好动有个性，课堂秩序很容易失控，教师仅凭"一言堂"教学，不仅无法把控课堂，也无法吸引学生的注意力。如何针对英国少儿的特点进行恰当的教学，是困扰许多汉语教师的问题，也正是本文的研究方向。

针对少儿汉语教学这一课题，刘珣（2000）曾经指出，教师应根据不同年龄阶段学习者的不同特点，选取相对适应的教学方法，要努力去发现学习者的优势、克服其弱点，这样才会取得较理想的教学效果。美国哈佛大学的霍华德·加德纳（1983）则提出了多元智能理论。该理论认为，人类的认知思维方式是多元的，每个个体都具有八种智能，总能找到自己擅长的优势智能，且在条件允许的情况下，通过后天的培养可以得到提升。因此，教师不仅要善于发现学生的智能强项，而且要有意识地培养他们的强项，使优势更优,以优带弱。以上观点对本课题研究具有启发和借鉴意义。

二、多元智能理论概述

传统的智能理论认为人类个体的智能是单一的、可量化的,而美国心理学家霍华德·加德纳则提出多元智能理论(multiple intelligences theory)①,认为每个个体都与生俱备八种智能,即语言-言语智能、逻辑-数学智能、视觉-空间智能、身体-运动智能、音乐智能、人际智能、自我认识智能、自然观察者智能。

加德纳认为,每个人的多元智能都以独特、复杂的方式共同地发挥作用。多数人会在一两种智能上有出色的表现,其余智能则处于中间水平。只要大脑没有受伤,如果有机会接触利于培养某种智能的环境和条件,几乎每个人都能在这一智能的发展上取得显著效果。② 因此要创建一个开放的教育系统,通过多种类型的智能开发,去发掘每个人的潜在能力。

学习和研究多元智能理论,对少儿汉语教学具有重要的借鉴意义。多元智能理论所蕴含的尊重学生差异的学生观、多样化的教学观和多元化的评价观,深刻体现了个性教育的理念。对于少儿汉语教师而言,所面对的学生千姿百态,擅长的智能类型也不尽相同,因此我们不能忽视这些差异,要重视学生智能的差异性,采取与学生智能特点相匹配的教学方法,使学生的智能强项得到加强,弱项得到弥补,从而提高学生对汉语的兴趣,取得更好的教学效果。

三、多元智能理论在英国少儿汉语课堂活动中的应用

少年儿童学习汉语,易于建立语感、产生语言感情,甚至产生语言认同,进而发展为文化兴趣,最终产生跨文化认同。而少儿语言学习的动力主要是兴趣,语言学习的主要途径是习得,与成人的汉语学习有很大不同。

那么如何设计课堂活动才能激发学生学习动机、吸引他们的注意力呢?

---

① 霍华德·加德纳. 多元智能新视野 [M]. 沈致隆,译. 北京:中国人民出版社,2008:6.
② 孙小利,孙枫梅. 多元智能理论综述 [J]. 科教文汇(上旬刊),2009 (8):7-8.

首先，课堂活动设计要具有游戏的特质，即神秘、新奇、节奏快、变化多、竞争、挑战、刺激。同时可以证明自己有能力、可以助人、可以得到肯定。当人们在玩游戏时，身体会分泌多巴胺、血清素和内啡肽。多巴胺，令人体验在接受挑战、冒险和新鲜事物的刺激时的愉悦感；血清素，能帮人放松心情，安抚、缓解焦虑和压力；内啡肽，容易在体育运动中分泌，它可以改变一个人所有的负面情绪，让你充满活力，改变对自我的认知，变得积极向上。如果参考游戏的特性来设计课堂活动，将活动设计得新奇刺激、有竞争、富有挑战性，且变化多样，那么这样的课堂活动势必会吸引住学生的目光。

其次，要注意选择学生的优势智能类型设计活动。在课堂教学中，不同的活动游戏就像是不同的智能类型，有的学生优势智能是身体智能，教学却安排很多逻辑智能的活动，那么这个学生只会感到越来越难，没有学习动力，最终放弃学习。所以了解学生的智能特点，采取相匹配的教学方式，显得尤为重要。

目前英国少儿汉语教学主要以综合课为主，以培养学生的语言交际能力为目的，综合训练学生的听说读写能力。在初级阶段，突出听说能力的培养，读写所占比重不是太大，且在实际教学中，每节课的内容多涉及语音、汉字、词汇、句子等语言要素的教学。因此本文只对多元智能理论在以上四种语言要素中的应用加以研究。下面简要介绍多元智能理论在具体语言要素的课堂教学活动中的应用。

（一）在语音教学中的应用

帮助汉语初学者跨过学习语言的第一道门槛，是汉语教师的责任。母语为英语的英国学生，其语言属于印欧语系，而汉语则属于汉藏语系，两者最大的区别在于，汉语有声调，而英语则没有。所以对于学生来说，四声的掌握对于他们是难点。因此教师要针对学生的难点进行练习，练习应是多样化的、有意义的。语音变化不是一朝一夕的，需要持续性的过程。在不同的阶段，语音训练的重点有所不同。以下列举一些练习方式。

1. 音节组合/声、韵、调拼合

该练习可以帮助学生形成对音节的整体认知。分别制作声母、韵母、声调卡片两套，活动开始前，将学生分成两组，将卡片随机分给各位组员。教师念一个音节，如"lè"，拿"l""e"和"ˋ"的学生就要马上在教室的前面站成一排，举起卡片按顺序拼成"lè"，并要正确读出来。该活动调动了音乐、视觉－空间、身体－运动以及人际智能，可以训练学生专注地听音、辨识卡片、迅速反应以及团队的高效合作能力。

2. 夸张演示法，用身体、手势比画四声

最简单的方法是用手势比画四声的区别。教给学生用夸张的手势做出四声的样子。一声高且平，二声从低到高，三声从高到低又高上去，四声从高到低。练习时拖长音，让学生去体会之间的区别。同时在上课时多注意让学生观察汉字的声调，并用手势表示出来。

也可以用身体表演四声的不同。可以找四个学生站在前面，每人用身体表演一个声调，教师读一个汉字，其他学生判断是几声后，站到表演这个声调的学生后面，最后看哪些学生判断正确。此活动调动了学生的身体－运动、视觉－空间、音乐以及人际智能，可以帮助学生在玩中巩固对四声的辨识。

3. 声母/韵母识别

教师随机发给每位同学一张声母卡片（会有重复的卡片），当教师念到一个声母时，认为自己拿的是这个声母的同学迅速举起卡片。此方法也可以练习韵母识别。每个学生都可以参与其中，且易于操作。该活动调动了语言－言语、身体－运动、内省智能，学生在听音后要经过思考、判断，然后才能决定是否和自己手中的卡片一致，容易激发学生的求胜心。

（二）在汉字教学中的应用

由于汉字是表意文字，英文是表音文字，且英国学生多为非汉字圈的学习者，因此对汉字知之甚少，初次接触汉字，他们对汉字充满了神秘感和畏惧感。如果教师没有使用恰当的教学方法，那么对于学生而言，汉字就成为高高的门槛。所以教师要做的就是从认汉字到写汉字提供多样化的练习形式，让学生体会到会写汉字是一件很酷的事，从而爱上写汉字。

1. 汉字书写大赛

在 PPT 上播放写字（带笔顺）的动态图，教师带领大家练习完写字后，选两组同学上来写字。教师说一个字，如"生"，每个学生写完一笔后，要迅速把笔传给下一位同学来写，自己则站到队尾去。组员之间可以相互检查，完成后停笔告诉教师。哪组写得快且正确，哪组胜利。教师要站在旁边注意观察，有没有学生违反规则，有没有一下子写了好几笔，这种情况该组要重新开始。该活动充分调动了人际、视觉－空间、身体－运动智能，且将汉字分解为简单的笔画也利于学生对汉字的识记，降低了畏难情绪，为以后写好汉字打下基础。

2. 书法体验

工具：几张书法水写布，毛笔，磁力贴。好处：不需要用墨，不容易弄脏，可重复使用。首先在白板上贴上水写布，让学生在空中写字时，教师同时在水写布上带着大家写字。然后再在下面贴上两张水写布，选两名同学上来模仿写字。学生对于使用毛笔写字非常感兴趣，所以都跃跃欲试。可以从简单的"一、二、三"开始写起，这样可以降低学生的畏难情绪，对汉字产生兴趣。此项活动可以调动视觉－空间、身体－运动智能，使学生感觉写汉字像画画一样简单有趣，对汉字充满好奇，并为自己能写出汉字感到自豪。

3. Bingo 填字游戏①

在汉语初级阶段，学生能写的词语不是很多，所以可以把游戏简化为填字。教师发给每个学生一张活动用纸，上面有画好的表格，教师把练习用的 25 个汉字展示在 PPT 上以方便学生抄写。首先教师依次念出 25 个汉字，学生则可以将其任意填写在空格中。然后教师打乱顺序，再次读出这 25 个汉字，学生在听到的汉字上画叉，当同一横行、竖行或者斜行的五个格都画满叉时，可以连成一条线，先连成线的学生举手说"Bingo"，教师检查确认后发给学生一个奖励（图1）。该活动调动了学生的视觉－空间、语言－言语、逻辑－数学智能，学生要做到能够识别每个汉字，且能将汉字的音、形对上，这样才能找到老师所读的汉字，顺利完成连线任务。

---

① 王巍，孙淇（韩）. 国际汉语教师课堂技巧教学手册 [M]. 北京：高等教育出版社，2011：102.

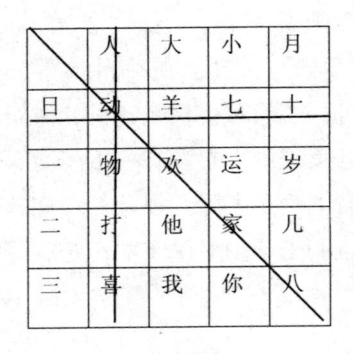

人	大	小	月
日	动	羊	十
一	物	次	运	岁
二	打	他	家	几
三	喜	我	你	八

图1 填字游戏

（三）在词汇教学中的应用

词是句子的基本组成部分，它在表达思想、传递信息中具有非常重要的作用，因此在教学中应给予高度重视。对于初级汉语学习者，教师要让学生掌握一批常用词汇的基本意义和主要用法，并且能够灵活运用词语进行表达。此外，教师还要控制每次学习的词汇量，并有意识地复现，在练习、考试中要求学生使用所学的新词汇。

1. 老鹰捉小鸡

找一组学生站到前面排成一排，面向全班学生，手举一张生词卡片，卡片可以带图、带文字，且清晰易辨识，让坐在远处的同学也可以看到。首先，让学生依次介绍自己，比如拿着"苹果"图片的学生要大声念出："苹果！"全班学生则要一起读一遍"苹果"。这样可以让大家再次熟悉生词。学生要手举卡片，但不可以回头看教师。教师站在这几位学生的背后，手里拿着一个毛绒玩具，将其偷偷地放在某位同学的头顶上方，但不接触头。例如，教师将玩具举到"苹果"这位同学的头顶上，这时坐着的全班同学就要立刻读出"苹果"，以给他信号，拿着"苹果"的学生判断是自己后，迅速蹲下去，然后再站起来。教师可以做假装抓他但没抓到的动作。如果有反应慢的学生，教师可以假装抓到他，让他用中文表演一个小节目。教师要注意在活动前强调规则，如不能说英语、不能用手指同学、只能说汉语。该活动充分调动了学生的身体－运动、人际、语言－言语智能，为了参加游戏活动，学生要努力记住每个词卡上的图和对应的词语。此外，该活动中教师停留的位置充满不确定性，所以也制造了紧张、刺激的气氛，吸引了学生的注意力。

2. 抢拍词语

教师可以在PPT展示出几个词语，或者将词卡贴到白板上，打乱顺序，选两位同学上来，每人拿一把尺子。教师读一个词后，两人迅速用尺子指向这个词语，看哪位同学指得又快对得又多，他便获得胜利。

扩展版可以这样操作：选两组同学上来，排好队站成一条线后，教师念一个词，站在前排的两位同学迅速过去指词，然后站到队尾，由站在第二排的同学继续去指词。可以找一位同学记分，熟练后也可由读得好的学生来念词，教师负责维持秩序，这样可以提高学生的活动参与度。该活动调动了身体－运动、语言－言语、视觉－空间以及人际智能。不仅使学生巩固了所学词汇，而且在强化语言－言语智能的同时，也发展了学生的其他几项智能。

3. 巧记词序

教师手里拿着几张生词卡片，大家按顺序跟读，并且要边读边记住词卡的顺序，待读得熟练后，教师在中途可以停下，让大家来猜下一张卡片是什么内容，回答正确的同学可以得到一个奖励。这样学生不只是简单的读词，而且要努力记住每个词和它前后出现的词。此活动调动、发展了学生的逻辑－数学、视觉－空间以及语言－言语智能，扩大了词汇记忆的广度。

（四）在句子教学中的应用

汉语和英语的语序有很大差别。在汉语中，陈述句和一般疑问句的语序是相同的，只是结尾有所不同，而在英语中两种句式的表述则完全发生了变化。因此，教师在教学中可以先提供一定程度的语言结构练习，提高学生对语言规则的认识、强化语言输入，让其慢慢掌握汉语语序，培养学生语感，从而达到利用句子进行交际的目的。

1. Hide and Seek

游戏道具可以是毛绒玩具，不要太小，否则不容易被找到。先带着学生读句子，教师抽检学生说句子，随后选两名学生到教室前面来，一个人负责在教室内藏"熊猫"，一个人负责找"熊猫"，蒙上双眼背靠大家站着。等到藏好后，教师给口令，大家一起读句子，用声音的大小给他提示。例如，所要练习的句子为"你喜欢什么动物?"当负责找"熊猫"的学生离"熊猫"远时,大家的声音放低,当此学生离"熊猫"越来越近时,则大家的声音越来越大。此游戏在玩之前一定要先讲清楚规则。如不能用手指,不能告诉找"熊猫"的同学东西在哪儿,大家要一起说句子。此项活动充分调动、发展了学生的身体-运动、视觉-空间、语言-言语、人际、自然观察者智能。为了能够参与游戏,学生会努力模仿、记住教师所教的句子,所以发展了语言-言语智能。在活动中,需要全班同学通过声音大小给提示,这也就发展了学生间的人际智能,寻找东西所藏的位置需要细心地倾听声音提示,观察教室内物品的摆设,所以对视觉-空间智能、自然观察者智能也是一种提升。

2. 句子链条比赛

用两种颜色的纸条将学生分成两组,每组有四五人,每人发给一张纸卡,上面写有一句中文和一句英文。例如,A同学的纸卡上用中、英文分别写着"这是我的宠物龙","My pet dragon has 3 heads."A同学站起来读完中文句子后再读英文句子,接着下一位同学如果卡片上有"My pet dragon has 3 heads."这个英文句子的中文翻译则站起来接着读"我的宠物龙有三个头"。然后再读自己的英文句子,由下一个同学来接。找一位同学负责计时,看看这组同学把句子都读完用时多少。然后再由另一组同学来读句子。当大家句子都很熟练后,下一轮可以加速来读句子,看看哪组用时少,哪组获胜。该活动调动、发展了学生的人际、内省、语言-言语、逻辑-数学智能,可以促进大家的团队合作意识,并且充满了不确定性,激发了学生们的好胜心与竞争意识。

3. 转盘游戏

道具:用硬纸板剪成圆形,中间挖一个小洞,将纸板分成若干等份(图2)。将要练习的词语写在纸片上,贴在圆纸板的格内。用纸盒剪出一个三角形的转盘底座,用一支笔杆穿过转盘,将其固定在底座上,并在一侧剪出一个指针的形状。教师将转盘放在讲台上,找一个学生到转盘前,先说句型,比如"我想要爆米花",然后用手指转动转盘,看指针停在哪个格上。如果指针停在了"可乐"一格,全班学生要一起说句型"那不是爆米花,那是可乐"。如果指针恰好停在"爆米花"一格,全班学生则要一起说"那是爆米花,恭喜你!"玩转盘的学生可以得到一个小奖励。该活动很好地调动、发展了学生的身体－运动、语言－言语、人际、视觉－空间智能,学生要掌握目标句型并会用自己的想法来正确表述,同时该活动调动了全班同学的注意力来配合,说出另外的目标句型,所以避免了只是一个人参与活动,其他学生无事可做的情况发生。①

图 2 转盘游戏

四、对少儿汉语教师的建议

(一)整合教学资源,发展个人多元智能

作为一名少儿汉语教师,首先要掌握多元智能理论的教育观念。要以新的眼光去看待学生,要树立每个孩子都很聪明,只是表现的方式千差万别的教育观念,教育是要促进不同学生的不同方面发展,给不同的学生多元化的教学方式,对学生评价也要多元化。其次,要掌握多元智能教学技能,发挥自己的智能特长。教师首先要清楚自己的智能特点,看到自己的长处和局限性,合理加以运用。最后,掌握多元智能观察、分析方法,多收集学生资料。将观察到的行为与其可能潜在的智能联系起来,确认其智能组合方式,

---

① 王巍,孙淇(韩). 国际汉语教师课堂技巧教学手册[M]. 北京:高等教育出版社,2011:112－113.

进而实现为学生的差异性发展提供指导。

（二）尊重智能差异，注重多样化、个性化教学

所谓多样化教学是指采用多种方式进行教学，即采用不同的课堂教学切入点（如叙述式、数学式、动手式、美学式等），来实施多样化教学。教师要善于去发现学生的智能强项，并选择相匹配的方式为学生创造展示各种智能的情境，提供能包容其个性特征的教学，从而充分发挥每个人的特长。具体到不同的智能类型与其相对应的教学活动，可参考表1。

表1　多元智能与教学活动

智能类型	对应的教学活动
语言－言语智能	听录音，跟读，句子链条比赛，抢拍词卡，造句
逻辑－数学智能	看图猜字，数7游戏，找不同
视觉－空间智能	词卡游戏，绘画，Bingo游戏，写汉字，看电影
身体－运动智能	击鼓传花，夸张演示，跳舞，汉字传递，动作表演，西蒙说
音乐智能	唱中文歌，猜声音，说唱Rap，欣赏中国乐器
人际智能	角色扮演，转盘游戏，小组讨论，Hide and Seek
自我认识智能	制作时间表，自我介绍，写日记
自然观察者智能	户外上课，制作园艺手工，到中国城参观

另外，少儿汉语教师还应注重个性化教学。以往传统的教学方式是，教师"一言堂"，以同样的方式对待每一位学生，然后以统一的标准测验来判定学生学能。多元智能理论则认为，教学的设计应考虑不同学生的学习风格，根据学生的智能强项来设计课程。少儿汉语教师的职责就在于了解不同学生的智能优劣，以及整个班级的突出智能，确定最适合他们的教学方法，从而做到因材施教，让每个学生都能充分发挥其主观能动性，培养对汉语的兴趣。

（三）有效进行课堂管理，创设良好的教学环境

课堂管理一直是教师关注的话题。教师可以结合多元智能理论，将不同的训练方法与不同的学习者相配合使用，将八种智能中的一种或几种同特定的指令和行为建立符号联系。即教师不仅是通过语言来暗示学生，而且要通

过音乐、形态和身体的运用等不同方式来达到自己想要的目的。① 例如，如何解决集中学生的注意力的问题。教师在课堂上除了用语言说"安静"外，还可以采用不同的方式来获取学生注意：

语言－言语方式：教师说"Attention！"学生说"One two！"然后坐在各自座位上保持安静。

音乐方式：拍手拍出短而有节奏的乐句，让学生也同样拍出来。例如，XX－XXX。

逻辑－数学方式：教师说"一二三"，学生马上要说出相反的"三二一"并马上安静坐好。

身体－运动方式：把手指放在嘴唇上示意学生安静。让学生重复你的动作。

视觉－空间方式：将一张吸引注意力的图片放在PPT白板上，并用指示器提醒学生。

那么怎样才能管理好课堂，营造良好的学习氛围呢？首先，在第一次上课时，教师就要建立课堂规则以及奖惩制度，让学生形成纪律的概念，同时树立教师的权威。其次，可以和班主任进行沟通，得到班主任的理解与配合。在学生出现纪律问题时，班主任可以对学生实施相应的惩罚措施，比如取消午休玩耍时间，而这是汉语教师无权做到的；此外，英国小学通常是几个学生围成一桌坐，学生坐在一起熟悉了就会聊天说话，所以在正式开始授课前，可改变学生的座位顺序，把爱聊天的学生分开，让他们坐到不同的桌子旁。这样，坐到新的桌子位置的学生和原来桌子小组的成员之间会有陌生感，因此会抑制学生之间的聊天说话现象。再次，适当开展学生间的竞赛，可以把全班按桌子分组，也可以按男女分组，规定好计分要求和扣分要求，优胜组可以获得教师的小礼物。少儿的求胜心很强，因此会积极参与，同时为了取得好成绩，会控制自己的言行，同组的同学也会互相监督；同时可以选同学做老师的小助手，协助管理。可以每桌选一名桌长，管理本桌同学。也可以根据学生的表现故意而为之，选一些爱说话、小动作多的学生来协助

---

① Thomas Armstrong. 课堂中的多元智能——开展以学生为中心的教学［M］. 张咏梅，等译. 北京：中国轻工业出版社，2003：133.

教师，这样让他有事情做，分散精力，而且可以发掘出学生的责任心。最后，学校每个教室的前面墙上都会贴着学生名牌栏，分为不同的档次。从最高档的 Incredible 到 2nd Reminder，一直到底部的 Thinking Time。表现好的学生名牌会上移，表现不好的学生名牌会下移。所以在汉语课上对宣布规则后屡教不改的学生，可以向下移动他的名牌，即由表现好的一档向下移，直到 Reminder 提醒档。因为如果学生的名牌特别靠下，班主任就会和家长谈话，这样做对学生也是一种警告。

五、结语

多元智能理论符合现代教育强调的个性化、多元化等理念，在教学中，教师可根据学生的智能特点，设计丰富多彩的教学方式来促进学生学习潜力的开发，从而达到提高学习兴趣、学习成效的目的。且多元智能理论的观点与英国的教育理念相符合，适合少儿的年龄特点，因此在英国具有可行性。

由于研究时间有限，本文对英国少儿汉语教学的研究未能穷尽。望今后会有更多的教师对此课题进行研究，为少儿汉语教学在英国更好发展做出贡献。

匈牙利松博特海伊教学点
儿童汉语教学案例分析[*]

卫珊珊

匈牙利是一个坐落于欧洲中部的内陆国家，人口约960万。其首都布达佩斯是匈牙利最大的、也是人口最多的城市，有"多瑙河上的明珠"的美誉。

一、匈牙利的外语教育政策

匈牙利的官方语言是匈牙利语。匈牙利语是乌拉尔语系的一种语言，属于黏着语。匈牙利语虽然是欧盟二十四种工作语言之一，但是使用范围大多只在匈牙利，以及匈牙利周边的少数地区。由于发展需要与外界沟通和交流，因此开展外语教育便成为匈牙利的重要任务。在匈牙利，约有16%的人会说英语和11%的人会说德语，英语和德语是匈牙利两门主要外语。

匈牙利的外语教育起源于20世纪初。最初匈牙利外语教育主要集中在希腊文和拉丁文两种语言上。进入20世纪后，为了加强与周边国家的交流，匈牙利减少了学校课程中希腊文和拉丁文的份额，开设了德语、英语和法语等外语课程。当时这种改革确实效果显著。但是1949年匈牙利人民共和国成立，受苏联模式影响，匈牙利在全国范围内推行俄语教育。德语、英语和法语等其他语言教育受到冷落，停滞不前甚至有所倒退。直到20世纪末，俄语不再处于优势地位，学校重新开设德语、英语和法语等课程，匈牙利的外语

---

* 本文作者卫珊珊，北京外国语大学，中国语言文学学院，北京海淀，100089。

教育才重获生机。但是由于缺乏统一标准和指导，匈牙利的外语教育还是收效甚微，国民外语水平在欧盟中处于末位。①

进入21世纪以后，匈牙利政府更加意识到了外语教育在促进国际交流中的重要作用，为改革外语教育颁布了许多文件和采取了许多措施。首先，匈牙利废除了大学入学考试，而将毕业考试成绩作为学生进入大学的唯一指标。外语考试作为毕业考试的一个重要部分成为影响中学生进入大学的一个重要因素。因此，外语教育引起了广泛的重视。此外，匈牙利还颁布了对外语教育影响最深刻的一部文件——《国家核心课程》（National Core Curriculum）。《国家核心课程》要求学生除母语外还要学习两门外语。其对开始学习第一外语、第二外语的时间和可选外语种类也提出了要求。学生至少从4年级开始学习第一外语。在学校保证学生在升学后还能够继续学习同种语言的前提下，学生可以选择英语、德语、法语或汉语作为第一外语。学生从7年级开始可以学习第二外语。在中学，学生可以自由选择学习何种第二外语。《国家核心课程》对各阶段学生第一外语和第二外语需达到的最低水平（此处语言水平分级标准采用《欧洲语言共同参考框架：学习、教学、评估》中的分级标准）也做出了规定。对于第一外语来说，学生从4年级开始学习，到6年级应当达到A1水平，到8年级应达到A2水平，到12年级应达到B1水平。对第二外语来说，学生从7年级开始学习，到12年级应达到A2水平（表1）。②

表1 两门外语需达到最低水平表

	4年级最低水平	6年级最低水平	8年级最低水平	12年级最低水平
第一外语	-	A1	A2	B1
第二外语	-	-	-	A2

二、匈牙利儿童汉语教学概况

匈牙利汉语教学始于20世纪50年代，匈牙利各高校开设的东方学专业。

---

① 杨荣华，任冰清. 20世纪以来匈牙利外语教育政策的发展及启示 [J]. 天津外国语大学学报，2017，24（2）.

② National Core Curriculum, II. 3. 2. Foreign Languages, 2012.

如匈牙利罗兰大学在1949年成立了中国及东亚研究室，主要负责研究汉学、日本学等。但是此时学生人数少、教学规模小，并没有引起社会对于汉语教学的重视。

直到20世纪80年代，随着匈牙利外语教育政策的变化以及中国的高速发展，匈牙利的汉语教学才逐渐增温，通过各种途径学习汉语的人数越来越多。但是匈牙利儿童汉语教学的规模还比较小，不成系统。

（一）教学机构

1. 孔子学院下属的教学点及孔子课堂

匈牙利目前有4所孔子学院以及3个孔子课堂。罗兰大学孔子学院成立于2006年，坐落于布达佩斯，是罗兰大学与北京外国语大学合作成立的。赛格德大学孔子学院成立于2012年，坐落于赛格德，是由赛格德大学和上海外国语大学合作成立的。米什科尔茨大学孔子学院成立于2013年，坐落于米什科尔茨，是由米什科尔茨大学和北京化工大学合作成立的。佩奇大学中医孔子学院成立于2014年，坐落于佩奇，由佩奇大学和华北理工大学合作成立。3个孔子课堂分别是位于布达佩斯的博雅伊中学孔子课堂与匈中双语学校孔子课堂和位于赛格德的厄特沃什中小学孔子课堂。

在匈牙利开设儿童汉语课程的有10余所学校。这10余所学校都是公立学校。在这些学校当中，只有匈中双语学校的汉语课课程性质为必修课。其余学校的汉语课程基本都是各孔子学院与匈牙利本土中小学合作开设的选修课或兴趣课。在汉语课课时方面，只有匈中双语学校汉语课每周课时较多，有5课时左右。其余学校的汉语课每周课时在一两个课时。从中我们也可以看出，尽管《国家核心课程》中将汉语放在了和德语、英语及法语同等的位置上，但是汉语教育在匈牙利外语教育中还是处于弱势地位。

2. 匈中双语学校

匈中双语学校是2004年成立并开始招生的一所同时采用匈牙利语和汉语两种语言进行授课的全日制公立学校。成立之初，匈中双语学校主要是面向在匈牙利的华人子女进行招生。后来随着学校规模的扩大和匈牙利学生学习汉语需求的增加，匈中双语学校中匈牙利学生的比例不断增加，现在华裔学生和匈牙利学生的比重基本持平。匈中双语学校的特色是同时采用匈语和汉语作为媒介语进行教学。它不仅是匈牙利唯一一所将汉语纳入必修课的学校，而且也是欧盟中唯一一所采用汉语和本国语进行教学的学校。

匈中双语学校的汉语课每周有五六个课时，其教学目标是要培养学生汉语语言能力全面发展，重点培养学生汉语交际能力。此外，匈中双语学校还开设了以汉语作为媒介语授课的中国艺术、中国功夫、中国历史等课程。①

（二）师资力量

在匈牙利进行儿童汉语教学的教师主要有三种类型：一是国家汉办选派的公派教师和志愿者；二是当地华人华侨；三是匈牙利本土汉语教师。国家汉办选派的教师和志愿者占儿童汉语教学教师的多数。这部分老师多接受过汉语教学专业训练和多有教学经验。但是志愿者任期只有一年，流动性较强。对于儿童汉语学习者来说可能刚刚适应老师的教学方法和老师形成了比较和谐的师生关系，老师就要回国了，教学缺乏连贯性。第二、三种教师数量较少。匈牙利本土汉语教师有着学习汉语的经验和母语优势，也熟悉匈牙利外语教学模式和学生特点，在做儿童汉语教师上有着独特的优势，是需要持续培养的重要师资力量。

（三）教材

在教材方面，虽然罗兰大学孔子学院根据匈牙利学生和匈牙利语的特点编写了针对匈牙利汉语学习者的教材——《匈牙利汉语课本》。但是匈牙利还是没有本土化的针对儿童汉语学习者的教材。而且针对儿童汉语学习者的汉语课程多是重在体验和兴趣的兴趣课，没有考试，对学生的汉语水平也不做要求。所以儿童汉语教师多可以自由选择教材。根据调查，儿童汉语教师多选用的教材为《快乐汉语》以及《轻松学汉语》，还有一小部分儿童汉语教师选择自编话题。调查显示，超半数的儿童汉语教师对教材表示不满。他们认为教材内容难度较大而且缺乏配套的辅助教学资料。② 教师、教材和教法是汉语教学中三个非常关键的环节，如果缺乏适合匈牙利儿童汉语学习者

---

① 朱婷. 全身反应法在匈牙利中匈双语学校儿童汉语教学中的应用［D］. 北京外国语大学硕士学位论文，2014.
② 陈婵. 匈牙利儿童汉语教学现状研究与分析［D］. 北京外国语大学硕士学位论文，2017.

的教材，就算是再好的教师也面临着"巧妇难为无米之炊"的困境。

（四）匈牙利儿童汉语学习者概况

为儿童开设汉语课程的学校已有 10 余所，遍布在匈牙利各个主要城市。2016 年，匈牙利儿童汉语学习者人数已经接近 700 人。儿童汉语学习者既包括华裔儿童也包括为数不少的匈牙利儿童。根据调查，匈牙利儿童汉语学习者的学习动机主要是出于"对中国感兴趣"的内部动机。这些儿童汉语学习者最想了解的是"中国文化"，其次是"对话"，多数儿童认为汉语学习中最难的部分是"写汉字"。他们最喜欢的教学方法是"游戏法"。[①]

三、松博特海伊教学点的儿童汉语教学

松博特海伊这座城市位于匈牙利的西部，靠近奥地利边境，是沃什州首府所在地，也是匈牙利第十大城市。由于靠近奥地利，很多松博特海伊的居民都选择去奥地利工作，所以德语成为这座城市备受欢迎的外语。松博特海伊的中小学也格外注重从小让学生学习德语。基本上所有的小学都会开设德语和英语课程作为第一外语课程供学生选择，多数学生都会选择德语作为自己的第一外语。进入 7 年级后，他们会选择英语作为第二外语。多数学生会选择参加德语语言测试作为高中毕业考试的外语考试。在松博特海伊的小学里，学生们每周约有 2 节的德语课；升学后，德语课的课时还会增加。汉语教学在松博特海伊起步较晚，罗兰大学孔子学院在 2017 年才在松博特海伊成立了数个汉语教学点，自此这座城市才有了汉语课程。

（一）松博特海伊的教学点概况

2018 年，松博特海伊共有 5 个教学点，分别是欧拉德学校、帕拉格维瑞学校、德勒科维茨学校、左瑞尼学校和博雅伊学校。5 个教学点共有 7 个汉语班，其中华人班 1 个、零基础班 4 个、非零基础班 2 个；共 26 个学生。但是 7 个汉语班都是兴趣班，每周只有 1 节课，每节课 2 个课时。除了教学点的汉语课程外，还有一个成人班，是面向社会招生的，每周 2 节课，每节课 2 个课时。

---

① 陈婵. 匈牙利儿童汉语教学现状研究与分析 [D]. 北京外国语大学硕士学位论文，2017.

（二）松博特海伊的儿童汉语学习者的特点

在教学点的 26 个学生中，年龄小于 13 岁的儿童汉语学习者有 15 个，其中，华裔学生 3 个，匈牙利学生 12 个。由于华裔学生具有汉语背景，汉语教学有其特殊性，所以此处主要讨论匈牙利学生的情况。松博特海伊的儿童汉语学习者有以下三个特点。

1. 注意力易分散，活泼好动

儿童的特点便是集中注意力的时间短，注意力易被分散。松博特海伊的儿童汉语学习者也有这样的特点。表现在课堂上便是不能安静坐在位置上听老师讲解，容易走神或做与学习无关的事情。有的时候会和周围的同学聊天打闹，扰乱课堂纪律。有的还会在教室里跑来跑去，去丢垃圾、去洗手等。

案例一：

左瑞尼学校的汉语课上有 7 个 10 岁的学生。在刚开始的时候，为了配合和辅助我顺利进行教学，学校委派了一名英语老师跟我一起上课。我讲课，她在一旁帮我维持纪律。本土老师在的时候，我的学生们很乖，从没有离开过座位，上课也很认真。一旦出现学生违反纪律的行为，本土老师就会及时制止他，学生也表现得很好。但是，当本土老师离开后，我的学生便开始经常违反纪律了。最失控的一次是我们在学习《快乐汉语1》第十课时，有一个孩子一直在埋头做自己的事情，写写画画根本不看黑板。我试图用提问引起她注意，但她只是迷茫地看着我，重复过我说的话以后，便又低头做自己的事情。过一会儿在我换 PPT 的时候，下面传来了吵闹声，一个男生不知道从哪里找到一只鞋子。然后孩子们就失控了，大声说话的、笑的，还有学生把鞋子丢来丢去。为了维持课堂纪律，我不得不暂停教学，等学生们冷静下来。

和其他儿童一样，我的学生没办法长时间集中注意力。而且一点点别的东西就会让他们转移注意力，这是儿童的特点。根据儿童学习的特点，在设计课堂的时候要避免长时间的讲解，要设计多种活动或是游戏，不断呈现新的刺激来吸引他们的注意。

2. 学习动机不强烈，有畏难情绪

松博特海伊的儿童汉语学习者多是出于对中国的好奇和对中国文化感兴

趣的动机才来学习汉语的。一旦学生失去兴趣，他们就会放弃学习汉语。加之汉语课只是兴趣课，没有考试也没有考勤等，有的学生常常缺席或者几节课后干脆放弃学习汉语了。在汉语课上，儿童汉语学习者不喜欢做笔记，一让他们记笔记，他们便表现得非常失落。还有的学生会因为觉得很难或者自己做不好，便拒绝回答问题或者写汉字。

案例二：

2019年1月15日，我去德勒科维茨学校给三个零基础学生上课。令我始料未及的是，上课10分钟了，一个学生都没有来。我明明上节课还重申了每周汉语课的时间以及提醒我的学生来上课，他们当时也答应了。我不明白他们为什么都没有来上课也没有请假。

在这几个教学点，学生无故缺课和突然放弃学习汉语的事情时有发生。归根结底还是学生学习动力不强，也缺乏相关规定。一次，我问一个不来上课的学生为什么不学习汉语了。他说汉语很难，不想学习汉语了。还有一个放弃的学生说他不感兴趣了。所以，作为老师，我们只能尽可能使我们的课堂生动起来，让学生们轻松快乐地学习汉语。通过增强学生对于汉语及中国文化的兴趣，以及对老师的喜爱来让学生继续学习汉语。

3. 注重个人体验，不喜欢集体练习

齐读是一种常见的练习方式。齐读比较节约时间，也能够降低学生的焦虑感，比较适合学习新内容的时候使用。然而这里的儿童汉语学习者不喜欢齐读这种练习方式，他们比较喜欢一个一个地读。在学唱歌和做练习等活动中，都可以看出学生们喜欢独立地学习和练习，不喜欢集体形式的练习。

案例三：

在我的零基础班结束语音阶段后，我在课前准备了一些发音练习。首先他们要先听我念，然后选出正确的词语。他们回答得很积极。在公布答案后，我想让他们跟我一起读，感受一下发音的差别。但是当我点着一个词读了一遍，然后让他们读时，他们都保持了沉默，静静地看着我。我觉着很尴尬。于是我只好点同学一个个读。当我一个个点他们读的时候他们都跟着我读。但是这样一个个地读花费了很多时间，导致我后面的内容没有完成。

每个国家的学习者都会有不同的学习习惯。匈牙利的学习者比较注重个体的学习，喜欢按自己的节奏来。有的人读得快，有的人读得慢。他们觉得没有必要跟别人保持一样的速度。在我看来，这样的学习习惯值得被尊重。教师应当根据学生的学习习惯适当调整自己的教学。一个个地读确实比齐读花费时间，但是老师可以很有针对性地及时纠正学生的错误，也有其独特的优势。

四、教学方法案例分析及建议

（一）语音教学

案例一：声调教学

2018年10月3日，在德勒科维茨学校，三个学生。今天我们要学习"a""o""e"及声调。上课后，我们先用汉语互相问好。然后我拿出白纸和彩笔让他们制作名签。在他们完成之后，我们开始用卡片学习"a""o""e"。他们的"e"发音不太好，我一直在一个个地纠正。我发现他们在发"e"的时候，舌头总是往前伸。于是我用手表示舌头要往后。多次练习后他们的发音好了一些。接下来进入声调教学。我先把阴平"a"写在黑板上，然后让他们跟读，并用手势表示一直平。剩下三声依次进行。学生们阳平发得最差，扬得不够高，于是我便用脑袋画出这个趋势。又在黑板上画出调值图，带他们感受。但是一直重复他们好像很疲惫，后来声音越来越小，我自己也觉着这样练习很无聊。于是我叫他们站起来，一起做声调操。阴平时，摆平双臂；阳平时，左高右低……虽然还是读那些东西，但是学生很努力地在跟着我做，声音也高昂起来，有时候做错了还会笑出声，课堂气氛很愉快……

语音阶段面临的一个最大的问题便是"枯燥"。一遍遍地跟读、重复，如果不加入各种各样的练习形式，学生很容易感到枯燥，没有学习的兴趣。这时，教师应当尽可能地丰富练习的形式，通过不同的方式来进行语言输入和练习。正如案例中，我除了领读外还在黑板上画出了声调的走势，还带他们做声调操，通过视觉和动作进行输入与练习，让原本有些沉闷的课堂重新焕发活力。这样轻松的方式也有利于降低学生的焦虑感，能够让他们减少情感过滤，尽情地去感受和练习发音。

案例二：声母教学

2018年10月15日，在欧拉德学校，有两名同学由于需要参加校庆活动所以缺席。一开始我们拿词卡复习了b、p、m、f、a、o、e等，然后学习了d、t。我给学生们每人发了一张小纸片，就像学习b、p的时候一样，让他们放在嘴边，感受气流的不同。他们发音发得很卖力，很夸张，d、t的发音特别好。然后我们一起读了发音练习，大家的拼音越来越好了。就是"阿姨"读成了一个音节"ai"，我纠正了他们，然后我们做了听辨练习。大家对声调掌握得都不错，但是对d、t和o、e有些疑惑，"打"和"塔"分不清楚。我又拿着纸片给大家读了一遍，他们也跟我读，发音还是很准确的，就是在听辨的时候有些混淆。

儿童汉语学习者在语音阶段较容易受到母语的影响。比如在匈牙利语中也有d和t，所以他们读起来就比较轻松。但是在匈语发音规则中涉及辅音浊化规则，可能会给他们的听辨带去一些问题。儿童汉语学习者在学习时还是多用具象思维，如果能够把发音变成看得见的东西，他们也会理解得更快一些。比如在案例中为了区别"d"和"t"，我给每个孩子都发了纸片。通过在发音时纸片扬起的高度，学生就能够体会到两者的差别。同样在区分清浊时，也可以让学生摸摸喉咙，感受喉部有无振动来区分。

（二）词语教学

案例三：1~10数字教学（1）

2018年9月26日，在德勒科维茨学校，三个学生。这是我跟这个学校的学生第一次见面。他们年纪比较小，其中两个是男孩，一个是女孩。女孩名字叫Luca，一个男孩叫Mark，一个男孩叫Elic。他们都很可爱。我们先是用"你好"打了招呼，配合匈语介绍了"你好"的意思。然后一个一个打招呼。"你好，××"，他们回我"你好，珊珊"。然后我们开始学"匈牙利"和"中国"这两个词。首先由于孩子年龄小，并没有懂得"匈牙利"的意思，只是在单纯地重复。先是跟读，每个人跟读，接着我想考一考他们的听力，于是把两个国旗摆在他们面前，我说，他们听，然后指出来，但是他们并没有理解。于是我带着他们读了两遍之后，便开始学数字了。学数字时，我先展示了数字卡片，然后我举起匈牙利的词卡，他们说匈牙利语，我再举起中国国旗，念数字，然后让他们跟读。然后领读。接着抽出词卡让他们读。最后玩了一个游戏，也是测试和复习，就是把词卡全部铺在桌子上，要他们听完指出来，一起读。最快的人给发贴画。他们很积极，很兴奋。但是他们有些数字指错很多次之后才能找到对的卡片。

案例四：1~10 数字教学（2）

2019年2月20日，在左瑞尼学校，7名学生。由于刚把教材换成了《汉语乐园》，我计划把《汉语乐园》中没学过的课给学生们补上。今天打过招呼之后，我们复习了一下上节课的内容，开始学习1~10的数字。首先，我用卡片进行教学，同时问他们匈语的读法。他们表现得非常积极，看我有的发音不太标准也会笑，笑完纠正我的发音。学完以后，我拿着卡片点名让他们读了一下。接下来我把课本上《数字歌》的前两句打在PPT上。然后带他们唱歌。在我示范过后，我带着他们一起唱，歌声稀稀拉拉的，有的孩子不开口。班上的男孩子Beni表现得非常不情愿。我告诉他们一会儿玩游戏需要这首歌，他们才打起精神来跟我唱。我看大家学得差不多了，便到后面提前准备好的场地叫学生来做"抢椅子"游戏。我先和他们一起玩了两次，带他们熟悉游戏规则。我们要一起齐唱《数字歌》，当歌声结束时，我们需要找一个凳子坐下。没有抢到凳子的同学需要用汉语回答一个问题或者表演一个小节目。游戏过程中，大家都很开心。看他们熟悉了规则，我便让他们自己玩，我只负责提问没抢到椅子的人。快下课了，我让学生不看歌词唱《数字歌》的前两句，大家都没有问题。

我有三个零基础班，我常常会根据每个班的特点和教学的经验与反馈调整自己的教学方法。匈牙利儿童活泼好动，最喜欢通过做游戏来学习汉语。在之前的教学过程中，尽管我拿出了熊猫贴纸做奖励，但还是可以看出教学和练习的方式非常单调，而且练习次数也不够。学生练习不充足，测试就不可能有很好的表现，教学效果也就难以令人感到满意。之后我调整了我的教学方法，虽然也是通过卡片向他们展示数字，但是我增加了歌曲教学，同时结合匈牙利儿童有时比较害羞的特点，我将唱歌和玩游戏绑定在一起，增强了他们学习的动力。同时又采用游戏法，让学生在轻松愉快的环节中不知不觉地练会了数字。可以看出后来整节课教学环节环环相扣,气氛轻松愉悦,教学效果较好。在词汇教学中,教师应当注重教学的趣味性,根据生词设计多种游戏,注重教学环节的衔接,才能够让学生轻松愉快地学会生词。

(三)句子教学

案例五:

2019年3月6日,左瑞尼学校,7个学生。开始上课后,我们先通过在PPT上让生词消失的方法带学生复习了身体部位的生词。同学们参与得非常积极,我也尽量让每个学生都有回答的机会。接下来,我通过图片带学生们学习"我手大"和"我手小"等句子。跟读过之后,我会和每个学生比一比,然后让他看着PPT上的话输出句子。在学完所有句子之后,我设置了一个练习。首先学生们自由分组,两人一组,剩下一个学生——潘卡和我一组。接下来,我们要跟彼此比一比手的大小等。大家热火朝天地比了起来,有的甚至拿出了尺子在量头发的长度。还有一个学生Luca不甘于比小伙伴矮,还踮着脚。班级气氛很活跃。到了展示环节,有的学生能够较流利地说出今天学的句子。有的学生有困难,我便稍作提醒或允许其看笔记。下课后,Luca还来跟我比了一遍。

儿童的抽象思维能力还没形成,习惯于通过具象思维来理解和学习事物。因此,在对儿童进行句子教学时,应避免冗长地讲授规则。而应当用具体可观可感的方式来让学生输入句子以及理解其意义。此外,培养学生使用汉语进行交际的能力是我们进行儿童汉语教学的重要目标。因此,我们应当创造合适的语言环境,让学生在接近真实的语境中讲有交际意义的句子。只有这样,儿童汉语学习者才能够形成长久的记忆,才能够在生活中将这些句子活用起来。

(四)教学建议

1. 教学内容适量,不要贪多

人的记忆容量是有限的,尤其是儿童,注意力集中时间短,认知能力还比较差,所以不可能在一节课上掌握很多内容。加之,在匈牙利的儿童汉语课都是兴趣班,主要是培养学生对于汉语的亲近感,为以后学习汉语打基础,因此不必操之过急。如果一节课安排过多内容,学生掌握得不好,学生可能会产生挫败感。而且儿童汉语学习者本身就有些畏难情绪,很有可能会放弃学习汉语。所以一节课的语言内容最好就是5个左右的生词和1个小对话,再安排一些文化内容,这样便可做到课堂节奏张弛有度、重点突出。

2. 不断重复,加强记忆

根据儿童习得语言关键期假说,在关键期内儿童比较容易掌握一门语言。但是这种习得是建立在大量的语言输入和输出基础上的。儿童汉语课多作为兴趣课,每周就一节课,而且两课之间间隔时间长,还没有目的语环境,学生容易遗忘。所以要不断重复,不厌其烦地复习,以此来加强记忆。

3. 形式多样,注重趣味

结合儿童汉语学习者的特点以及兴趣班的特殊性,在对匈牙利儿童开展汉语教学时要格外注重趣味性。通过卡片、图片及视频等多种形式呈现教学内容,让学生直观地理解教学内容。通过多样的活动以及丰富的游戏来营造愉快的学习氛围,降低学生的焦虑感和畏难情绪,使儿童在游戏的过程中不知不觉地练习和使用所学内容,以增强汉语教学的效果。

匈牙利大学帕兹玛尼天主教大学汉语教学案例分析*

付 铭

中国和匈牙利素来交好，匈牙利是最早承认并同中华人民共和国建交的国家之一：1949年中华人民共和国成立，同年10月4日，匈牙利宣布承认中华人民共和国；6日，两国建立外交关系①。在20世纪50年代初期，两国开始教育交流，至今已有60余年历史。由于中国对外开放政策的实施和中匈关系的发展，近年来匈牙利也出现了"中国热"并随之带来"汉语热"②。目前，匈牙利全境有四所孔子学院（表1）：罗兰大学孔子学院（ELTE Konfuciusz Intézet）、米什科尔茨大学孔子学院（Miskolci Egyetem Konfuciusz Intézet）、赛德格大学孔子学院（SZTE Konfuciusz Intézet）和佩奇大学中医孔子学院（Pécsi Tudományegyetem Egészségtudományi Kar Hagyományos Kínai Orvoslás Konfuciusz Intézete）。就大学教育来说，目前罗兰大学（Eötvös Loránd Tudományegyetem）、考文纽斯大学（Corvinus Egyetem）和帕兹玛尼天主教大学（Pázmány Péter Katolikus Egyetem）等均有中文课程，其中只有罗兰和帕兹玛尼天主教这两所大学开设有中文系专业课程。

---

* 本文作者付铭，北京外国语大学，中国语言文学学院，北京，100089。
① 新华社. 新闻背景：中国和匈牙利合作大事记［EB/OL］. http：//www. xinhuanet. com//world/2017-11/28/c_1122021353. htm, 2017-11-28/2019-04-05.
② 梅立崇. 匈牙利的汉语教学及罗兰大学的汉学［J］. 世界汉语教学, 1990（2）.

表 1　匈牙利孔子学院及其中方合作院校

孔子学院名称	匈方合作院校	中方合作院校
罗兰大学孔子学院	罗兰大学	北京外国语大学
米什科尔茨大学孔子学院	米什科尔茨大学	北京化工大学
赛德格大学孔子学院	赛德格大学	上海外国语大学
佩奇大学中医孔子学院	佩奇大学	华北理工大学

一、匈牙利帕兹玛尼天主教大学汉语教学基本情况

帕兹玛尼天主教大学本科教育设有中文系，另外，中文课也是该校研究生教育中东亚文化研究专业的必修课。下文主要从课程设置、师资情况和学生情况三方面介绍该校汉语教学的基本情况。

（一）课程设置

中文系的汉语课程主要包括语言类课程如综合课，口语课，听力课，写作课及古代汉语课，非语言类课程如中国历史和中国文学课；东亚文化研究专业的研究生只有汉语综合课。上述所有课程均为必修课，除汉语综合课为5学分外，其余课程均为3学分。

匈牙利的大学学制为三年，中文系一年级的汉语课程主要包括综合课、口语课、听力课、中国历史和中国文学，二年级的课程设置中增加了古代汉语和写作课，三年级的课程与二年级相同。

（二）师资情况

中文系教师主要分为两类：匈牙利本土教师和中国教师。本土专职教师共有4人，中国教师中有1人是专职教师，另外有2位孔子学院派到该教学点的志愿者。匈牙利本土教师主要用匈牙利语教授中国历史、中国文学和古代汉语，同时负责大学一年级全部学生和二年级一个班的汉语综合课；中国教师则主要承担了汉语技能课的教学，具体包括本科二年级至硕士二年级的综合课、听力课、写作课、阅读课，以及一年级的口语课。笔者在任期间主要承担的教学任务包括该校中文系一年级所有学生的口语课，二年级及硕士一年级各一个班的综合课，以及三年级的阅读课。

（三）学生情况

截至 2018—2019 年第二学期数据（表 2），该校中文系本科生有 65 人，从高年级到低年级人数分布呈金字塔形，低年级人数最多，年级越高人数越少。其中一个原因是三年级多数中文系学生去中国留学，因此留在本校的三年级学生只有不到 10 人；另外一个原因是中匈大学体制的不同，帕兹玛尼大学中文系的学生在一年级升二年级时候需要参加升级考试，形式为口语，如果学生没通过该考试，则无法继续升学，学生可以选择留级、换专业或者退学。而且，匈牙利本土教师对学生非常严格，如果学生表现不好，在学年终给学生课程学分时老师会毫不留情地给"1 分"，而"1 分"意味着学生"挂科"，需要重修。以我所教的一年级为例，开学初中文系一年级新生有近 45 人，但最终参加第一学期期末考试的只有 35 人左右，在第二学期继续学习汉语的学生就只有 30 人了。总的来说，匈牙利的大学生更注重对所学专业的兴趣，不是所有人都像中国大学生一样对所学专业"从一而终"，退学或者换专业对他们来说风险不大，因为他们仍可以利用自己的高考成绩在新的学校入学。

表 2　帕兹玛尼大学中文系学生人数

一年级	二年级	三年级	总数
30	24	11	65

二、帕兹玛尼天主教大学汉语教学的案例分析

案例分析（case analysis method），也叫作案例研究法。1880 年时在哈佛大学研发并创建，后来在哈佛商学院培养高级经理和管理精英的教育实践中得到应用，成为现在的"案例分析法"①。如前文所述，笔者在任期间主要负责中文系一年级所有学生的口语课，二年级及硕士一年级各一个班的综合课，以及三年级的阅读课。下文的每个案例笔者将按照"案例、分析、思考"三部分进行陈述。

---

① 马琳娜. 留学生汉语口语课堂教学的文化内容教学案例研究——以西安外国语大学汉学院中亚学院课堂教学为例［D］. 西安外国语大学硕士论文，2015.

案例1：

帕兹玛尼大学对学生有出勤要求，规定缺勤3次以上就不能参加期末考试。我的班上有一名男生（下文称"学生A"）缺勤了4次，但是鉴于他的学习态度端正，本着"再给他一次机会"的想法，我就去问中文系系主任如何处理这种情况——是不让他参加考试还是再给他一次机会。老师的意见是，如果他的态度端正，作业完成情况也较好，那么可以让他继续上课和参加期末考试，但是最终能否获得该课程的学分仍然由他的考试成绩决定。我听从了老师的意见，允许他继续上课和参加考试。但是临近期末，在我给学生讲解期末考试评分细则时，有一名学生在课堂上问我"对于缺勤3次以上的学生怎么处理"，这让我突然意识到学生们似乎对我处理学生A的缺勤情况抱有不满。期末考试后，一个学生和我闲聊时提到，对于我对学生A的处理，学生A最好的朋友（下文称"学生B"）非常不满。我很震惊，我本来以为，作为学生A好朋友的学生B应该为学生A不用"挂科"感到高兴。细问之下才发现，原来学生B在另一门课程中也有4次缺勤，但是老师（匈牙利人）坚决不允许学生B参加期末考试，所以同样的情况下，我却允许学生A参加考试，这让学生B感到非常不公平。

分析：

在中国，一些大学老师比较宽容，对学生的出勤情况总是采取"睁一只眼闭一只眼"的做法。因此当笔者站在老师的角度教大学生时，在出勤方面不可避免地受到了同样思想的影响；另外，每一位从事汉语国际教育的老师都非常注意自己跨文化交际的方式和策略，有时由于过于注意，使得老师对某些问题在心理上过于敏感，行动上过于保守。笔者为了避免出现失败的跨文化交际，再加上自己缺乏经验，把控不好自己处理问题的"度"，因此处理课堂纪律和学生出勤方面的问题过于宽容。

思考：

在跨文化交际中，我们应该培养一种"文化移情"的能力。所谓"文化移情"，就是在跨文化交际中，交际主体自觉地转换文化立场，在跨文化交际中有意识地超越本土文化的框架模式，摆脱自身原有文化的传统积淀和约束，将自己置于另一种文化模式中，在主动的对话和平等的欣赏中达到如实地感受、领悟和理解另一种文化的目的①。在培养"文化移情"意识的同时,汉语教师又要注意适度,"移情"不够,则会出现和案例类似的事情,过度"移情",则丢弃了本民族的立场,否定了跨文化交际中主体与客体的二分性。对多数西方国家来说,他们崇尚个人主义,因此相对重视"公平",如果教师过分讲求"人情"和宽容,长期来看,对于教师威严的保持和与学生建立良好的关系有不利影响。

案例2:

12月我参加了布达佩斯某幼儿园"熊猫日"的文化活动,我在活动中负责书法。由于参与对象是幼儿园的孩子,活动采取"轮流体验式",每一项活动的负责人位置固定,孩子们分别到不同的体验区就座,一段时候后再统一到下一项活动的区域体验。幼儿园的匈牙利老师会告诉我每个孩子的匈语名字,我的工作就是根据发音为他们起一个中国名字,然后用毛笔在宣纸上写下他们的中文名字。

在活动过程中,由于我和孩子们语言不通,我只能用表情和动作与他们交流。不同体验区的进度不同,有时我提前写完了这一轮所有孩子的中文名字,在等待的间隙,我心血来潮,在纸的右下角画了一个可爱的符号(如"心""星"等)。我以为孩子们见到可爱的符号一定会很开心,但是当他们看到这些符号时,他们看起来不太高兴,一边摇头一边嘟囔着什么话。由于我不会匈牙利语,我赶紧叫来一位会英语的匈牙利老师,她解释说:在匈牙利,孩子还不会写自己的名字前,他们会选择一个简单的符号来代表自己,这个符号就像他们的名字一样重要。比如选择"树"作为符号,像雪松那样顶端尖下端宽的树和整体比较圆润匀称的树是不一样的;同样是花,郁金香形状的花和五瓣花也是不一样的,它们代表了不同的人。而且这些符号的选择非常随意,孩子们喜欢什么就可以将之作为自己的符号,比如有些孩子会选择铁桶、橡皮、自行车等作为自己的"代名词"。

经过老师的一番解释,我感到非常惭愧。后来,为了避免再出现刚才那

---

① 高永晨. 跨文化交际中文化移情的适度原则 [J]. 外语与外语教学, 2003 (8).

样的情况，我找老师借来了一张纸和一支铅笔，拜托老师在告诉我孩子们的匈牙利语名字发音时，也在纸上画出代表他们的符号，然后我照着纸上的样子画在宣纸上。

活动结束后，从走廊回到休息室的途中，我又看了看墙上贴着的孩子们的作品，我才发现，这些作品上一个名字都没有，有的只是一些小小的可爱的符号，这些符号就是刚刚我照着白纸画在宣纸上的那些符号。

分析：

在跨文化交际中，我们"很容易犯一种认识上的误区，误认为对方与自己没什么两样"[①]，或者犯"民族中心主义"的错误。"民族中心主义"是指按本族文化观念和标准去理解他族文化中的一切，包括人们的行为举止、交际方式、社会习俗以及价值观念等[②]。在中国的幼儿园，一般都会用孩子的名字区分他们的作品或者所属物品，这一点和匈牙利孩子不一样。而我对这一点不了解，擅自给他们画了一个不属于他们的符号，这就和我们念错或者写错一个人的名字一样，都是对对方的不尊重。从案例的描述中可以发现，老师在活动前注意到了孩子们作品上可爱的符号，但是没有放在心上，这也是导致发生案例中事件的原因之一。

思考：

在举办文化活动或者近距离与当地人接触时，汉语教师最好能做到"十万个为什么"——多观察，多询问，不能抱着一种麻木和冷漠的心态被动地接受对方文化与中国文化的差异。培养善于询问的习惯，既能在关键时刻避免出现跨文化交际矛盾，又利于深入了解当地文化。汉语教师作为"传播中华文化的使者"，肩负着教授语言和传播文化的重任，但这不代表"传播"是单向的，汉语教师主动了解对方文化和习俗，进行文化对比，不但能有针对性地传播中国文化，这种对不同文化的开放和包容态度更有利于拉近心理距离，最终利于我们的汉语教学。

---

① 胡文仲. 跨文化交际学概论 [M]. 外语教学与研究出版社，1999：177.
② 胡文仲. 跨文化交际学概论 [M]. 外语教学与研究出版社，1999：183.

案例3：

我所教的二年级和硕士一年级综合课的教材相同，但是两个班的学生水平差距很大。二年级学生的水平大概在HSK四级左右，但是硕士班的学生水平只有不到HSK三级。根据学校要求，我不能改变教材，因此我只能在实际教学时给硕士班的学生降低难度（比如减少词汇的引申、减少学生掌握的词汇量等）。另外，由于该综合课是5学分的必修课，因此每学完一课学生都要做一个课堂测验（以下简称"小测"）。二年级学生水平较高，我给他们出的小测难度也较大，题型主要是"根据英语提示填出本课所学词汇""近义词辨析"和本课的语法练习。硕士班的小测也采取上述题型，但是需要填写的词汇范围比二年级的小，题目描述中出现的词汇也比较简单。小测满分10分，每错一题减0.5分，6分以下需要补考。硕士班最初的两次小测学生成绩普遍不太理想，在第三次小测时，班里一位女生在拿到小测试卷时和我说："老师，考试太难了。"我以为学生因为畏难情绪才说了这句话，于是回答她："没关系，加油。"学生用一种略带讽刺的语气回答我："反正没考过就再考一次呗。"这句话像警钟一样敲醒了我，我才开始意识到，也许每次小测成绩不理想不是因为学生偷懒和畏难情绪，而是客观上我的小测不适于他们的水平。

分析：

语言测试是采用一定的手段对人的语言能力进行测量的工作，语言评估是利用各种与语言能力有关的资料和信息对人的语言状况或水平进行评价的活动①。汉语测试与评估可以测量出汉语学习者的语言能力或者潜力，检查汉语教学质量并且引导和指导教学②。因此对于学历班的学习者来说，测试是必要的。测试的形式应该科学，符合学习者的语言水平和认知水平。案例中，由于二年级和硕士班教材相同，采取类似的测试形式是教师最普遍的做法，但是测试的结果不尽如人意，当然，有学习者的个体因素，但教师忘记了学生客观水平的不同也是原因之一。教师在设计测试时，要时刻提醒自

---

① 方绪军. 汉语测试与评估 [M]. 上海：复旦大学出版社，2013：2.
② 任红红，周千驰. 汉语国际教育教学测试与评估及问题与对策 [J]. 兰州交通大学学报，37（3）.

己，考试不是"为了考而考"，也不是减少备课量的捷径，更不是为了满足教师作为母语者的优越感，测试最重要的作用永远是服务于学生的学习和教师的教学。

思考：

在发生这件事后，笔者和学生进行了沟通。笔者发现，对于该校大学生来说，成绩是非常重要的，这关乎他们二年级申请各类赴中国留学的奖学金，也关乎他们评选学业奖学金，尤其后者极为重要。在匈牙利，很多父母不再提供学生上大学后的生活费和住宿费，很多学生需要边打工边读大学；另外，匈牙利的大学和中国大学不同，中国各个大学通常以明显的围墙或者围栏表示校区，但匈牙利的大学通常是由分布于城市不同区域的独立建筑物组成。以帕兹玛尼天主教大学为例，中文系的教学楼位于布达佩斯Szentkiráyi街上，而神学系教学楼与中文系教学楼相距约3千米，这两座教学楼周围的建筑用途不同，有居民区、商店、办公楼等。除了教学楼分布与中国不同外，匈牙利的大学提供的宿舍数量很少，而且距学生上课的教学楼很远，因此匈牙利人自己租房或者乘一两个小时的火车上下学是很平常的事。为了减轻经济负担，很多学生想要利用优异的成绩获得学业奖学金。这也就能解释为什么大学学生对于任何与成绩相关的课堂任务都非常重视。对于教师而言，"小测"是一个检验学生学习成果的机会，但是对学生来说，它有更重要的作用。

笔者后来和同事多次交流，发现给硕士生做的"小测"的确难度较高，这极大地挫伤了学生的积极性，致使学生产生汉语学习的习得性无助。随后，笔者思考在保证测试内容不变的前提下降低测试难度的方法，最终，"小测"的题型变为：看拼音写词或者看词写拼音、写反义词或者填量词、选词填空（有的词是汉字，有的词是拼音，要求学生填空时写出汉字）、根据要求完成句子（如连词成句或者用所给结构完成句子）。这种改变降低了学生记忆汉字的难度，语法上的考察也从开放式转为半开放式或者封闭式，经过几次观察，学生的成绩的确有所上升，学生们对新的"小测"形式很满意。由此可见，汉语教师需要把控好考试的难度，考试太难不一定能获得理想的效果，有时候适当降低难度，给学生自信心，也许会有事半功倍的效果。

三、结语

欧洲汉语学习者的性格特点和学习策略与亚洲学习者相比差别较大，欧洲内部各国间也各有各的不同。本文仅以匈牙利帕兹玛尼天主教大学学历班汉语教学的三个案例为例，以期能给各位赴欧洲教学，尤其是教授学历班的汉语教师一些参考。

（一）教学方面

1. 准确把握所教课程的特性，灵活改变教学方法，随时调整教师预期

海外汉语教学课型多样，教学方法、教学内容以及教师对学生、课程的预期自然也要随课型的不同而变化。对于兴趣班的学习者来说，要控制教学内容，是否加入考试以及考试的难度要考虑教学点要求以及学生的接受程度；教师还要调整自己的预期，有时甚至需要做好每次上课学生已经忘记上节课所学内容的心理准备。对于学历班的学生来说，学生的学习需求较高，因此教师需要准备相对实用和丰富的教学内容，考试很有可能是必要的监督手段和检测手段。就各课型内部比较来说，不同水平的学生接受程度和理解能力不同，教师切忌以一种教学方式"一劳永逸"，否则很容易出现恶性循环——学生产生的动机减退影响教师教学的积极性，教师的消极情绪也会影响学生的学习动机。

2. 不忘"初心"，因材施教

"因材施教"几乎是对所有教师群体的要求以及教师自己追求的最高目标。但对实际从事一线教学的教师来说，这似乎只能成为一种"目标"：教师备课压力大，学生数量多，学生个性迥异，想要照顾到每个学生几乎是不可能的。关于这点，笔者有一些自己的看法。"因材施教"不一定要做到"共时"，以批改学生的作业为例，教师不仅可以把作业中集中出现的问题在课上一并讲解，还可以利用课前的几分钟，将某些学生的作业亲自交到学生手中，或针对该学生的作业简单讲解，或对该学生给予鼓励。以这样"少量多次"的方法，久而久之既能给所有学生针对性的建议，又能让学生意识到教师对自己个体的关注。对于成年学习者来说，教师对学习者个体的关注是

非常必要的。

（二）文化方面

海外汉语教师要做一个文化的"有心人"，善于观察、勤于询问。文化差异的问题贯穿于教学和生活始终，生活方面不必多言，在教学方面，汉语教师作为外语环境中学习者的"外教"，课上营造何种课堂氛围，如何给学生纠错，作业的类型，考试的形式，教师教学风格的调整，课下与学生的距离，和学生的沟通方式等，都要受到文化的影响，汉语教师应对此予以重视。以笔者赴任的匈牙利为例，匈牙利人热情开放，英语普及度高，喜爱参加各种活动。另外，匈牙利和中国一直保持着良好的国际关系，匈牙利本土有很多中匈合作企业和机构，因此与中国相关的文化活动非常丰富，汉语教师可以充分利用这些活动，多与当地人交流，不仅能拓展自己的视野，对教学也大有裨益。

西班牙巴塞罗那孔子学院教学案例分析*

曾安迪

一、孔子学院简介

巴塞罗那孔子学院基金会，坐落于西班牙艺术之都巴塞罗那，于2008年6月正式签署创办协议，于2011年3月始正式运营。巴塞孔子学院基金会由北京外国语大学与巴塞罗那大学、巴塞罗那自治大学、亚洲之家联合共建，是西班牙加泰罗尼亚地区唯一一所孔子学院。孔子学院建立以来，与11所大学签署了合作协议，形成1+11大孔子学院的格局。目前，基金会与加泰罗尼亚大区所有的公立大学和顶尖的私立大学都签署了协议，建立了合作关系，开展了教学、考试、文化、学术活动。2016年，基金会与安道尔大学签署了合作协议，共同建立了安道尔孔子课堂，从而成为国际型大孔子学院。大孔子学院格局扩大了孔子学院的知名度，联合大学或市政府举办的多样的文化活动也吸引了许多大学生慕名前来孔子学院本部报名参加兴趣课程。

二、教学现状①

孔子学院自建立以来，课程设置越来越多样化，线下课程不仅开设有中小学及大学汉语学分课，还有全年儿童、青少年及成人汉语课、汉语口语课、大学教师文化课、暑期中文强化课，官方汉语考试（HSK、YCT、HSKK）备考，以及大学汉语学分课等课程。随着孔子学院的影响扩大，2018

---

* 本文作者曾安迪，北京外国语大学中文学院，北京，100091。
① 《巴塞罗那孔子学院基金会理事会报告》，2019年5月。

年学员人数再创新高，共有1672名。其中孔子学院本部成人学员人数较2017年增长4%，除在校大学生外，孔子学院也面向社会招生。此外，在"你好中国"项目的推动下巴塞孔子学院也拥有众多来自加泰罗尼亚大区多所中小学的儿童及青少年学员，2018年儿童及青少年学员人数增长6%。

在学习中文动机调查中，近几年来一直处于优势的仍为商务需求，同中国的频繁贸易往来及各类商业活动决定了汉语学员的主要学习目的。其次，出于兴趣学习汉语的人成为突出特点。由于孔子学院奖学金、新汉学计划及其他各类奖学金项目的推广，对中文水平（HSK及HSKK考试）的要求日益严格，年轻学员为获取进一步前往中国深造学习的机会，纷纷选择高质量的孔子学院汉语课程，目前此项需求已经占据了较大比例。

本人在巴塞罗那孔子学院本部的课程基本上为兴趣课，负责两个C级班、一个D级班和一个中级口语班。相比初级班，中级班的学生普遍对汉语有一定的了解，对中国文化也有很大的兴趣，但是他们在学习上各有各的问题，也仍然对中国有刻板印象。兴趣班的课相比学分课，主要挑战在于如何为学生的汉语学习兴趣和好奇保鲜，维持学生学习汉语的积极性。

三、课堂氛围的构建

第一节课是构建课堂氛围基调的关键，第一节课的重点不仅在于了解学生，更是为了留下好的第一印象。第一节课之前，先想好自己要塑造什么样的教师形象，耐心，幽默？课堂以什么为中心，听说还是读写？第一节课学生就会对老师的上课风格有大致了解，并根据自己的需求考虑是否继续上这个老师的课。课前，据本土教师所说，孔子学院学生普遍存在的问题是口语表达能力薄弱，但是当地学生基本上都乐于表达自己的看法，在课堂上的表达欲望较强烈，喜欢轻松活泼的课堂气氛。

因此孔子学院兴趣课的重点可以暂时定位为听说为主，在课上增加师生之间和生生之间的互动。第一节课开始的自我介绍部分，分为两部分：师生互动和生生互动。例如，教师介绍自己来自中国的南方的时候，问学生他们来自西班牙的北方还是南方；教师介绍自己的家乡有美丽的山水的时候，问学生他们家乡有什么特色，这样也可以让学生为其后的生生互动做准备。通过此环节的互动，不难发现有的学生虽然表达欲望强烈，但是语法结构和逻辑性混乱；有的学生虽然需要重复两至三遍才能明白问题，但是非常努力地想参与课堂互动。

生生互动的部分，教师可以给学生准备自我介绍的模板，其中包括个人基本信息、爱好和习惯、学习背景和动机，给出表达公式后，表达欲强烈的学生可以有逻辑地组织语言，口语表达不流利的学生也不至于因为无法表现自己而感觉无法融入课堂。

例如："我叫……，我是……，大家可以叫我……，我今年……，我来自……，我的家乡有……，我喜欢……，我平时经常……，我有时也喜欢……，我擅长……，我学习汉语是为了……，我学汉语……年了，我是在……学习汉语的，我是从……开始学习汉语的，我一般……学习汉语，我觉得汉语的……最难，我希望提高我的……"

这个环节的练习方式取决于学生数量，少于5人的班级，可以让"上一个学生介绍自己后，下一个学生复述并介绍自己"的方式，多于5人的班级，两人一组互问互答，随后复述同伴的自我介绍。

这样不但可以帮助老师了解学生，更可以帮助学生了解他们的同学，融洽的课堂气氛是一堂好课的催化剂，学生学得开心，老师上得轻松。C2.2班转来的一个年长的学生Fran，他告诉我他转班的原因很大一部分是原班级的学习环境不够理想，C2.2班大家互相了解，对彼此的学习方式也很熟悉，Fran很快就适应了新环境，他在课后表示自己很喜欢新环境。

D1.1班级一共有6个同学，以此节课为始，他们互相了解，关系融洽，在课上如果有同学有不明白的地方，其他同学会用西班牙语或者加泰罗尼亚语，甚至用汉语举例子给他解释，师生间、同学之间也能互相开玩笑，以此形成了积极的正循环，课堂氛围融洽，学生出勤率很高，有4个学生达到百分之百的出勤率。第二学期的第一课上，教师重复这个环节，让学生一一说一说自己对班级同学的了解，这个环节让很多学生很意外也很惊喜。人们倾向于靠近了解自己的人，好的汉语课堂氛围和师生关系让学生有归属感，也间接地提高了学生的出勤率。

四、教学案例分析

（一）文章内容太老旧，学生不感兴趣怎么办

在《新实用汉语课本》中有一课和中医相关，但是并不是所有的西班牙学生都对这个话题感兴趣。课堂教学设计三要素：教学目标——课堂教学的灵魂；教学资源——课堂的重要条件；教案设计——教与学的结合点。考虑到学习目标在于语言学习，因此教师在利用每个话题的时候，需要注意选题和资源整合的调整。和中医有关的话题，既可以引申到生活方式、求医问诊，也可以引申到跨文化交际方面，如中外患者就医的区别、养生观念。因此在课上可以提前在小组活动预热中了解到每个学生对此类话题的感兴趣程度，从而有的放矢地酌情减少或者增加相应文化内容的比重。

在教学资源的选取上，从学生的生活出发可以拉近距离，从西班牙同事那里了解到，在西班牙也有很多中医药店和中草药店，但是正如在中国有很多人并不一定能够理解或者支持中医一样，在西班牙也有很多人觉得草药或者中药的药效微乎其微，并不能达到很好的治疗效果，所以更倾向于相信西药。所以首先西班牙同事先是麻烦了她的同学，她的同学正在北京当中医，这个西班牙中医制作了视频并在视频中用西班牙语和加泰罗尼亚语分别介绍了中医与一些常见的中医治疗的方式，好让学生了解到中医作为一种医学治疗的手段，在特定的情况下可以发挥其药效作用。随后，教师在课上给他们介绍了中国的中医药大学以及现在将中药和西药结合的发展趋势。即使如此，还是有学生直接在聊天群中写道，自己对这一话题并不感兴趣，但是了解到她是翻译专业学生，对翻译有着极大的热情，学生可能对中医不感兴趣很正常，但是利用好她的兴趣点，让她翻译视频内容也起到了很好的练习效果。

就这个话题，在课上学生也讨论了他们生活中的中药，结果他们发现茶、山楂，甚至一些常见的水果，都可以被用作中药，能够治疗特定的某种疾病。在教授此类话题的时候，如果学生不是特别感兴趣，可以从他们的生活中出发。其实中医和中国人的生活息息相关，大到中医保养，小到日常生活中的点滴习惯，如学生无法理解，为什么中国人总爱喝热水？为什么中国

女生在例假期间喜欢喝红糖水？为什么感冒了要喝姜茶？为什么中国菜里面有的时候会出现一些奇怪的植物？这和中国人的养生观也有关系，从中医的角度为学生进行解答后，学生能够更加理解中医，这也达到了文化教学的目的，理解和尊重。

有的时候他们不感兴趣的原因，一是因为不了解，二是离自己的生活很遥远。当你从他们的生活出发，让他们了解了这类的东西在生活中很常见，而且和生活息息相关，中医不被妖魔化后，学生也可能更容易接受讨论这类话题。

对外汉语课上，重点更多地应该放在语言教学上，学生从了解语言到了解文化，文化作为教学的辅助，渗透在语言中，文化教学的重点不是认同，而是理解。如果有学生对本课话题不感兴趣，可以把它拓展成为口语表达训练，减少文化教学的比重。

（二）学生在课上用母语聊天怎么办

无论是教授初学者还是成人学习者，在课上老师都无法避免学生用汉语进行聊天的情况。老师在提问的时候，或者在进行话题讨论的时候，有学生用母语进行交流讨论，这个时候教师该如何维持课堂秩序，把学生的注意力拉回到课堂上来，是一项课堂管理的基本功，但处理方式要视情况而定。

在一节综合课上，学生在讨论文化定式的时候，聊得太开心了，教师在课上提醒他们说汉语，但是收效甚微。其实在中高级口语课，成人学生自己清楚沉浸式的汉语学习环境更有利于他们的汉语听说能力的提高，但是有时候还是控制不住自己。一方面，可能由于教师在课上倾向于用学生母语给学生进行解释，导致学生认为在课上可以使用西班牙语进行解释表达，对于这种情况，教师应该尽量全程用汉语，努力营造沉浸式的汉语课堂环境。另一方面，当他们有不理解的地方的时候，其他同学会用西班牙语帮助解释，这种情况下，老师不必太过于苛刻，以免打击学生的表达欲。还有一种情况是当学生的汉语水平无法满足他们的表达欲的时候，如果禁止使用母语，会影响学生积极性，但是如果一味放任又会影响课堂教学。老师不妨在课上制定规则：如果你的同桌说了西班牙语，你要负责把你同桌说的西班牙语翻译成汉语。规则制定后，令行禁止，学生也很配合，比一味强调少说西班牙语更有效，也不影响师生关系。

从此，一方面减少了他们说西班牙语的频率，不明白的词汇课上不补充，满足在1+1输入；另一方面也能提高学生的输出，在课上尽可能地利用好每一分钟，满足学生的表达欲的同时，提高汉语口语的练习频率。

（三）学生在课上问政治相关问题怎么办

巴塞罗那是个很特殊的城市，作为加泰罗尼亚大区的重要城市之一，每逢天朗气清、惠风和畅之际，你总会在街头看到黄丝带们的游行队伍。这个充满不羁的艺术灵魂的城市，无论在邻居的阳台上还是行人的衣领上，你无法无视那叫嚣着独立的黄丝带。加上近年来随着欧洲局势的变化，中国无论在政治、经济还是文化上都扮演着愈发惹眼的角色，学生问到政治性的问题是无法避免的。有的学生询问这些问题是好奇，有的学生询问这些问题是想听听不同的看法。与其藏着掖着，不如大大方方地跟学生交流自己的看法。

在巴塞罗那，学生因为过高学杂费游行的时候，一个学生说道："西班牙可以游行，但是中国不可以，一点也不民主。"更有学生说道在中国言论很不自由。课堂一度陷入沉默和尴尬的氛围。但是教师一定要站定立场，保持理智，不要被学生误导。

于是在解释之前，教师可以先告诉学生，历史和新闻都像一幅名画，取点不同，视角不同，得到的信息也截然不同，你们看到的是呼唤民主的游行，我们看到的是无法实质解决问题的低效抗议、被扰乱的交通秩序、燃放的爆竹造成的安全隐患，以及不法分子乘机盗窃财物等危险因素。可能有的报纸歌颂自由的伟大，但是也有的报纸聚焦于为游行所苦的老百姓面临的困扰。维护游行者的权利就一定要牺牲其他社会公民的合理权利吗？民主权利行使的方式不同，就不民主了吗？西班牙的游行方式就一定能切实解决问题吗？中国的有序游行就一定不民主吗？

随后告诉学生提问或者讨论的合理方式应该是先询问事实是否如此，再讨论原因。中国可以游行吗？为了保障公民依法行使集会、游行、示威的权利，维护公共秩序和社会安定，根据宪法，制定了《中华人民共和国游行示威法》。因此只要不违反法律，公民都可以依法游行，如果其中发生扰乱社会秩序的事情，也能追查并归责到具体团体。关于中国言论自由与否的问题,首先可以和同学们讨论什么才是"言论自由"。① 言论自由是公民按照自己的意愿自由地发表言论以及听取他人陈述意见的基本权利。在中国,想说什么就说什么当然可以,在西班牙也可以,在任何一个民主国家都可以,但是语言暴力也是暴力,如果言论自由带来了网络暴力、校园霸凌,影响了社会正常秩序,则需要法律来约束。

关于中国的"负面"新闻屡见不鲜,这是国际社会环境下无法避免的,在新闻的影响下,学生自然会有"中国不民主/中国没有人权"此类的想法。汉语老师也不可能完美地解决学生的每一个这类问题的困惑和质疑,与其授之以鱼,不如授之以渔。汉语教学不仅仅是语言教学,也不仅限于文化教学。任何一种学科的教学都应该教会学生独立思考,自主学习。这样的解决方式提供的是一种逻辑思考模式,可以帮助学生分辨和思考此类新闻,之后如果有相似新闻见诸报端,学生可以独立思考报道的合理性和真实性,再思考其原因。

(四)对中国旧民俗或地方风俗的质疑

在讨论饮食文化差异的时候,学生问为什么中国人吃狗肉?老师你吃过狗肉吗?你们是不是还喝乌龟汤?

这类关于民俗的问题很容易和落后、不文明、野蛮挂钩。但是在西方社会,不要随意评论一个人是政治正确式的观念,也是西方人所接受的教育。教师可以立足当地文化观念,将"不要随意评论一个人"引申到一个国家或者一个民族的文化。

面对此类问题,首先从文化定式引入讨论,和学生聊一聊中国人对当地文化的误解和偏见,比如西班牙人吃兔子、牛肉、羊肉,随后用夸张的语气表示这些动物这么可爱,为什么要吃它们?随后学生解释道:"有的兔子是宠物,但是也有肉兔,可以日常食用的。"

接着讨论对中国的文化定式,学生便会意识到,作为动物,狗并不优于其他动物,所以如果食用肉狗并不违反道德。随后讨论中国人是不是都吃狗肉这个话题,吃狗肉只是少部分民族的习俗,比如蒙古族不但不食用狗肉,

---

① 刘彦华. 言论自由应该是什么样的自由?[EB/OL]. 人民网, 2015.

而且视其为忠诚的象征，在瑞士也有食用狗肉的地区。在偏远山区，对无法摄取动物蛋白的穷苦人们，狗肉是一种摄入动物蛋白来源，和兔子、牛、羊没有任何区别，只是狗刚好也幸运地成了大多数人的宠物。作为一种动物狗并没有格外优越于其他的动物，所以食用狗肉并不违反道德标准，狗也只是恰好成为大多数人的宠物，但是养宠物羊、养宠物鸡、宠物龟的人，也没有批判其他食用这些动物的人，这也可以引申到中国人自古奉行文化发展观念，和而不同，尊重差异，"天下大同，美美与共"。

每一个小问题折射出的是学生对某一部分中国文化和历史背景知识的空白，也反映出学生对汉语思维方式的不理解。许多的误解其实源于信息差，外界对中国的了解其实并没有我们想象得那么多。因此，教师更要从历史背景、文化心理等角度给学生进行解释，让学生在汉语学习中适应汉语思维方式，理解中国文化。

五、总结①

在生活中，人们需要有能够自我把握的空间，因不同的文化背景、环境、行业、个性的差异等，这个空间的距离大小也随之不同，这种距离被称为空间距离。美国人类学家霍尔的研究表示，人们在不同的活动范围中因关系的亲密程度而保持的不同距离可以分为亲密接触、私人距离、礼貌距离、一般距离四大类。不同民族与文化构成人们之间不同的空间距离，而西班牙人无论与人交谈还是相处，空间距离都比中国的更近，因此一些汉语教师在西班牙会遇到跨文化交际困难或者出现不适应的情况，学生的问题在教师看来甚至是有点冒犯性，对空间距离的了解有利于汉语教师在西班牙的跨文化交际。在课堂上，教师保持积极理性的态度处理教学中遇到的问题，也能了解到学生眼中的可爱的不一样的中国形象。

随着巴塞罗那孔子学院基金会形式的稳固和影响扩大，汉语学习不只是中小学、大学的学分课要求，也有许多当地民众被孔子学院形式多样、内容丰富的活动吸引而来，他们中有的从来没有去过中国，有的可能住在华裔聚

---

① James W. Neuliep. Intercultural Communication：A Contextual Approach，2012.

集区，但是他们都不太了解当今快速发展变化的中国。因此对外汉语教师是一面窗，让他们看到一个燃着新鲜年轻血液的中国，文化依然源远流长，但是不再古老神秘，汉语依然异于欧洲语言，但是不再生涩枯燥。